人と動物、駆け引きの民族誌

奥野克巳 編著

はる書房

序

奥野　克巳

Ⅰ. 狩猟民プナンとの暮らしから

　2006年度に勤務先の大学で1年間の学外研修の機会を得た筆者は、その機会を、(元) 狩猟民である、マレーシア・サラワク州のプナン (the Penan) の現地調査に充てた。現地に持ち込んだバイク、食料品、キャンピング用品などは、彼らに共同所有されるようになっただけではなく、現金を貸してほしいと頼まれ、貸しただけだと思っていたのだが、戻ってきたことはなかった。そうしたプナンのやり方に戸惑いを感じながらも、それに慣れ親しんでゆく過程で、筆者はしだいに研究関心をふくらませていった。

　その中心に浮かんだのが、彼らの生業経済であった。現金経済に巻き込まれながらも動物を狩猟して消費するという自然経済が、彼らの暮らしを支えていた。朝目覚めると大抵食べ物がなく、その日、誰がどこに何を獲りに出かけるのかが、リーダーの差配によって決められる。そうした打ち合わせは「ポトック」と呼ばれる。メンバーは散り散りに狩猟に出かけたり、サカナ獲りに出かけたりした。彼らは、それを「タエ・ナーウ」(食べ物探しに出かける) と呼んでいた。人びとは、獲物を持ち帰ることもあれば、獲物がないときには、「ピア・プサバ」という決まり文句を唱えながら戻ってきた。獲物がなくどうしても食べ物にありつけないときには、筆者が持ち込んだ食料品や所持金をあてにしたのである。

そうしたプナンの生存経済を間近で観察するために、筆者は、頻繁に狩りについて行くようになった。蛭に血を吸われながら、密林のなかを駆け回る猟に行き、夜には、油ヤシのプランテーションで行われる待ち伏せ猟にも出かけるようにもなった。イノシシは、肉と脂肪分が多く、食の面で最も重要な動物である。イノシシなどの野生動物との間で、プナン人の暮らしが組み立てられていた。狩猟に行きたいと言えば、子どもたちは学校に行くのを免除された。森や川に行って食の糧を得ることこそが、最も大切だと考えられていた。プナンは、日頃から動物について語り、動物をめぐる豊かな知識を持っていたし、狩猟や漁撈から解体料理に至るまで、手際よく動物を扱った。また、動物と戯れてはいけないなどのタブーを発達させていた。

　筆者は、そうしたプナンの日常から振り返って、日々肉を食べているにもかかわらず、元の動物の姿形すら想像することができない一方で、屠殺シーンを見ると気分が悪くなったりするような、日本人のアンバランスさや、可愛がるあまり、ペットに衣服を着せるというような過剰な現代人の動物への態度などについて思いを巡らせるようになった。プナンとの1年間の暮らしから現代日本へと帰国した筆者は、人と動物のあり方をめぐって、あちらでもこちらでも問題が噴出している状況を「再発見」した。

II. 現代日本における人と動物をめぐる問題の諸相

1. 愛玩され殺処分される動物

『日経新聞』「プロムナード」の「子猫殺し」と題するコラム（2006年8月18日付）のなかで、作家・坂東眞砂子は、飼い猫が生んだ子猫を自らの手で崖から突き落として殺していると打ち明けた。メス猫の生にとって重要なことは、交尾して子を産むことであり、飼い主の都合で避妊手術を施すことは、増えてゆく子猫に手を焼き、殺害しないためのふるまいである。彼女は、猫の生の充実を選んだ上で、痛みと悲しみを引き受けながら殺してきたと告白した。坂東に対しては、その後、各方面から多数の批判が寄せられた。

それに対して、中村生雄は、坂東の意図を汲みながら述べている［中村 2010］。

> なぜそんなにペットが溺愛されるか。坂東はそれを、人間の世界における愛情の不毛と砂漠化の結果なのだという。ほんとうは誰かを愛したいのに、人はことばをしゃべって反論もするし、裏切ったり見捨てたりもする。むろんペットはそんなことをしないから、人間への愛の代わりとしてペットほど都合のいいものはない。かくしてペットへの愛情は洪水のように溢れかえり、それは同時に人間どうしの愛情を不毛にし、砂漠化する。愛情の不毛は不妊につながり、生殖活動の枯渇をもたらす・・・（中略）・・・人間の代わりにペットを溺愛し、あまつさえそのペットを手術で不妊にすることを愛情だと思いこむ。そんな「愛の不妊というビョーキ」が蔓延している社会、それが現在の日本なのだ。［中村 2010: 20-1］

人と動物の関係は人と人の関係を映し出す。いま、人と動物の関係が歪んでいるのだとすれば、それは、現代日本の人と人の関係の歪みによるものではないかと中村はいう。

小林照幸は、邪魔になると不用品として動物愛護センターで殺処分されるペットたちの実態をとおして浮かび上がる、日本人とペットの歪んだ関係に注目して、坂東の行為を安易に非難することはできないと主張する［坂東・佐藤・小林・東 2009］。小林はフィクション作品『ドリームボックス』［小林 2006］のなかで、ペットをめぐる歪みを描き出している。

高度成長期には、現在の倍以上の年間100万匹の犬猫が殺処分されていた。野良犬や野良猫の繁殖率が高く、家庭で飼われる犬猫の不妊・去勢手術が一般化していなかった。野良犬は一頭ずつバットで殴り殺され、焼却炉に放り込まれていた。後に、金属バットによる撲殺に替えられたが、木製バットのほうが即死させやすかったという。その後、犬猫の苦痛を和らげて殺処分するために「ドリームボックス」が登場した。犬猫は、ボタン操作で装置のなかに閉じ込められ、

そこに炭酸ガスが注入され、殺処分される。

　動物愛護センターに連れて来られた犬は、抑留犬日報に掲載され、ホームページで公開される。抑留犬日報に記載された日から1週間後に犬たちは殺処分される。『ドリームボックス』には、こうした抑留犬をめぐる元飼い主と職員のやり取りだけでなく、モリを腹に打ち込まれ、救出された「モリ猫」に対する市民の関心の高まり、殺処分される予定の犬猫を救うため、不妊・去勢手術を施して市民に譲渡するために行われる会など、ペットをめぐる活動が盛り込まれている。私たちは、ペットと共存しながら、その状況を肥大化させた社会をつくり上げてきたように思われる。

2.　食のために大量に殺される動物

　動物はペットでもあり、私たちの食糧でもある。内澤旬子の『世界屠畜紀行』［内澤 2007］には、手作業で行われる屠畜作業から工場畜産に至るまで、商業屠畜の詳細が紹介されている。私たち現代人は、食用動物の屠殺と解体を、もっぱら見知らぬ誰かに委ねている。動物の血や個体の死に接することなく、肉を食べ続けている。その意味で、食に供される生き物としての動物は、私たち現代人にとって遠い存在である。

　ゲイハルター監督のドキュメンタリー映画『いのちの食べかた』（2008年）は、現代人の食糧が作られる現場を記録している。そのなかで、ウシの屠畜場面はショッキングである。ウシは、首から先だけをこちらに向けて突き出す。屠畜人が現れて、頭部に衝撃を与えてウシを失神させる。まだ心拍がある状態でウシが吊り下げられるが、その段階で血は固まっていない。その後、腹が裂かれて、血抜きが行われる。元気な豚たちはベルトコンベアに送り込まれ、出てきたときには体毛が焼き削がれて片足を吊るされる。孵化したヒナ（ヒヨコ）が、ベルトコンベアで運ばれるさまは壮観である。ピヨピヨと鳴いているが、物体が流れているように見える。牛肉、豚肉などが低価で安全な食べ物であることに、工場畜産の果たす役割は大きい。私たちの食生活は、こうした工場畜産なしにはありえない。

　宮崎県では、2010年4月以降、口蹄疫感染が広がり、感染拡大を

止めるために28万8643頭の牛と豚が殺処分された。「牛を殺す」というテーマで編まれた朝日新聞のオピニオン（2010年9月24日）には、三人の意見が紹介されている。

対策本部長は、口蹄疫が発生したら、一頭一頭チェックする時間的余裕はないという。非清浄国になれば肉を輸出できないし、そうなると、非清浄国からの輸入も拒めなくなる。そのため、早く家畜の殺処分を進める必要がある。病気感染を防ぐための家畜の殺処分は、国内の消費者の肉供給の生命線である。JA部長兼業農家の男性は、農家は経済被害だけでなく、心に傷も負ったという。いずれは殺される運命かもしれないが、経済動物は喜んで食べてもらうことで幸せな「生」を全うする。農家の立ち直りが心配である。内澤は、日本人は、命は平等とする仏教に根ざした動物観を抱いており、今回の処置にショックを受けたはずだという。不条理なウシやブタの死は、大規模畜産、食肉流通と消費の結果であることに今一度目を向けるべきだと主張する。

三者の意見は、それぞれ真っ当であると感じられる。安心して食べられる肉を供給する方策が講じられるべきであろう。畜産農家からすれば、消費者に喜んで食べてもらうことが大切なことであり、畜産農家の立ち直りが急務である。さらに、不条理な家畜の殺処分を行うような、私たちの暮らしの根本を見つめなおす必要がある。だが、今日、私たちには、はたしてそれぞれの意見をうまく統合してゆく手立てはあるのだろうか。

3. 権利主体となる動物

2010年秋、ある研究会で、生態学者の発表を聞いていたときのことである。発表者は、イギリスの学術誌では、サンショウウオの脊椎を取り除く実験を記述する際、「丁寧に取り除いた」という表現にしなければ、査読を通らないと述べた。アニマルライツ[1]に関する、先進国の状況の一端を知ることができたような気がした。

クッツェーのフィクション『動物のいのち』［クッツェー 2003］は、アニマルライツを含めた、動物の権利をめぐる今日の議論の広がりを知るための手がかりとなる。作中、オーストラリア在住の女性作

家エリザベス・コステロは、アップルトン・カレッジから講演の招待を受け、彼女の専門ではなく、人の動物の扱いを論じる。いきなり過激な発言をする。

> 率直に言わせて下さい。私たちは堕落と残酷と殺戮の企てに取り囲まれていて、それは第三帝国がおこなったあらゆる行為に匹敵するものです。実際、私たちの行為は、終わりがなく、自己再生的で、ウサギを、家禽を、家畜を、殺すためにこの世に送り込んでいるという点で、第三帝国の行為も顔なしといったものなのです。［クッツェー 2003: 32］

動物の扱いをホロコーストと対比させる発言は、聴衆を苛立たせる。菜食主義者であるコステロは、薬物実験場、養殖場、屠殺場、食肉処理場などを全面否定する。充足した存在として人と動物は平等だというのが、コステロの論点である。しかし、アップルトンに勤める彼女の息子が、母の講演は支離滅裂なものだったと表明するように、この種の動物の権利をめぐる議論が複雑に込み入っていて、私たちをウンザリさせるものであることを、クッツェーは伝えたかったのではないだろうかと、筆者には思われる[2]。

2010年には、ドキュメンタリー映画『ザ・コーヴ』が公開されている。リチャード・オバリーは、1960年代に「わんぱくフリッパー」というアメリカで人気を博したテレビシリーズの調教師だったが、イルカを死なせてしまったことを後悔して、イルカへの暴虐行為を非難し、生け簀からイルカを逃がすアクティヴィストに転じた。彼がヒーローとして登場する一方で、太地町の人たちはイルカを世界中の水族館へ売ったり、肉を販売して利益を貪ったりする悪者として描かれる。後半では、生け簀のなかのイルカたちが船の上に乗った漁師によって槍で突き刺され、入江が真っ赤に染まるシーンがあるが、そのシーンを収録するための「隠し撮り作戦」の様子が描かれる。

大場正明は、この映画は、イルカが含む水銀の問題や海洋汚染、水族館に頼るイルカ猟の利益の問題などに答を出すための手がかりを与えるのではなく、狩猟と血の海の映像を踏み絵のように差し出

そうとしているだけだという［大場 2010］。動物の殺害なくして、人は生きてゆけない。血の海の映像は、はたしてそうした覚悟の上でなされているのかどうかを、きちんと見極めるものとして扱われるべきだと大場は主張する。

　大場がいうように、人と動物について考えるためには、この映画作品は、あまりに一面的であり、単純すぎる。なにより、人と自然をめぐるローカルな実践に届こうとはしていない。人と自然の多様な関係性を、こんなにあっさりと切り捨ててしまうことはできないはずである。そうした評価はさておき、動物の権利や主体性をめぐる議論が実践と深く結びついている点を、ここでは確認することができるだろう。

Ⅲ．人間中心主義をめぐって

　前節では、筆者が「再発見」した、現代日本における人と動物をめぐる問題の広がりを示した。ペットロス、ペット葬、withペット墓など、生物多様性条約における動物保護と動物資源の活用、クマ、イノシシ、シカ、サルなどとの獣害問題など、必要であれば項目をいくらでも追加できるだろう。その意味で、ここで示したのは、問題の一部にすぎない。本書の執筆者の一人は、こうした事態を、私たちの暮らしのなかに、他者としての動物がなだれ込んできたと評した[3]。私たちはそうした新たな動物襲来の時代を生きている。

　人と動物の関わりをめぐって、はたして、いったい今、何が真に問題なのであろうか。ここでは、「人間中心主義（anthropocentrism）」という見方を軸に考えてみたい。川田順造は、地球環境破壊は近年切羽詰った問題として喧伝され、国際政治の争点にもなっているが、「自然を守れ」「地球環境を守ろう」という場合の、人の快適さを保障するための自然という考え方は、人間中心的だという。「そういうことではなくて、もっと根本的に自然の中での人間の位置をどう考えていくか」［川田 2007: 161］こそが、問われなければならないという。川田は「創世記パラダイム」[4]が広がった現在の地球を憂いて、「いままで世界を制覇して、いまもグローバル化の中でいちばん力をも

っている一神教的人間中心主義は、どうしてもやめなければいけない」[川田 2007: 167] ともいう。人の快適さのためにではなく、人と人以外の生物の間に掟を探る努力をすること、つまり「種間倫理（interspecific ethics）」を探求することが最重要課題であると述べている。

そうした種間倫理の問題が取り組まれている事例を、「獣魂碑」のなかに見ることができる。東京・佃島の住吉神社の境内には、「鰹塚」が建っている[5]。碑の前にある文面には、鰹は日本人にとって欠かせないものであり、その豊漁を願うとともに、そのみたまに感謝と慰霊を捧げる目的でこの石碑が建立されたことが述べられている。碑の裏面には、国文学者・民俗学者の池田与三郎による碑文がある。池田によれば、住吉大神こそが私たちに鰹を授けてくださる存在である。鰹は大神の従者であり、私たちにその身を投げ出して生かすだけでなく楽しませてくれているので、私たちは鰹のみたまに感謝を抱いており、組合員は、大神と鰹の御霊に対する感謝慰霊の心がどうしようもなく抑えきれなくなって、住吉神社に鰹塚を建立することになったのだと述べている。

川田によれば、この碑をつうじて読み取れる人の態度とは、「他の生命の犠牲によってしか生きるすべのない人間のかなしい業を自覚し、生きること自体が含む矛盾を受け入れ、自覚することでそれを超えようとする態度」[川田 2007: 150] である。川田は、「偽善とみえるようなこの供養や塚の考え方は、だが私が『創世記パラダイム』と名づけている、神は己の姿に似せて人間を創り、他の動物を人間のために創ったという前提にもとづく、いわば確信犯としての動物利用とは、人間も他の生き物と同等に生きているという前提において、やはり異なっていると考えたい」[川田 2007: 151] という。

「獣魂碑」などのアニミズム的な信仰の広がりから、私たちは、「創世記パラダイム」が浸透する以前の伝統的な社会には、種間倫理が行われ、人の動物に対する行為の行き過ぎが食い止められていたと考えるかもしれない。人は、「徳」をもって動物に向き合っていたというわけである。しかし、そうした見方に対しては批判が寄せられている。

インディアンは自然を崇拝し、慎み深く、自然と一体となって暮らしていたというのが通説である。自然と神秘的な調和を保ち、獲物のストックを減らさぬよう、むやみやたら動物を殺すようなことは決してなかった、と信じられてきた。だが発掘現場からの証拠は、このような心温まる神話に疑問を投げかけている。オオカミは年老いた動物、あるいは非常に若い動物を主に狙うが、インディアンが殺すのは一番元気のいいヘラジカばかりである。雄牛よりも雌牛のほうがはるかに殺される確率が高く、現在のヘラジカの寿命よりも長生きできたヘラジカはごくわずかであった。北アメリカ先住民が大きな獲物を保護していたという証拠はまったくない…（中略）…コロンブスが上陸する以前、インディアンはロッキー山脈地帯の広い領域においてヘラジカを絶滅寸前に追い込んでいたというのだ。［リドレー 2000: 293］

　もしこうした事実が本当であるならば、私たちは、先住民の動物観を称賛し、ロマン化することには慎重でなければならないだろう。非西洋の人たちが一様に種間倫理を持っていたとみなすなら、誤った結論に至るかもしれないからである。
　見方を変えれば、II節で見た、現代日本における動きは、人間中心主義の問題に向けた解決への試みの一端を示しているようにも見える。坂東は、ペットの生の充実を願い、自らの行動を打ち明けることで、ペットに対するエゴイスティックな行動に対して問題提起を行った。ゲイハルターは、私たちの目に触れることなく、日々の糧に供される動物の命の奪われ方を、その現実を知らない私たちに向けて発信した。動物の権利をめぐる運動は、動物もまた権利主体であるべきだということを主張してきている。現代人は、人間中心主義の行き過ぎに対して懐疑と批判に基づいて考え、行動することをすでに始めており、生命ある存在の主体性や権利を回復しようとしているのではないだろうか。

IV. 本書について

1. 民族誌、駆け引きについて

　こうした人と動物をめぐる問題の巨大な広がりは、現代日本人の課題であるとともに、人類にとってもまた重大な課題でもある。それらは、人と動物種との種間の関係という点で、マクロな問題である。文化人類学は、こうした人と動物の問題に、どのように切り込むことができるのだろうか。

　ダグラスは、レレ社会の豊穣多産を祈願する儀礼で、センザンコウが多用される理由を考察し、それが、分類体系から逸脱する変則的な動物であるがゆえに「神秘的な力＝生殖力」を与える象徴とされていることを明らかにした［ダグラス 1972］。ウィリスは、レレ社会のセンザンコウ、ヌアー社会の牛、フィパ社会のニシキヘビを取り上げて、人と動物の関係を、象徴性の観点から比較考察している［ウィリス 1974］。レヴィ＝ストロースは、人が、動物と親密な関係をもって世界を組み立て、命名することで、自然に取り巻かれ、交渉しながら、暮らしていることを明らかにした［レヴィ＝ストロース 1976］。

　人と動物をめぐって、こうした文化人類学の古典的な研究が依拠した「民族誌」を、私たちは、研究の出発点に置くことができる。これらの古典的研究は、主に、動物をめぐる表象の問題を扱っている。これに対して、本書では、人と動物の民族誌を進めるために、「駆け引き」というキーワードを設定する。そのことによって、人と動物が実際に相互交渉を行うような、ミクロな場所と時間において繰り広げられる活動をめぐって観察・記述することを目指すことになる。駆け引きを手がかりとして、民族誌から出発し、その展覧に留まるだけではなく、そこから見えてくるものを突き詰めていくならば、ふたたび（本書の多くの研究が示すように）、動物の表象をめぐる問題が浮かび上がってくるだろう。

　さて、私たちの日常行動は、個人、家族、集団、企業、国家など、つねに相手があるという複雑な関係のなかで営まれている。相手の気持ちを推し量り、相手が何を考えているのかを考えながら、私たち

は、自分がどういう行動をとるべきかを考える。恋愛では、相手の気持ちを読むことと相手が自分のことをどう考えているかを読むことが大切である。スポーツや囲碁・将棋などでは、つねに相手の手の内を読んで、望ましい手を考える。また、企業との交渉、外国政府との交渉などにおいて、企業や政府は相手がいかなる考えを持ち、いかなる手をもっているのかを考えながら行動する。政治や行政においては、駆け引きは欠かすことができない。私たちの周りには、駆け引きが溢れている[6]。

　これらの記述から、駆け引きには、必ず相手が存在し、その相手には、意思があり、思考して行動する主体性を備えているという特徴が浮かび上がってくる。この点を敷衍して述べれば、相手に主体性のようなものが想定される場合には、その相手が人以外の存在であっても、つねに駆け引きが起こる可能性がある。チェスや囲碁の名人が計算機プログラムと対戦する場合には、人と機械は駆け引きを行う。その時、機械もまた、思考して行動する主体性を備えているからである。同様に、人の免疫体とウィルスの駆け引きを想定することもできる。免疫体とウィルスはともに、思考し行動する主体であると想定されるからである。その意味で、駆け引きとは、主体性を備えた（と想定される）存在の間で行われる交渉に他ならない。

　菅原和孝が、アフリカの狩猟採集民グイの狩猟を、「みずからの企てと拮抗する意志を持った相手＝獲物とのかけひきのなかでつねに微妙な洞察と決断を要求される過程」［菅原 1996: 126］であると述べているように、狩猟場面の駆け引きにおいて、動物もまた人に拮抗する主体となる。狩猟一般に関して述べるならば、野生動物は、最初から主体である場合もあるが、他方で、そうした駆け引きをつうじて、「ままならぬ他者」として、動物の主体性が立ち上がる場合もある［菅原 2007］。そうした場合には、獲物による狩猟者への反撃によって、狩るものと狩られるものという関係のあり方が反転する可能性もある。

　太田至によれば、「狩猟方法には対象動物の行動や生態によって規定される部分と、文化的な要因で決まる部分とがあり、動物の側もまた、棲息地域や逃避行動などを人間のはたらきに応じて変化さ

せている」[太田 1994: 194]。その意味で、狩猟の文脈において、駆け引きとは、人と動物の主体の双方に変容をもたらしかねない相互浸透的交渉であるということができる[田川 2011]。

これに対して、人と家畜の関係は、「その両者が相手に対して、一方では自己の要請を呈示し、他方では歩み寄るという相互的な関係として成立している」[太田 1994: 193]。スーダンの牧畜民ヌアー人は、ウシに寄生しながら暮らしているが、他方で、ウシも、全精力を注いで世話をしてくれるヌアー人に寄生している。ヌアー人は牛舎を建て、焚火をし、家畜囲いのなかを掃除するし、健康のために、村とキャンプ地を移動する。さらに、ウシを守るために野獣と闘い、ウシに装飾品をつけて美化する。そのためウシは、ゆったりと日々を送ることができる。そのようにして、ウシと人は密度の高い一個の共同体を形成する[エヴァンズ＝プリチャード 1997: 78]。

松原正毅によれば、トルコ系遊牧民ユルック人は、畜群への介入行動の際にかけ声をかける。それは、行動の節目と行動の持続を必要とする時点で発せられる。かけ声はたんなる命令ではない。人と動物の関係をつなぐコミュニケーションの一手段である。かけ声によって行動を統御するだけでなく、群れ全体を落ち着いた気分にさせ、ひいては採食を行わせる。群れが動き始めると「ヘイ、ヘイ」とゆっくりとしたかけ声によって家畜を追うし、家畜が樹間にはいりこんだときには「アフ、アフ／アー、アー（早く行け）」とかけ声をかける。遠くにいるウシを呼ぶときには「クル、クル」、遠くのラクダを呼ぶときには「ホエ、ヒンヒン、ホエ」とかけ声をかける。かけ声の体系とは、一つの遊牧社会の文化的な固有性である[松原 2004: 56-60]。人畜の駆け引きは、相互的なものとして行われる。

人と動物の駆け引きは、当然ながら、こうした狩猟や牧畜の文脈だけに限定されるわけではない。それは、儀礼や実験室の場面における人と動物の駆け引きや、現実的な場面を超えた次元を含む駆け引きへとふくらんでゆく。そのことをつうじて、人と動物の駆け引きの民族誌はまた、人と動物の関係の多様なあり方を照らし出すことになるだろう。

2. 本書の構成

　本書の第I部「人と野生動物」で、奥野克巳（第1章「密林の交渉譜」）は、マレーシア・サラワク州の（元）狩猟民プナンを取り上げて、狩猟の場面における人と動物の現実的・実用的な駆け引きだけでなく、人と動物とカミが織りなす駆け引きの世界に迫ろうとする。吉田匡興（第2章「狩猟と『男らしさ』と『森の小人』」）は、パプアニューギニアのアンガティーヤ社会において、狩猟の経験譚を「祖先伝来の森」や男性性などをめぐる語り口に照らしながら、人と動物の駆け引きの状況の不確定性や自己変容のあり方が、どのように生活世界の構成に関わるのかを考察する。

　第II部「人と儀礼動物」で、西本太（第3章「いたぶる供犠」）は、ラオスの農耕民カントゥ社会で、犠牲動物で唯一スイギュウだけが残酷な殺し方をされる理由を探るために、供犠の場面でのきわどい駆け引きや、そこに現出する神霊と人間の対等性について検討する。シンジルト（第4章「幸運を呼び寄せる」）は、中国・新疆北部牧畜地域で行われる、ケシゲ（幸運）を呼び寄せるセテルという家畜儀礼を取り上げて、儀礼の実践が、家畜に限らず樹木や泉などへと及ぶ論理を検証し、幸福が、人間同士だけではなく、家畜など人間以外の諸存在との駆け引きにおいて始めて達成されるものであることを論じる。

　第III部「人と飼育動物」で、花渕馨也（第5章「牛を喰い、牛と遊び、妖怪牛にとり憑かれる」）は、コモロ諸島のムワリ島における従順な家畜としてのウシと闘牛における凶暴なウシという二面性の検討から、さらに、恐ろしい妖怪牛へと想像的に拡張されるウシと人との多層的な関係の生成について考察する。田川玄（第6章「ウシの名を呼ぶ」）は、エチオピアの牧畜社会ボラナにおいて、家畜のなかで最も高い価値を与えられるウシへの名づけと呼びかけ、儀礼におけるウシの贈与と供犠を取り上げて、人とウシの間で絶え間なく行われている駆け引きのありようを描き出す。

　第IV部「人と実験動物」で、池田光穂（第7章「エピクロスの末裔たち」）は、日本の神経生理学教室を取り上げて、大学における研究室制度やその運営、研究史と研究室の歴史の関係、科学的な検証過

程などの知識生産の問題を論じながら、実験者と実験動物の駆け引きへと接近する。

なお、本書は、日本学術振興会の科研費研究費補助金（基盤（B）海外）「人間と動物の関係をめぐる比較民族誌研究：コスモロジーと感覚からの接近」（平成20年度〜23年度）（代表：奥野克巳）（課題番号20401048）の成果である。

参考文献

秋篠宮　文仁、林　良博編
　2009　『ヒトと動物の関係学〈第2巻〉家畜の文化』岩波書店。
坂東　眞砂子、佐藤　優、小林　照幸、東　琢磨
　2009　『「子猫殺し」を語る―生き物の生と死を幻想から現実へ』双風舎。
ダグラス、メアリー
　1972　『汚穢と禁忌』塚本利明訳、思潮社。
ドッグラツィア、デヴィッド
　2003　『動物の権利』戸田清訳、岩波書店。
エヴァンズ＝プリチャード、E. E.
　1997　『ヌアー族：ナイル系一民族の生業形態と政治制度の調査記録』向井元子訳、平凡社。
池谷　和信、林　良博編
　2008　『ヒトと動物の関係学〈第4巻〉野生と環境』岩波書店。
川田　順造
　2007　『文化人類学とわたし』青土社。
川田　順造編
　2006　『ヒトの全体像を求めて』藤原書店。
小林　照幸
　2006　『ドリームボックス：殺されてゆくペットたち』毎日新聞社。
クッツェー、J. M.
　2003　『動物のいのち』森祐季子・尾関周二訳、大月書店。
レヴィ＝ストロース、クロード
　1976　『野生の思考』大橋保夫訳、みすず書房。
松原　正毅
　2004　『遊牧の世界：トルコ系遊牧民ユルックの民族誌から』平凡社。
森　裕司、奥野　卓司編
　2008　『ヒトと動物の関係学〈第3巻〉ペットと社会』岩波書店。
中村　生雄
　2010　『日本人の宗教と動物観』、吉川弘文館。
中村　生雄・三浦　佑之編
　2009　『人と動物の日本史4　信仰のなかの動物たち』吉川弘文館。

中澤　克昭編
　　2009　『人と動物の日本史2　歴史のなかの動物たち』吉川弘文館。
西本　豊弘編
　　2008　『人と動物の日本史1　動物の考古学』吉川弘文館。
大場　正明
　　2010　「構成さえ誤らなければ優れたドキュメンタリーに」『キネマ旬報』
　　　　　（2010年7月下旬号）。
太田　至
　　1994　「家畜の群れ管理における『自然』と『文化』の接点」福井勝義編『地球に生きる④自然と人間の共生』pp.197-223、雄山閣。
奥野　卓司、秋篠宮　文仁編
　　2009　『ヒトと動物の関係学〈第1巻〉動物観と表象』岩波書店。
リドレー、マット
　　2000　『徳の起源：他人をおもいやる遺伝子』岸由二監修、古川奈々子訳、翔泳社。
菅　豊編
　　2009　『人と動物の日本史3　動物と現代社会』吉川弘文館。
菅原　和孝
　　1996　「民族誌としての語り」宮岡伯人編『言語人類学を学ぶ人のために』社会思想社。
　　2007　「狩り＝狩られる経験と身体配列」菅原和孝編『身体資源の共有』弘文堂。
田川　玄
　　2011　「人間と動物の駆け引き　民族誌と考察」第45回日本文化人類学会研究大会分科会。
内澤　旬子
　　2007　『世界屠畜紀行』解放出版社。
ウィリス、ロイ G.
　　1974　『人間と動物：構造人類学的考察』小松和彦訳、紀伊國屋書店。

(Endnotes)

1 ── アニマルライツの思想の根本には、動物にも人と同等の道徳的な資格があり、人間は動物に対して直接的な責務を負っているとする考えがある［ドゥグラツィア 2003］。
2 ── 小説形式で講演を組み立てたクッツェーに応じて、その本のなかで、4人の学者（文学者ガーバー、動物権利論者シンガー、宗教史家ドニガー、霊長類学者スマッツ）が、クッツェーの講演内容を、それぞれの立場から評しており、興味深いが、紙幅の関係上議論を割愛する。
3 ── こうした事態に応じるようにして、近年、人と動物をめぐる研究が盛んになされ、その成果の一部が公刊されている。日本史からの検討としては、『人と動物の日本史』のシリーズがある［西本編 2008; 中澤編2009;

菅編 2009; 中村・三浦編 2009］。また、人と動物の関係をめぐって、動物学、生態学、文化人類学、考古学、歴史学の研究者が進めてきた学際的な研究の成果として、『ヒトと動物の関係学』のシリーズが刊行されている［奥野・秋篠宮編 2009; 秋篠宮・林編 2009; 森・奥野編 2008; 池谷・林編 2008］。

4 ── 川田は、人間中心主義の操作モデルを4つに整理している。第一に、人も生物の一つであって、人は自然のなかで受動的な存在であるという意識をもつような捉え方(「自然史的非人間中心主義」)。第二に、人は人を中心に生きていくのが自然であるし、そのために他の動物を家畜化したり、それを殺したりしても当然であるという見方(「自然史的人間中心主義」)。第三に、人は、神によって他の動物を支配し、食べてもいいものとして創造されたという考え方(「一神教的人間中心主義」＝「創世記パラダイム」)。そして、第四に、アニミズムなどに裏打ちされるような、非人間世界のものを人による比喩的な投影で擬人化し、それに働きかけたり、それにお供えをしたりして願い事をするような捉え方(「汎生的世界像」)。

5 ── 昭和28年に、東京鰹節類卸商業協同組合・株式會社東京鰹高取引所によって建てられたその碑は、川田の著作のなかで、すでに繰り返し取り上げられている［川田編 2006; 川田 2007］。

6 ── ここで見た諸事例は、東京大学公開講座69『ゲーム：駆け引きの世界』(東京大学出版会、1999)のなかから取り上げた。

人と動物、駆け引きの民族誌

もくじ

序 ･･ 奥野 克巳
 狩猟民プナンとの暮らしから 003
 現代日本における人と動物をめぐる問題の諸相 004
 人間中心主義をめぐって 009
 本書について 012

第1部　人と野生動物

第1章
密林の交渉譜 025
 ボルネオ島プナンの人、動物、カミの駆け引き ･･････････････････ 奥野 克巳

 密林の駆け引き 026
 民族動物誌 028
 狩猟民族誌 032
 人、動物、カミの交渉譜 041
 人、動物、カミが織りなす世界 050

第2章
狩猟と「男らしさ」と「森の小人」 057
 パプアニューギニア、アンガティーヤでの
 人間—動物関係の一断面 ･･･････････････････････････････････････ 吉田 匡興

 狩猟の経験譚から見る「人間と動物の関係」 058
 アンガティーヤにおける狩猟についての予備的素描 061
 狩猟の経験譚 070
 狩猟の経験譚から眺め直す社会・文化的「配置」：狩猟をめぐる禁忌と男性性 081
 「土地を食べる」こととしての狩猟 089

第2部　人と儀礼動物

第3章
いたぶる供犠　095
ラオスの農耕民カントゥとスイギュウの駆け引き　………… 西本　太

供犠でスイギュウをいたぶること　096
カントゥの動物世界　100
スイギュウ　110
供犠の民族誌　116
いたぶることの意味　125
反転可能な対等性　128

第4章
幸運を呼び寄せる　131
セテルにみる人畜関係の論理 ………………………… シンジルト

人畜関係の捉え方　132
地域における人畜関係の概観　134
幸運を呼び寄せるためのセテル　139
セテルの動態　150
セテルにみる人畜関係の論理　162

第3部　人と飼育動物

第5章
牛を喰い、牛と遊び、妖怪牛にとり憑かれる　169
コモロにおける牛と人間の「駆け引き」について ………… 花渕　馨也

妖怪牛の恐怖　170
牧畜と牛表象　172
牛肉と名誉　177
牛との危険な遊戯　182
妖怪牛を追い払う　190
馴化と他性、そして恐怖　197

第6章
ウシの名を呼ぶ 205
南部エチオピアの牧畜社会ボラナにおける
人と家畜の駆け引き……………………………………………… 田川　玄

人と家畜との相互行為　206
ボラナ社会と家畜　208
ウシと人との関係　212
「へその緒」の結びつき　222
「ウシの名を呼ぶ」とは　229

第4部　人と実験動物

第7章
エピクロスの末裔たち 237
実験動物と研究者の「駆け引き」について ……………………… 池田　光穂

自然科学者の生理学　238
神経生理学と文化人類学　241
大学制度における神経生理学研究室　244
場と知識　248
歴史的実在としての神経生理学とその研究室　251
動物実験と科学的検証手続き　257
人間と動物のハイブリッドにおける「配慮」状況　265

執筆者一覧　276

第1部

人と野生動物

第1章

密林の交渉譜
ボルネオ島プナンの人、動物、カミの駆け引き

奥野 克巳

Ⅰ. 密林の駆け引き

　谷川健一は、人と動物の交渉が、捕食と被捕食の関係を超えて、人と神と動物の形づくる世界として立ち現れることに着目した。彼は、日本人は、人と動物との日々の緊張を伴う関係のなかで、人と神、人と人、人と生き物という存在の間に親和力に満ちた世界を作り上げてきたのだと主張する。神や人や霊や動物たちが、めいめいばらばらに住むことが不可能な世界が築き上げられてきたのである［谷川 1986］。

　彼は、一つの例を挙げている。かつて遠野の里に下りてきたサルは、屋外に干してある、豆を煮て搗いたものを丸めた味噌丸を狙った。シカやイノシシやクマも作物を荒らした。農民にとっては一方的に加害者であったこれらの動物たちは、ハンターにとっては獲物となった。獲物をしとめたとき、ハンターは山の神に感謝をささげた。神と人と自然の動物の間で、交渉がなされてきたのである［谷川 1986: 15］[1]。

　野本寛一は、人と動植物の交渉譜を描き出す著作のなかで、シカにふれて、人とシカの関係を、実用性、害獣性、霊獣性の三点において記述検討している。シカの肉は食用として供されるばかりでなく、シカの胎児は薬用としても重んじられ、シカの皮は皮紐や敷皮などとして使われたし、生き角はイカ釣りの擬似餌として用いられたりした。その一方で、シカは、稲作にとって古くから害獣でもあった。

　さらにシカは、古代、呪術儀礼において重視されていた。王権者がメスジカの鳴き声を聴くことは、シカの発情・交合と孕みを確かめることであり、稲作の実入りを確かめることでもあった。支配者の男女が鹿鳴を聴き、同衾する儀礼は、類感呪術的な豊穣儀礼だったのである［野本 2008］。野本は、人と動物との共生関係とは、たんに生態的な共生を指すのではなく、人間の側の精神世界に深く食い込む関係に及ぶものであり、そのふくらみの部分を見つめたいと述べている［野本 2008: 32］[2]。

　人と動物の関係を取り上げるとき、人と動物の間で行われる実用的・現実的な駆け引きだけを取り出すのでは、その一面を取り上げた

ことにしかならないように思われる。人と動物の駆け引きについて考えるためには、人と動物の現実的な駆け引きを超えて、人と動物とカミ[3]が形づくる世界へと踏み込んでゆかなければならない。

　プナン（the Penan）の人と動物の関わりは、ほとんどの場合、森や川での狩猟や漁撈に限定される。プナンは、食べるために野生動物をしとめる。そのための狩猟・漁撈における駆け引きの術を発達させてきた。彼らは、恵みをカミに感謝するようなことはない。しかし、動物とカミは一体化しており、動物に対する人の粗野なふるまいは天に届く。雷のカミは雷鳴を轟かせ、天候を激変させて、人に罰を与える。動物への粗野なふるまいが禁じられている。そこでも、人と動物の関係は、現実的な次元にとどまっているのではなく、人、動物、カミそれぞれが主体となって織りなす駆け引きの世界がある。

　プナンは、ボルネオ島に暮らす、狩猟採集民および元狩猟採集民に与えられた総称である。そのうち、マレーシア・サラワク州には15,485人が住んでいる［Suhakam 2007: 249; Jayl Langub 2009: 2］。州内のプナンは、居住地域と言語文化の類似性の観点から、便宜的に、東プナンと西プナンに分けられる。ブラガ（Belaga）川上流域には現在、約500人の西プナンが定住・半定住している［Jayl Langub 2009: 7］。ブラガ川流域のプナンは、1960年代に、州政府の政策に応じて、遊動生活を放棄し、川沿いの居住地に暮らし始めた。

　プナンの居住地周辺の密林では、1980年代になると、商業的な森林伐採が開始され、プナンは木材企業から賠償金を手にして、次第に現金経済に巻き込まれた。彼らは、そうした現金で今日、主食のサゴ澱粉や米などの食品を購入している。また、近隣の焼畑民の不法伐採や油ヤシの植樹などの日雇い労働に従事し、僅かながら現金収入もある。

　彼らは、1960年代になると役人や近隣の焼畑民などから焼畑稲作を学び、その後、稲作を行ってきた。しかし、畑地管理が十分でないため、米の収穫は多い年もあれば全くない年もある。そのため今日でも、狩猟が生業の中心である。動物肉は自家消費されるとともに、木材伐採キャンプや近隣の焼畑民に売られる。そこからもまた現金を得ている。

食料として最も重視される野生動物は、イノシシ（現地名 *mabui*: 学名 *Sus barbatus*）である。それは、他の動物よりも肉量と脂肪分が多い［BROSIUS 1992: 120］。その他に、あらゆる野生動物や魚類が狩猟・漁撈の対象とされ、それらの肉が日々の糧となる。

II．民族動物誌

　プナンにとって、動物（*kaan*）とは野生動物である。そのカテゴリーには、「四足獣」という意味の動物（*kaan*）、ヘビ（*asen*）、サカナ（*betele*）、トリ（*juit*）、ムシ（*ketun*）が含まれる[4]。

　飼育されている動物は、唯一狩猟用のイヌ（*asu*: *Canis familiaris*）である。民話（*suket*）では、狩猟にイヌを用いるようになった経緯が語られる[5]。プナンはイヌを名付ける。人の名ではなく、カスット（長靴）やディマックス（車の名前）などのイヌ固有の名を付ける。プナンによれば、人は身体、魂、名前を備えた存在であり、すべての動物は前二者を備えているが名（個別名）を持たない。カミには個別名を持つものもあるが、身体を備えていない。また、首が座ってから名付けられる乳児もまた完全な人ではない。その意味で、個別名が与えられるイヌは、プナンにとって特別な存在である［卜田 1996: 109-14］。「犬はほとんど人間と等しいものとしてとらえられている」［卜田 1996: 111］。

　イヌの八つの乳首の位置を見て、猟の巧拙を判断する［PURI 2005: 243-52］。筆者の観察では、ライフル銃による猟が主流になりつつある今日、イヌたちは、狩猟では重用されるが、餌などが欲しくて人の周りをうろつくと煙たがられる両義的な存在である。

　クニャーなどの近隣に住む焼畑民たちは、ブタ（*buin*: *Sus domesticus*）やニワトリ（*dek*: *Gallus sp.*）などを飼育しているが、プナンでは、家畜動物は野生動物よりも劣位に位置づけられる傾向にある。プナンは、ニワトリに動物でもトリでもない、独立した分類を与えている。かつては、ニワトリの肉も卵も食べなかったとされる。現在では、近隣焼畑民からニワトリの肉と卵を分けてもらって食べることもある。また、プナンがニワトリを育てることもある。しか

写真1……狩猟キャンプで、毛を取るために丸焼きにされるブタオザル

し、卵や肉を食用にするために飼っているのではない。ただ餌をやり、飼うために飼っている。ニワトリの鳴き声には、マイナスの属性が付与されている［卜田 1996: 104-9］。

　プナンは、サルという分類を持たない。しかし、樹上に住むブタオザル（*medok*: *Macaca nemestrina*）、ミューラーテナガザル（*kelavet*: *Hylobates muelleri*）、ホースリーフモンキー（*bangat*: *Prebytis hosei*）と赤毛リーフモンキー（*kelasi*: *Prebytis Comata*）、カニクイザル（*kuyat*: *Macaca fascicularis*）の5種を、一まとまりの樹上に住む動物として捉えている。

　ブタオザルは昼行性で、夜は樹上で眠るとされる。母ザルは、小さな子を胸の前に抱きかかえて育てる[6]。母をしとめたときに同時に獲れるブタオザルの子の肉は、抱きかかえるという意の「トキヴァップ（*tekivap*）」と呼ばれ、プナン人の好物である。ミューラーテナガザルは手が長く、腕を使って木々を渡り、地上にはあまり降りてこない。ウワーウワワウワウワッという大きな鳴き声を発する。ホースリーフモンキーは若葉や種子、蔓植物などを餌としており、腸内の消化物

（*oreh*）は、内臓とともにスープ（*potok*）にして食べると滋養薬になるとされる。糞便になる直前の消化物なので、糞の匂いがする。カニクイザルは、川沿いの灌木の茂みにいることが多く、比較的たくさん獲れる。

　プナンは、「サル」を食のために捕獲する。プナンの観察によれば、ブタオザルとカニクイザルはよく地上を歩くという。ブタオザルが最も強い。つねに左手を使って相手を威嚇したり、攻撃したりするともいう。プナンは、それらの「サル」が人に似ているとは言わないが、カヤン人がブタオザルに、イバン人がリーフモンキーになったというふうに、近隣の焼畑民たち（＝人）が、それらになったとも言うことがある。

　シカ（*payau*: *Cervus unicolor*）は、ホエジカ（*telau*: *Muntiacus muntjak*）、マメジカ（*pelano*: *Tragulus napu*）などの偶蹄目の動物とともに、しばしばしとめられる。シカの胎児は、母乳が出ないときなどの薬になるとされる。

　ボルネオヤマアラシ（*larak*: *Hystrix crassispinis*）は、商業的な森林伐採後に植えられた油ヤシの木になる実を食べにやってくる。それは強い動物だという。背中に捕食者に対する攻撃のための針を備えている。後ろ向きになって針を発射すると、動物の身体に突き刺さる。森のなかを歩いていて、ボルネオヤマアラシの針が地面に落ちているのに出くわしたことがある。プナンは筆者にその針を指さして、喧嘩があったと呟いたことがある。

　バナナリス（*puan*: *Callosciurus notatus*）などの小動物には、肉があまりないが、吹き矢（*keleput*）でしとめられることがある。バナナリスは、彼らにとってセクシュアルな動物である。リスたちは森のなかで交尾ばかりしている。あっちに行っては交わり、こっちに行っては交わり、木の枝でも、地面の上でも、と彼らは言う。

　淡い黄色の毛並みに、全身にわたって太い茶色の縞模様が付いているジャコウネコ科の食肉類タイガーシベット（*panang alut*: *Hemigalus derbyanus*）は、夜に密林のなかを歩く夜行性の動物であるとされる。タイガーシベットの「別名（*ngaran dua*）」（Ⅲ節で後述）は、「夜の動物（*kaan merem*）」である。ビントロング（*pasui*: *Arctictis binturong*）もジャコウネコ科の動物で、夜行性である。

　ボルネオの密林はヘビの展覧場である。ニシキヘビ（*Beiga dendtophila*）、ヒメヘビ（*Calamaria sp.*）、有毒性のマングローブヘビ（*Boiga dendrophila*）などがいる。ヘビは藪のなかから不意に現れたり、樹上から落ちてきたりして人に咬みついたり、毒を飛ばす。プナンは、ヘビを見つけると、刀で頭を切り落とす。

　ワニ（*baya*: *Crocodylus porosus*）は、大きな川、池や沼などにいる。プナンが住んでいる川の上流には、ほとんどいない。ミズオオトカゲ（*sawe*: *Varanus salvator*）は、四足獣に分類される。川を泳いだり、ときには、木の上にも登ったりする。プナンは川に網を張ってサカナを獲るが、ミズオオトカゲは、網にかかったサカナを食べに来る。プナンは、ミズオオトカゲが網にかかったサカナを食べに来るところを槍（*ujep*）か素手で捕まえる。

　サカナは川の水に住む。周辺の川では、川魚類（*bulen*: *Hampala macrolepidota* など）やナマズ類（*kati*: *Claroas batrachus* や *taok*: *Mystus nemunis*）などがよく獲れる。

写真2……狩猟キャンプの近くで夜にしとめられた二頭のタイガーシベット

第1章　密林の交渉譜　　031

霊獣（*setengah kaan setengah baley*）という動物分類がある[7]。その代表格がトラ（*lejo: Panthera tigris*）である。実際には、周囲にはトラはいないが、マレー半島に棲息するトラをベースに想像されたものと思われる。それは岩穴に住み、人を襲ってむさぼり食うと考えられている。プナンは、かつてはオランウータン（*sikok: Pongo pygmaeus*）を食していたという話が残っているが、現在周辺には棲息していない。それは、大きな人のような存在が密林の木々を渡り歩くという、人を超えたパワーを持つ霊獣としてイメージされている。

ある意味で、そうした超自然的な力をもつ動物の延長線上に位置づけられるのが、トリである。プナンは、トリの聞きなしを行ってきた［卜田 1996］。その声は、カミの声を運ぶとされる。トリの聞きなしは、近隣の焼畑民が起こしたブンガン教（*Bungan*）[8]がそれを迷信であるとして退けた結果、今日、重んじられていないが、部分的に継承されている。

トリは、僅かな肉しかないものの食の対象である。眼状模様の羽を持つセイラン（*kuai: Argusianus argus*）は、森のなかの平坦地を踏みならして、糞などを取り除いて綺麗にしてから、そこに座るという。「座るトリ（*juit mekeu*）」や「糞（*anyi*）」という別名で呼ばれる。サイチョウ（*belengang: Buceros rhinoceros*）、ムジサイチョウ（*lukap: Anorrhinus galeritus*）、シワコブサイチョウ（*metui: Rhyticeros undulatus*）などのトリがよく捕らえられる。コシアカキジ（*datah: Lopura ignita*）は、後述する罠猟（*viu*）によって捕らえられることが多い。プナンのなかには、それは、ニワトリが野生化したのだという人もいる。

III. 狩猟民族誌

1. 狩猟と肉の分配

狩猟は、ヒトだけが行うのではない。イヌ科、ネコ科、クマ科などの食肉類（ジャッカル、ライオン、グリズリーなど）は、他の動物を襲ってその肉を食べる。肉食獣の捕食行動は、探索、接近あるいは追跡の後の捕獲として一般化できる。捕獲のさいには、手で捕まえ、動けなくし、殺す。ネコ科やイタチ科の幾種かでは、喉への渾身の一咬

みによって獲物を殺す。捕食者はそれを食べ、あるいは子のために持ち帰る。後に消費するために密かに隠すこともある。食肉類の捕食対象には人も含まれる［クルーク 2006: 77］。

　現存する霊長類の行動から、狩猟の進化とその意味について考えてみよう。肉食において、霊長類のなかで際立っているのはチンパンジーである。チンパンジーは、アカコロブス狩りを行う。チンパンジーがコロブスを見つけると、獲物に向かって木の上に登ってゆく。コロブスのオスたちは捕食者に激しく反撃して、メスやワカモノを防衛するという。そのため、小さなコドモを抱いているコロブスがよく狙われる。一回の狩りは1時間以上も続くこともあり、一回で1〜7頭のコロブスが狩られることもある。チンパンジーの武器は、その鋭い犬歯である。

　チンパンジーの狩りはメスの発情期に行われることから、オスが狩りをするのは、肉をメスに分配して交尾するためだと考えられる。肉の価値は、メスにとっては栄養的なものかもしれないが、オスにとっては栄養的かつ社会的・政治的なものである［スタンフォード 2001］。

　ヒトの狩猟では、道具を用いた猟が主流となる。霊長類学者スタンフォードは、チンパンジーの狩りに照らして、ヒトの狩猟を考えている。アマゾニアのシャラナフアでは、肉がセックスのために交換されるという。セックスが、男性が狩猟することの誘因となる。狩猟に長じた男が、希少価値である女を勝ち取る。肉と女の価値の交換は、アマゾニアの先住民諸社会で広く行われているという［スタンフォード 2001; Siskind 1973］。

　これに対して、プナンでは、狩猟肉、とりわけ、イノシシやシカなどの大型獣の肉は、猟に出かけた男たちが全員そろった段階で、そのメンバーの間で、目に見えるかたちで、分け隔てなく均等に分配される。肉の均等分配は、狩猟直後の最も重要な仕事である。チンパンジーやシャラナフアに照らせば、そうした肉の均等分配もまた、イノシシをしとめた男の社会的・政治的なふるまいであると捉えることができるかもしれない。彼および彼の家族には、別の機会に、他のメンバーがしとめた肉の分配が保証されるからである。プナンでは、

肉が僅かな部分しかない小動物の肉以外、メンバー間での肉の均等分配が原則である。寛大であることが、プナンの重要な行動規範であるとされる[9]。

2. 狩猟の実際

　森のなかにはイノシシの足跡があちこちにくっきりと残っていた。昨日のものもあれば今朝ついたと思われる真新しいものもあった。ヌタ場[10]ではつい先ほど何頭かのイノシシが水浴びをしたようだった。我々が近づいた音と匂いで逃げてしまったのかもしれない。我々は森のなかをすでに4、5時間歩き回っている。そのうちに陽は高く登ったが陽射しは森の奥深くにまでは差し込まない。昼なお湿って暗い濃緑の魔境。数条の淡い光が、暑熱があることを知らせている。遠くの峰からミューラーテナガザルの鳴き声がする。ウワウワウワウワ。私は棘のある植物に絡まれて、ニュアと彼の息子のロベットからは遅れを取ってしまった。倒れた樹々の間を潜り抜けて砂地のぬかるんだ小川を飛び越えたとき、遠くでイヌがいっせいに吠えているのに耳を澄まして一瞬立ち止まる。ウォンウォンウォンウォン。カスットにディマックスにピディンと名づけられた三匹の忠犬が獲物を追いつめている。その吠え方はしだいに大きくなっている。どうやらこちらに近づいてきているようだ。重なり合うイヌたちの吠え声。ウォンウォンウォンウォンウォンウォン。その声を聞きながら私は密林のなかの道なき道を登ってゆく。「トゥアイラワキトゥベット（ロベット、奴らはこちらに来るぞ）」と、猟銃を持つニュアが息子のロベットに言っているのが聞こえる。ニュアは、右手をあおって一気に稜線にまで駆け上がるように促した。稜線に先回りしてイノシシをしとめる腹だ。私は、朝の暗いうちから陽が高くなる今まで何も口に入れていないため、空腹で動きが鈍ってきている。ロベットもまた、彼の父がしたように、私に一気に稜線まで駆け上がるように手で合図をした。その瞬間、私は苔が生えて湿った岩に足をとられて滑り落ちた。岩と石の塊がゴロゴロゴロンと鈍い音を立てて落ちてゆく。な

んとか、木の蔓につかまって事なきを得た。「ジアン（大丈夫か）？」、ロベットの声。私は疲労で声が絞り出せない。ウォンウォンウォンウォンウォン。イヌたちは鳴き止まない。少し遠くでイヌを呼ぶ人の声がする。ウー。アジャンという男がイヌたちを指揮している。稜線にたどり着くと視界が開けた。一気に暑熱が頭のてっぺんから全身に注がれる。ニュアもまた自分たちの居場所を知らせるために声を出す。ウーウー。ニュアは猟銃の筒に銃弾を装填してイノシシを撃ち殺す手はずを整えたようだ。耳を澄ましうろうろしながらどこでどう構えたらいいものか思案している。遠くでセイランが、果実が実っているのを知らせて飛んでいく。クトゥオゥクトゥオゥ。私は、彼らから遅れて稜線上にたどり着く。流れ落ちる玉のような汗。一瞬イヌの吠える声が止む。ザワザワザワという音がしてイヌかと思いきや一頭の大きなイノシシが密林からすっと姿を現した。あっ。それは、稜線へと飛び出してものすごい勢いでふたたびすぐに深い密林へと姿を消す。ニュアは、その一瞬なすすべがなかった。銃を構えることすらできなかった。イノシシの後をうなりながら追う二匹の猟犬カスットとディマックス。アジャンが槍を片手にもって息を切らして唾を吐きながら走ってきた。すぐさま二匹のイヌ、ニュア、アジャンの順に密林へと入ってゆく。スミゴロモ（*kiyong: Oriolus hosii*）が上空を飛んでいく。キョンキョンキョン。「カウモクトゥベット（ロベット、ここで待っていろ）」、ニュアが息子に言う。銃を肩にかついだジャウィンが稜線を走りあがって来るや、犬の吠え声をたよりにあっという間に彼らの後を追って密林に入っていった。ウォンウォンウォンウォンウォンウォン。よりいっそうけたたましく吠えるイヌたち。猟犬のピディンがようやく追いついた。やがてイヌたちは轟々とうなりはじめた。ウーウーウー。イノシシの喉もとに喰らいついたのだ。キーキーキー。イノシシが断末魔の呻き声をあげている。キーキー。ニュアとジャウィンが犬たちにイノシシのそばから離れるように指示している声が微かに私にも聞こえる。ウフウフウフ。「タエカスット（カスット、離れるんだ）」。つ

ぎの瞬間ドッドォーンという大きな銃音が密林全体に深くこだましました。それを聞いて、ロベットは密林へと一目散に駆け込む。倒木を飛び越え山刀で藪を切り裂きながら傾斜のあるけもの道をずんずんと駆け上がる。私も全速力で、ロベットの後を追う。イノシシは一発の銃弾でしとめられ血を流してそこに倒れていた。さっき目にした奴にちがいない。ウーウーウー。ウフウフフ。駆けつけたニュアとアジャンとジャウィンは、イノシシの周りで血の臭いに興奮の極みにあるイヌたちを鎮めようとしていた。発射された弾のこげた臭いがあたりに漂っていた。

写真3……ライフル銃でしとめられた直後のイノシシ

　狩猟は、プナンが動物に向き合う最大の機会である。彼らは軽装で、肩からライフル銃を提げて密林に入ってゆく。狩猟が行われるのは、朝から夕方までの陽がある時間である。それとともに、2000年代になってから、油ヤシの実を食べに来るイノシシを夜間に待ち伏せして捕まえる、油ヤシ・プランテーションでの待ち伏せ猟も盛んに行われている。

　日中に行われる猟において、密林に入る場合には、尾根ごとに分担を決めた上で、ハンターが単独か複数で、下方から頂を目指す。まずは、足跡を確認して、ハンターは、イノシシがそこを通った時刻を推測する。足跡が今しがた残されたものなのか、あるいは、昨日のものなのか、それとも、もっと古いものなのかを推し量る。足跡を追って、イノシシがどの果実を求めているのかを確かめた上で、ふたたびやってくるかどうか、そのチャンスが巡ってくるかどうかを判断する。

　プナンのハンターはまた、足跡からさまざまな情報を得る。それが大型の

[036]　　第1部　人と野生動物

オスが残したものか、子連れのメスのものかなどを探る。さらに、ヌタ場があれば、そこにイノシシがやって来るかどうか、その場に坐って、しばらく様子を見ることがある。
　ハンターたちは、密林では、物音を立てないように進む。それは、動物の動きをいち早く察知するためと、動物が人の立てる物音を感知して逃げてしまうのを防ぐためである。イノシシが果実を齧る「コッ、コッ」という音は、遠くまで響くことがある。そうした音がすると、ハンターたちは、ライフル銃に銃弾を装填した上で、腰をかがめて、イノシシに気づかれないように十分に配慮しながら音のする方向に静かに向かってゆく。
　イノシシを見つけると十分な距離まで近づいて、頃合を見計らって、ハンターはその首や前足の付け根のあたりに狙いを定めて射撃する。一発の銃弾でしとめることができなかった場合、手負いのイノシシが逃げることもある。その場合、ハンターは、血痕から傷の程度を推し量る。多量の血が流れている場合には、ゆっくりと手負いのイノシシを追跡する。獲物が、どこかで息絶えている確率が高いからである。他方、軽傷の場合には、イノシシは軽やかに逃げ去り、追い切れないこともある。そうした場合には、その日のうちかあるいは翌朝に、他のハンターとともに、イノシシを探すことが多い。
　イヌを用いた狩猟は、1960年代にライフル銃が導入される以前から今日にいたるまで行われている。イヌを用いる場合、最初に密林のなかに数匹のイヌを送り込む。ハンターは、ライフル銃、槍、槍が先についている吹き矢で武装した上で、単独か複数でイヌの後について密林に入る。上で見た狩猟のエピソードは、ライフル銃を持つハンターと、イヌを連れて槍を担いだハンターの混合によって行われたものである。
　イヌは、イノシシの匂いを嗅ぐと興奮して喉を鳴らして唸る。獲物を見つけると、イヌたちは吠え声をあげる。猟犬は数匹でしだいに獲物を追い詰めてゆく。猟犬はイノシシに食らいついて、振り落とされないようにしがみつく。ハンターはやがてその場に達し、獲物に十分に近づいた後に、イヌにイノシシから離れるように命じ、銃や槍で止めを刺す。イヌは、イノシシとの格闘で絶命する場合もある。

吹き矢を用いて、イノシシに毒矢を当てることもある。その場合、イノシシは矢を受けてなおも走り続ける。ハンターはイヌとともに手負いのイノシシを追い、毒が全身に回って倒れたところで、槍で止めを刺す。

　猟を続けていてイノシシに出くわさない場合には、獲物の対象を変えることがある。ハンターたちは地面を見て進むのではなく、樹上を見上げて「サル」やトリなどを追うかもしれない。遠くから聞こえる鳴き声にも、プナンは耳を澄ます。ゆっくりと鳴き声がする場所へと近づいてゆく。樹上にいる「サル」は、イノシシとちがって、目がいい。人の姿を見つけると、それらは逃げる。人が樹上に「サル」を見つけた場合、獲物の様子をうかがいながら、低姿勢で獲物へと進んでゆかなければならない。人を発見した場合「サル」は、鳴き声で危険が迫っていることを仲間に知らせるからである。

　大きなトリは、樹冠の上を雄大な羽音を立てて飛んで、しなやかな風音を起こす。ハンターは、イノシシとシカなどの大型獣以外の獲物に対しては、散弾を用いて射撃する。樹上を駆け抜けたトリを獲物とする場合には、プナンは、そのトリをおびき寄せるために鳴きまねをする場合がある。トリは、仲間がいると思って戻ってくる。かつて人が樹上に登って、トリの鳴きまねをしておびき寄せ、吹き矢で射止めたという話が伝わっている。

　ホエジカ猟では、獲物をおびき寄せるために、草笛を用いる方法がある。交尾を誘うための吠え声と聞き間違えて、ホエジカが近寄ってきたところをしとめるという猟法である。このように、プナンは、トリやホエジカに対しては、それらの聴覚的特性を巧みに利用しておびき寄せて捕らえようとする。

　狩猟で獲物が取れない日が続いた場合や、近くに小動物の足跡が見られる場合などには、罠猟が行われる。罠は籐を用いて、輪が獲物の足にからまって吊り上げる仕組みになっている。罠猟では、コシアカキジなどの小動物が狙われる。獲物の通り道を狭めるために、木枝があたりに敷き詰められて、獲物を導く道がつくられる。そこに罠猟が仕掛けられる。日に一度の割合で罠がチェックされる。罠に掛かった獲物がまだ生きている場合には、止めを指した後に罠が解か

れる。

3. 感覚による人と動物の駆け引き

　菅原和孝は、グイ・ブッシュマンの狩猟の駆け引きについて以下のように述べている。

　　獲物の足跡を読みとり、じりじりと忍び寄り、矢を射かける最良のタイミングをはかる一連の営為は、みずからの企てと拮抗する意志をもった相手＝獲物とのかけひきのなかでつねに微妙な洞察と決断を要求される過程である。そのとき目標に向かってとぎすまされるハンターの感官は「自問自答」の形式で対自化されるのである。[菅原 1996: 124]

　ハンターの判断や感官に重きを置く菅原の駆け引き論に対して、身体の動きを重んずれば、狩猟場面での駆け引きを以下のように描くことができよう。ハンターは、道具を用いて殺傷するという自らの企てに対して背いたり、逃げ去ったりするような「他性」をはらむ野生動物に接近して、身をかがめたり、身を藪のなかに隠したり、立ち位置を前後左右に変えたり、樹上や見晴らしのいい場所へと移動するなどして身体のあり方を変える。そのようにしながら、自らの企てを完遂させようとするが、そのことが叶わないと判断された場合、ハンターは、目の前の動物の行動に応じながら、次なる身の動きを繰り出す。こうした一連の身体の動きが、狩猟場面における人と動物の駆け引きにほかならない。

　そうした狩猟場面での駆け引きは、人の身体、とりわけ、感官に対する事前の準備段階からすでに開始されている場合もある。アマゾニアのデサナ人にとって狩猟は求愛のようなものである。香りは女性をひきつけるように、獲物をひきつけると考えられる。バクやイノシシのような黒い動物の狩りの前には、燻製肉と唐辛子を食べる。麝香の匂いが獲物を寄せつけるとされる。テンジクネズミやアルマジロ猟には、煮物を食べた後に煎じた唐辛子の匂いを吸い込んで嘔吐し、身体の匂いを消して臨む [Reichel-Dolmatoff 1978]。

こうした感官の調節が、人と動物に限られているのではなく、精霊を巻き込んで行われる場合もある。アンダマン諸島民にとって、存在とは匂いである。精霊は匂いを頼りに人を狩り、人も匂いを頼りに動物を狩る。人は精霊に匂いを嗅がれないように注意するが、それは、人が動物を狩るときに匂いを嗅がれないために役立つ。また、肉を食べた人は、そのことを精霊に悟られないように身体に泥絵の具を塗る。人は、獲物の頭蓋骨の匂いで、いなくなった仲間に近寄る習性がある獲物をおびき寄せる［Pandaya 1993］。

　デサナ人やアンダマン諸島民に比べて、より現実的でシンプルであるものの、プナンは、動物との駆け引きのさいに、少なからず、身体や感官のあり方を変容させる。

　Ⅱ.-2.で見たように、プナンのハンターは、主に、目と耳に頼りながらイノシシを追跡する。他方で、イノシシは、プナンによれば、耳と鼻が優れている。イノシシは、人の臭いがしたり、人が立てる物音を聞いたりすると、危険を察知して逃げていくという。そのため、ハンターは物音を立てないように注意を払うし、臭いがイノシシにまで届かないように、風下に立つように努め、風上に立ってイノシシを追跡しないように心がける。

　ハンターは、密林のなかでは、物音をなるべく立てないように注意する。動物が嗅覚に秀でているからといって、しかしながら、彼らは、身体の臭いを消すような手立てを講じることはない。ただし、ある男は、狩猟に出かける前に一切の食べ物を口にしないのは、食べ物の臭いによって、イノシシに人がいることに気づかせないためであると語ったことがある。ハンターは風がどちらからどちらに吹いているのかを確かめるために、ときどき立ち止まって、風が流れない方向に道取りをすることがある。

　人は目と耳に頼って狩猟を行うが、イノシシは目が疎い。夜中に行われる油ヤシのプランテーションでの待ち伏せ猟では、物音がすると、イノシシの姿を視認するために、ハンターは懐中電灯で対象を照らし出す。光をあてても気づかないというイノシシの視覚劣性を利用する。逆に、イノシシは目が見えないため、盲目的に突進してくることもある。夜の待ち伏せ猟で眠り込んでしまったハンターが、

猛進して来たイノシシに体当たりをされて、けがをしたことがある。

　このように、狩猟の場面で、プナンは、動物との駆け引きをつうじて対自し、身体のあり方を変える。場合によっては、動物に襲われることもある。こうした駆け引きのなかで特筆すべき点は、人と動物の接触の不在である。プナンは、必要な時以外は動物に触れないし、触れることに対して、次節で見るように、禁忌がある[11]。

IV. 人、動物、カミの交渉譜

1. 狩猟をめぐる語り

　【1】スタイ（40歳）は、昼下がりに、密林からイノシシをかついで狩猟キャンプに戻って来ると、獲物を地面に降ろし、沸いていたコーヒーを飲んでから、小声で話し始めた。

　スタイ：塩なめ場[12]から少し登ったところで、昨日ニュアが足跡がたくさんあると言っていたあたりで、ガサガサという音がしたので、立ち止まって静かにしていると、音が近づいてきたので、ライフル銃を構えたのさ。姿は見えなかったが、今度は少し離れたところで、ガサガサと音がした。銃口をそっちに向けると、音がしなくなったのさ。臭いを嗅ぎつけられたのかもしれない。

　一同　：おお。

　スタイ：音がした方に少し近づいてみることにした…すると、左手の藪のほうに逃げていくのが見えたのさ。あわてて撃ったが、うまく命中しなかった。そいつは走り去ったのさ。見ると、血が滴り落ちている。血の量からすると、そんなに遠くには逃げられないはずだった。

　一同　：急所に中ったんだな。

　スタイ：ああ、血の跡を追っていくと、そいつは川の前で倒れていたのさ。メスだった。（イノシシと戯れている子どもたちのほうに向き直って）おい、そんなことするでない……明朝もう一度探しに行ってみよう。

【2】別の日の出来事である。あたりが暗くなる少し前に、ラー（45歳）は、狩猟小屋の手前にやって来ると、ピア・プサバ（*piah pesaba*）を唱えながら戻ってきた。

「戻ってきた、兄弟よ、獲物はまったく獲れなかった、何も狩ることができなかった。（嘘を言えば）父と母が死ぬことになるだろう。ブタの大きな鼻、かつてイノシシだったマレー人、トンカチの頭のようなブタの鼻、大きな目のシカ。夜に光るシカの目、ワニ、ブタ、サイチョウ、ニワトリが鳴いてやがる…」

それは、獲物が何もなかったときに発せられる、動物に対する怒りの言葉である。ラーはライフル銃と籐籠を小屋のなかに降ろすと、一日動き回った後の喉の渇きと空腹を満たすべく、コーヒーを二杯飲み干し、冷や飯を皿に盛ってかき込むと、その日の猟について、ぽつりぽつりと話し始めた。

ラー　：出かける途中で川のそばでカニクイザルを見つけた。撃とうにも散弾がなかった。森に入ると、（イノシシの）足跡は古いものばかりだった。ヌタ場で腰を降ろしてしばらく待ったが、（イノシシは）来なかった。そのうち、雨になったのさ。本ぶりになって、音がまるで聞こえやしなかった。雨が上がる頃、フタバガキの実を齧る大きな音が聞こえてきた。そっと近づいてみたところ、姿は見えなかったが、（イノシシが）臭いか足音に気づいたのか、齧る音が聞こえなくなって、（イノシシの）逃げてゆく音が聞こえた。今日はその一回限り、イノシシに会ったのは。傍まで見に行くと、真新しい足跡がたくさんあった。明日はあのあたりに行けばいいと思う。

ドム　：え、どこ？

ラー　：ほら、ヌタ場の左に行った上の方の、大きなフタバガキの木のあたりさ。

【3】それとは別の日の出来事である。狩猟キャンプにウダウ（40歳）の姿が暫く見えないと思っていたら、籐籠に入れてトリを持ち帰ってきた。

筆者　：それは何？

ウダウ：「赤い目」（シワコブサイチョウの別名）だ。
筆者　：いつ獲ってきたの？
ウダウ：ああ、さっきさ。
筆者　：たしか、昨日、銃弾が無くなったって、言ってたよね。
ウダウ：ああ、そうさ。吹き矢を持って出かけたのさ。木の上にいたので、狙いを定めて、それに毒矢を放った。でも、すぐに飛び立ったさ。それを追いかけて追いかけて、ようやくそれは地上に落ちた。
筆者　：どれくらい追いかけたの？
ウダウ：1時間くらい。
筆者　：たいへんだね。
ウダウ：そうさ、ライフル銃だと一発でしとめられるのさ。

写真4……吹き矢で樹上に止まったトリを狙うハンター

　ここにあげたのは、ハンターたちが狩猟キャンプに戻った後で、狩猟行について述べた語りである。要点をあらかじめ整理しておきたい。【1】では、スタイがイノシシをしとめるに至った経緯が語られている。スタイは最後に子どもたちを叱っているが、このことから、イノシシ（動物）に対する人の正しい態度があることが分かる。【2】では、ラーが狩猟に出かけたが、獲物に逃げられて、手ぶらで戻ってきた様子が語られている。また、ピア・プサバが、獲物なしに戻ったことを告げるために唱えられている。【3】では、ウダウによって、吹き矢猟では、矢毒が動物の身体に行き渡るまで、手間がかかるということが述べられているし、持ち帰られたトリが別名で呼ばれていることも分かる。

[第1章　密林の交渉譜

上のテキストは、プナンが動物と向き合うときにどのような行動をとるのか、また、動物も人の行動に応じて、どのように行動するのかという点に関して情報をもたらしてくれる。そのような語りから、私たちは人と動物の駆け引きのあり方に接近することができる[13]。しかし、それだけではない。そのようなデータから、私たちは、人と動物の間の駆け引きとともにある、もう一つの駆け引きについても知ることができる。

　それは、しとめられた動物に対する正しい態度（【1】）であったり、動物に対する怒りの言葉が発せられること（【2】）であったり、特定の状況で、動物の別名が発せられるということ（【3】）から推し量ることができる、人と動物との現実の駆け引きを超えて、人の側の精神の世界に食い込む関係にまで及ぶ「ふくらみ」の部分である。そうしたふくらみとは、人とカミの間で交わされる駆け引きに他ならない。

2. 人、動物、カミの存在論

　プナンの民話（*suket*）は、動物譚の宝庫である。かつて、動物のなかで、マレーグマ（*buang: Helarctos malayanus*）だけに尾があり、他の動物たちには格好よく見えた。動物たちは、マレーグマのところに駆けつけて尻尾をねだった。マレーグマは気前よく尾をやって来た動物たちに分け与えた。最後に、ミューラーテナガザルが来たときには、尻尾の手持ちがなかった。それで、今日、マレーグマとミューラーテナガザルには尻尾がないという。

　イタチ科テン属のキエリテン（*segangang: Martes flavigula*）は、捕食者に襲われたときなどに肛門腺から悪臭を放つことで知られる。キエリテンは、かつては、人を含むすべての動物の頂点に君臨する王だった。あるとき、キエリテンが人に大木を切り倒すように命じた。それに応じて、人びとは協働で大木を切り倒した。作業中に、人びとは、カヌーか家か、いったい王様は何を作ろうとしているのかと囁き合った。そのとき王キエリテンが来て、自分のために「耳かき」を作るように命じた。人びとは、こんな大木からちっぽけな耳かきをつくるなんて馬鹿げたことだと呟いた。やがてキエリテンは王位を滑り落ち、今では臭い屁をひるだけの動物になってしまった[14]。

このように、民話のなかでは、動物が人のようにふるまったり、動物と人がいっしょに暮らしていたりした時代のことが語られる。かつては、人と動物は同じように考え、言葉を交わすような存在だった。人と動物はともに、今では人間だけが持つ性質としての「人間性（humanity）」を共有していたが、遠い過去に、動物たちはそれを失って、いまのような存在になったのである。

　ヴィヴェイロス・デ・カストロが述べるように、多くの神話が明らかにするのは、神話のなかの人と動物の両方に共通する特徴は「動物性（animality）」ではなくて人間性だという点である。神話のなかでは、動物はたいてい人と同じように考えて行動する。原初に、人と動物の隔たりはなかった。神話では、自然から文化が生み出されるのではなく、文化から自然が生み出されるのがふつうである。つまり、人間が内在化し維持する性質を、動物たちがどのように失ったのかが語られるのである［Viveiros de Castro 1998］。

　人と動物における人間的な性質の共有という点に関して、ヴィヴェイロス・デ・カストロが取り上げているのが、南米先住民諸社会に見られる「観点主義（perspectivism）」である。そこでは、「観点」を有するものならすべての存在（人間であれ、動物であれ、精霊であれ）が主体であるとされる。ヴィヴェイロス・デ・カストロは、その非西洋社会における一つの例として、マレー半島の先住民チュウォン（Chewong）を取り上げている。チュウォンでは、意識の存在と不在によって構成されるある存在のクラスがある。外見が、テナガザルであれ、人であれ、イノシシ、カエル、ランブータン、果実、竹の皮、雷や特定の巨石であれ、意識は一つの「人格」を構成している［Howell 1996］。

　プナンも、チュウォンのように、人間の生命にもすべての生命にもともに、魂の存在を認めている。サゴ虫も毛虫やカエルのような生き物さえも魂を持つと信じている［Brosius 1992: 400］。それは、プナンの民話のなかで、動物たちが失わなかったものに他ならない[15]。動物たちは、今日まで、魂という人間的性質を失っていない。ブラガ川流域のプナンは、人が捕らえようとしたときに逃げるものには魂があると言う[16]。ここで見たように、プナンの民話で語られる、人と

動物の連続性から非連続性へというテーマは、人と動物の身体面での非連続性（断絶）である。他方で、人と動物の間には、魂の共有をつうじて、内面的な連続性が認められる。

しかし、そうした人と人以外の存在の間の連続性は、人と動物のそれに留まるだけではない。カミや霊などの存在もまた、人との連続性において捉えられる存在なのである。プナンにおける魂、カミ、霊などの概念は極めて複雑であるが、1980年代に、ブラガ川上流域のプナンを対象に調査を行った卜田の記述が、その理解への手がかりとなる。

　　プナンのいうカミ（バルイ baley）は実にさまざまな存在をさしている。まず、すべての動物は自分の魂（ブルウン beruwen）を持っているとされる。この魂もカミの一種として捉えられている……（中略）……また人間も含めたすべての動物は、魂の他にいくつものカミを持っている。このカミの多くは肉体の死後、魂とともに天界（ラギット langit）に移るが、なかには地上にとどまるものもある。この地上にとどまったカミは、まもなくほかの肉体に宿ることになる。それは多くの場合、死者の近親者の肉体である。また、魂は死後ただちに天界に昇るのではなく、しばらくの間（その期間はさまざまである）、地上にいてうろうろしている。この状態の魂はウガップ（ungap）と呼ばれ、しばしば人間に災厄をもたらすとされる。やがてほとんどのウガップは天界に移り、狭義のカミとなる。プナンによれば、このような天界に移ったカミとなった「魂」が新たな肉体に宿り、ふたたび魂に戻ることで、新しい生命が誕生するのである。［卜田 1996: 95-6］

魂は、人を含めて地上の動物すべてが持つものであり、それは、人の死後には地上にとどまりウガップという霊となって、人に災厄をもたらす。それに対して、カミもまた人を含む動物に宿っており、それは天界と結びつけられることが多い。そのように、魂とカミは明瞭に区別されるものではなく、一般には超自然的な存在（物）として捉

えられている。人と動物だけでなく、カミ、ウガップ（霊）などの存在にも魂があると考えられている。

3. 人、動物、カミの駆け引き

　Ⅱ.で述べたように、トリの鳴き声はカミの声として、人の行動を大きく左右するが、夢（*nyupin*）のなかのカミや霊との交渉やお告げもまた、人の行動に影響を与え、さらには、人と動物の現実的な駆け引きを左右することになる。夢見は、しばしば狩猟をめぐる予兆として用いられる。夢精は、霊（の化身）との性交渉であり、つねに悪い予兆として解釈される。異界の者と交わったために、危険な状態に置かれ、狩りに失敗すると考えられる。そのため、夢精すると、プナンの男は狩りに行かない。

　見知らぬ何者かが現れて食べ物をあさっていた夢を見た男がいた。彼は、夜中に突然起き出して、霊を追い払おうとして唱え言をした。その夢は、その後、猟が上手くいかないことの予兆であると解釈され、狩猟キャンプは放棄されることになった。霊の食料あさりは、人の食料あさりとしての狩猟に対立し、霊の人の領域への侵入は凶兆であると解釈されたのである。

　ある朝、筆者は、ある男から、夢のなかに、姿は見えなかったが声だけが聞こえてきて、靴を脱いで狩猟に行くように命じられたという話を聞いた。その男は、その日狩りに出かけたときに、夢のお告げに従って、履いていた靴を脱いで裸足になって獲物を追ったところ、一頭のイノシシを得た。後に、その声の主はカミであったと、その男は筆者に語った。

　このように、霊やカミとの交信もまた動物との対面の仕方に影響を与える。プナン社会では、人と動物の間の近接が禁止ないしは忌避されているが、そのことは、東南アジア民族誌学において、「雷複合（thunder complex）」と呼びならわされてきた観念と実践に深く関わっている。それは、ボルネオ島、マレー半島、東インドネシア一帯で広く行われている。

　グレゴリー・フォースによれば、「雷複合は、禁止事項――とりわけ、動物、あるいは特定の動物を怒らせると考えられるふるまい、お

よび特に動物の物まねを含む行動（例えば、動物に衣服を着せること）──が嵐を招くことになり、そのため、そうした粗野なふるまいをした者たちが、大水や稲妻、あるいは石化によって罰せられることになるだろうという考え方のことである」[FORTH 1989: 89]¹⁷⁾。

　プナン社会でも、動物に対する人の「まちがったふるまい（*penyalah*）」が、雷雨や大雨、洪水などの天候の激変を引き起こすと考えられている。動物の物まねなどを含む、人のまちがったふるまいに怒った動物（の魂）が天空へと駆け上がり、雷のカミにその怒りを届け、雷のカミの怒りが雷鳴となって鳴り響き、雷雨や大水を引き起こすと考えられている。そうした制御不能な天候の激変に対しては、それが起きた時点でそれを鎮めるための儀礼が行われ、また、人の粗野な動物の扱いがその原因であると考えられるため、動物に対してまちがったふるまいをしないため、人と動物の間の近接が禁止されてきた。

　「雷複合」をめぐる問題に先鞭をつけたロドニー・ニーダムによれば、彼がプナン人たちと密林のなかを移動しているときに、ヒルが血を吸うのを気に病んで、それを火のなかにくべようとしたところ、プナン人たちはニーダムのその浅薄な行動を咎めた上で、天候の激変の可能性を示唆したという。そこでも、動物をさいなんだり、もてあそんだりすることが、荒天をもたらすと考えられていたことを示している [NEEDHAM 1964]。

　筆者が、プナンの男たちとサカナ獲りに出かけた日の出来事である。我々は投網をしてサカナを獲っていた。突然、一行は、遠くに雷鳴を聞いた。そのとき、一人のプナン男性が、我々は、サカナを獲りすぎたにちがいないということを口走った。つまり、彼は、その雷鳴は過剰漁獲によってサカナをさいなんでいるために起こったのだと考えたのである。我々は、すぐにサカナ獲りを止めて狩猟キャンプへと戻った。

　このように、プナン社会では、しとめられた動物をさいなむような人の態度、ふるまいが、天候の激変を引きこすと考えられている。そのようなふるまいには、動物の名前を（まちがって）呼んだり、動物の醜さを嘲笑したり、イヌが交尾をするのを見てはやし立てたり、

川のサカナを獲りすぎたりすることなどが含まれる。

このことは、【1】のデータで見た、しとめられた動物と戯れる子どもに対するスタイの咎め立てに関わっている。スタイは、雷のカミの怒りを引き起こすことによって天候激変が起きないように、子どもたちを叱った。彼は、雷のカミが怒らないように、カミとの駆け引きを行いながら、子どもたちのまちがったふるまいを咎めたのである。

同じく、【2】のなかのピア・プサバもまた、このまちがったふるまいに関わっている。ラーは、狩猟に出かけたが手ぶらで戻って来た。そのとき、動物に対する怒りの言葉を発して、獲物がなかったことを、狩猟キャンプの人びとに対して知らせたのである。

ピア・プサバには「トンカチの頭のようなブタの鼻」「大きな目のシカ」などの、普段は発してはならない、動物へのまちがったふるまいが含まれる。しかし、ピア・プサバが唱えられるときには、目の前に動物がいないので、動物（の魂）が、その怒りを雷のカミへと届けることはないと考えられている［Brosius 1992: 923］。こうした回路をつうじて、動物が目の前にいないことで、プナンは、（普段は、まちがったふるまいであると考えられている）「動物に対して怒る主体」へと自らを変容させる。そこでもまた、動物の不在を介して、人とカミの駆け引きが行われている。

さらに、【3】のなかで語られている動物の別名もまた、人の動物に対するまちがったふるまいに関わっている。

> 動物の魂は、怒らされた場合、その原因となった不愉快なふるまいを雷のカミに告げ口する。そうなると、雷のカミは、罪ある人たちに対して激しい雷雨を引き起こすことになる。プナンが、ハンターたちに殺された動物たちの名を言うことを忌避するのは、またこうした理由からである。そのため、ほとんどの動物の種に対して、本当の名前を言わないために、キャンプに持ち帰られたときに用いられる（動物の）名前がある。［Brosius 1992: 190］

赤毛リーフモンキー（*kelasi*）は赤い動物（*kaan bale*）に、タイガー

シベット（*palang alut*）は夜の動物（*kaan merem*）などに言い変えられる［奥野 2010: 134］。いつも用いている動物の種名を別名に変えなければならないのである。そうしないと、動物の魂が天界へと駆け上がり、雷のカミが怒って、天候の激変がもたらされるとされる。持ち帰ったシワコブサイチョウを見た筆者にそれが何であるのかを尋ねられたウダウは、その別名である「赤い目」によって、動物の名を示した。プナンは、雷のカミが怒らないように、つまり、カミとの駆け引きを行いながら、しとめられた獲物の種の名前を変えて呼ぶ。

　このように、プナンは、動物に向き合うと同時にカミと駆け引きを行う。そうしたカミとの駆け引きにおいて、人は、動物に触れなかったり、言及しなかったりすることによって、身体のあり方を変容させる。人が動物と駆け引きを行うのとは別の次元でカミとの駆け引きを行うのではない。プナンは、人と動物とカミが混然一体となった世界を生きていると考えた方が、より実相に近い。その意味で、人、動物、カミがばらばらなままであることが不可能な世界が築かれてきたのだということができるのではないだろうか。

V. 人、動物、カミが織りなす世界

　ドミニク・レステルは、人と動物は、数世紀にわたって混合的であり、種間横断的な共同体を驚くほど多様な仕方で織りなしてきたと述べている。その上で、人と動物の関係は、互いが互いにとって本質的なものであり、それは根源的な対立というよりも相補的な関係であったという点を強調している［レステル 2009］。

　レステルによれば、極東のアムール川河口のニヴクスのハンターは、クマをしとめたとき、力強く四回叫んで、クマの共同体に彼の勝利を知らせる。逆に、ハンターがクマに殺された場合には、死体はクマの皮にくるまれて、死者はクマへと位置づけを変えるという。また、植民地時代に家畜に初めて遭遇したニューカレドニアのカナカ人の首長は、イヌたちの首長と平和協定を結ぼうとしたという。

　このように、人はこれまで、動物との複雑かつ意味作用を備えたつながりのなかで、狩猟や家畜化などをつうじて、動物と無関係な

共同体を構成することがなかった［レステル 2009］。レステルは、はっきりと述べてはいないが、人と動物が築き上げる共同体とは、たんに人と動物からなるのではなく、イヌの首長という人格を備えた存在や、カミ/神であるクマという動物を超えた存在を含めた共同体だったのである。

　本章で取り上げたプナン社会でもまた、人は動物との間で、実用的・現実的な関係を結んできた。動物は、そのほとんどが食用として、ときには、薬用として使われる。狩猟の場面での人と動物の駆け引きは、道具を介したものであり、人と動物の間の直接接触はないものの、視覚、聴覚、嗅覚を互いに駆使しながら行われてきた。人は、動物が人の動きによって行動を変えるのに応じて、身体のあり方を変容させる。ところが、人と動物の駆け引きを、そうした現実面だけに限定して眺めていたのでは、人と動物の駆け引きの全貌を見逃してしまうことになりかない。

　人と動物との現実的な駆け引きはまた、人とカミとの駆け引きによって規定されてきたのである。靴を脱いでイノシシ猟に出かけることは、夢のなかで姿が見えないカミの声のお告げによって行われたし、しとめられた動物と戯れてはならないという規範を遵守することや、猟から持ち帰られたタイガーシベットをその名で呼ぶのではなくて、「夜の動物」と呼ぶことは、雷のカミの怒りを招いて、天候激変を引き起こさないためだったのである。プナンはまた、カミとの駆け引きを行いながら、人と動物の駆け引きのなかで身体のあり方を変容させるのである。

　本章では、人と動物の現実的な駆け引きだけでなく、それとともに行われる、そうした人と動物の駆け引きの「ふくらみ」の部分に目を向けてきた。人、動物、カミはばらばらに存在するのではなく、密林のなかで互いに主体となりながら駆け引きを行って、のっぴきならない関係を結んできたのだといえるのではないだろうか。

参考文献
岩田　慶治
　1989　『カミと神:アニミズム宇宙の旅』講談社学術文庫。

北西　功一
 2010　「所有者とシェアリング―アカにおける食物分配から考える」木村大治・北村功一編『森棲みの社会誌―アフリカの熱帯林の人・自然・歴史II』pp.264-80、京都大学学術出版会。

クルーク、ハンス
 2006　『ハンター＆ハンテッド』垂水雄二訳、どうぶつ社。

レステル、ドミニク
 2009　「ハイブリッドな共同体」『現代思想』37(8)：216-39、青土社。

野本　寛一
 2008　『生態と民俗：人と動植物の相渉譜』講談社学術文庫。

奥野　克巳
 2010　「ボルネオ島ブナンの『雷複合』の民族誌：動物と人間の近接の禁止とその関係性」pp.125-42、中野麻衣子＋深田淳太郎共編『人＝間の人類学：内的な関心の発展と誤読』はる書房。

卜田　隆嗣
 1996　『声の力：ボルネオ島プナンのうたと出すことの美学』弘文堂。

スタンフォード、グレイグ
 2001　『狩りをするサル：肉食行動からヒト化を考える』瀬戸口美恵子＋瀬戸口烈司訳、青土社。

菅原　和孝
 1996　「民族誌としての語り」宮岡伯人編『言語人類学を学ぶ人のために』pp.109-42、世界思想社。
 2000　「ブッシュマンの民族動物学」松井健編『自然観の人類学』pp.159-210、榕樹書林。

谷川　健一
 1986　『カミ・人間・動物』講談社学術文庫。

内堀　基光
 1973　「洪水・石・近親相姦：東南アジア洪水カミ話からの覚え書」『現代思想』1(5): 163-9、青土社。
 1996　『森の食べ方』：東京大学出版会。

柳田　國男
 1989　「後狩詞記」『柳田國男全集5』pp.7-54、ちくま文庫。

Blust, Robert
 1981　Linguistic Evidence for Some Early Austronesian Taboos. *American Anthropologist* 83: 285-319.

Brosius, Peter
 1992　The Axiological Presence of Death: Penan Geng Death-Names (Volumes 1 and 2). Ph.D. dissertation, Department of Anthropology, the University of Michigan, Ann Arbor.

Conley, William
 1976　*The Kalimantan Kenyah a Study of Tribal Conversion in terms of Dynamic Culture*

　　　　Themes. Presbyterian and Reformed Publishing Company.
Endicott, Kirk M.
　1979　The Batek Negrito Thunder God: The Personification of a Natural Force. A. L. Becker and A. A. Yengoyan(eds.) *Imagination of Reality Essays in Southeast Asian Coherence Systems*. pp.29-42, Abu Publishing Corporation.
Forth, Gregory
　1989　Animals, Witches, and Wind: Eastern Indonesian Variations on the "Thunder Complex". *Anthropos* 84: 89-106.
Freeman, Derek
　1968　Thunder, Blood and the Nicknames of God's Creatures. *Psychoanalytic Quarterly* 37: 353-99.
Howell, Signe
　1996　Nature in Culture or Culture in Nature?: Chewong Ideas oh "Humans" and Other Species. P. Descola and Gisli Palsson(eds.) *Nature and Society: Anthropological Perspectives*. pp.127-44, Routledge.
Jayl Langub
　2009　Failed Hunting Trip, Lightning, Thunder, and Epidemic. Paper Presented at the Seminar on "the Perceptions of Natural Disasters among the Peoples of Sarawak," IEAS, UNIMAS.
King, Victor T.
　1975　Stones and the Maloh of Indonesian West Borneo. *Journal of the Malaysian Branch of the Royal Asiatic Society* 48: 104-19.
Needham, Rodney
　1964　Blood, Thunder, and Mockery of Animals. *Sociologus* 14(2): 136-48.
Pandaya, Vishvajit
　1993　*Above the Forest: A Study of Andamanese Ethnoanemology, Cosmology, and the Power of Ritual*. Oxford University Press.
Puri, Rajindra K.
　2005　*Deadly Dances in the Bornean Rainforest: Hunting Knowledge of the Penan Benalui*. KITLV Press.
Reichel-Dolmatoff, Gerardo
　1978　Desana Animal Categories, Food restrictions, and the Concept of Color Energies. *Journal of Latin American Lore* 4: 243-91.
Siskind, J.
　1973　*To Hunt in the Morning*. Oxford University Press.
Suhakam
　2007　SUHAKAM's Report on Penan in Ulu Belaga: Right to Land and Socio-Economic Development.
Viveiros de Castro, Eduardo
　1998　Cosmological Deixis and Amerindian Perspectivism. *Journal of the Royal Anthropological Institute*, n.s. 4(3): 469-88.

(Endnotes)

1 ── こうした民俗学の関心の原点は、柳田國男に求められるように思われる［柳田 1989］。1908年（明治41年）、当時法務省参事官であった柳田は、九州旅行の折、宮崎県椎葉村に立ち寄り、狩りの言葉、狩りの作法や口伝などを収集して、「後狩詞記」として出版している。そのような伝承と記録をつうじて、民俗学は、山の神に対する信仰と出合った。

2 ── 野本は、日本では、人と動物の関係は、共生・親和的なものと競合・敵対的な関係を含みながらも共存してきたが、両者のバランスを保つために、人に危害・被害を与える動物にも霊性を認めて、民俗のなかに定着させてきたとも述べている［野本 2008: 132-5］。

3 ── 岩田慶治は、名を持ち、その出現と過去の時が決まっていて、人びとの願いを聞き入れて、できるだけの援助をする、形式の整った高度宗教の「神」に対して、出会いがしらに突然あらわれ、人に恩恵を与えるかと思えば、怒って災難をもたらす存在を「カミ」と呼んでいる［岩田 1989］。卜田隆嗣は、プナンのバルイ（baley）を、「カミ」と呼んでいる［卜田 1996］。バルイの大部分は、岩田のいうカミに相当するが、その一部は、人の粗野なふるまいに怒って、天候の激変をもたらす「神」的存在である。岩田を踏まえながら、こうした例外を認めつつ、本章では、卜田の語法に従ってカミという語を用いる。

4 ── この分類は、それぞれ「歩く（*melakau*）」「這う（*ngirut*）」「泳ぐ（*pelangui*）」「飛ぶ（*menyap*）」という行動様態に対応する。ムシは、それら以外の小動物のことである［cf. 卜田 1996: 105］。菅原が、ブッシュマンの動物分類について述べているように、ここでも、カテゴリー間の境界はあいまいである［菅原 2000］。

5 ── 筆者が集めたイヌの起源譚は、二種ある。(1)トラとネコを猟に用いたが、吠えないので猟がうまくいかなかった。森に住むイヌを捕まえて、イノシシ狩りに連れて行くと吠えたため猟がうまくいったので、それ以降イヌを使うようになった。(2)ある男が、猟のためにヌタ場に行くと黒いメスのイヌがいた。男がイノシシをしとめると、イヌは濡れた毛をブルブルっと震わせてからいなくなった。男はその夜夢を見た。夢のなかで焼畑民の男がイヌを探していて、さっき見かけたけれどどこかに行ったと伝えると、それは自分のイヌだけど猟に使ってもいいと言った。その後、プナンは、猟にイヌを使うようになったという。

6 ── それに対して人間は、一般には、おんぶして（*mebin*）子育てをする。

7 ── 原義としては、半分動物で半分カミ。

8 ── ブンガン教は、ボルネオ島中央部にプロテスタントが浸透し始めた1947年に、クニャー人ジョク・アプイ（Jok Apui）が始めた宗教運動である。ブンガン・マラン（Bungan Malan）という女性のカミが、彼の夢に現れ、鳥の声から占いを行うような古い宗教を捨てるように啓示を与えた。そうした考え方が、その後、またたく間に、周辺地域の先住民の共同体に広がったのである［BROSIUS 1992: 187-8: CONLEY 1976: 309］。

9 ——北西は、「その場にいる人に対するその場限りの分配」である狩猟採集民のシェアリングとしての物のやりとりの様式について、アカ・ピグミーの事例に照らして考察している［北西 2010］。プナンの所有と均等分配に関する考察は、別稿に譲る。

10 ——イノシシなどの動物が、水浴びをする場所のこと。

11 ——プナンの狩猟は、ライフル銃による猟、吹き矢猟、猟犬を用いた猟（ふつう、槍で止めを刺す）、罠猟に分類できる。すべての猟で、人と動物との直接接触は見られない。これに対して、獣肉を狩猟小屋に運ぶさいに、それを担ぐ必要が出てくる。人が動物と接触するのは、このように、つねに動物が死んでからである。人と動物の接触は、獲物の運搬とその後の解体、料理と、実際の食肉の場面に限られる。

12 ——天然の塩が湧き出ている場所のこと。動物たちが集まってくる。

13 ——プナンは、狩りの経験をぽつりぽつりと静かに語る。狩りの経験と狩の語りをめぐる考察については、本書第2章の吉田の論考を参照のこと。

14 ——他にも、悪事を働いて逆さまに眠るようになったコウモリや、悪さをして糞を転がすだけになったフンコロガシの話などがある。

15 ——そうした動物が神話時代にどのような身体性を持っていたのかについては、語られることがない。

16 ——プナンによれば、そうした動物は、人（kelunan）と同様に考え、感じる存在である。その理由として、動物たちも、心臓（peseu）、脳（utek）、肝臓（atay）という三つの器官をもっているではないかという。さらに、プナンによれば、動物もまた心（kenep）を持つ。

17 ——ロバート・ブラストによれば、雷複合とは、「ある違反、とりわけ動物に対する違反行為が、天候の異変をもたらす」［Blust 1981: 294］という考えである。雷複合に関する民族誌的な関心は、マラヤのセマン人とボルネオのプナン人の間でほぼ同じような体系があることを報告したニーダムの1964年の論文にまで遡ることができる［Needham 1964］。その報告と考察を皮切りとして、その後、民族誌的な事例報告と議論が行われてきた［Freeman 1968; King 1975; Endicott 1979; Forth 1989; 内堀 1973, 1996; Jayl Langub 2009; 奥野 2010］。

第2章

狩猟と「男らしさ」と「森の小人」

パプアニューギニア、アンガティーヤでの人間―動物関係の一断面

吉田 匡興

Ⅰ. 狩猟の経験譚から見る「人間と動物の関係」

1. 本章のねらい

　本章では、パプアニューギニア、アンガティーヤ社会（Angaatihiya）において、人間と動物との関係――といっても、動物一般ではなく、アンガティーヤの人びとが狩猟の対象とする動物に限定されるのだが――が如何なるものであり、それがアンガティーヤの生活世界の構成にどのように関わっているのかを素描する。この作業は、人間と動物との直接的な関係の様態の如何、つまり狩猟の具体的な方法や狩猟において実際にどのような状況が展開するのかに注意を払い、その上で狩猟を生活世界の広がりの中に位置づける営みでもある。

　生活世界と狩猟をつなぐ経路として、本章で注目するのは、狩猟の経験譚である。それは、狩猟においてどのような事態が具体的に展開したのかをめぐる語りのことである。

　何かが語られる場合、当の語りは、他の語りに対する応答であったり、何かの論拠として言及されたり、他人の連想を呼び覚ましたりする。語りは他の語りとの関連の中で発せられ、また他の語りと結びつく[1]。人間と動物との関係がアンガティーヤの人びとの生活世界の中で占める位置を明らかにするためには、狩猟の経験譚がどのような分野の語りと結びつき得るのか、これを探求する方法が存在するだろう。

　さらに、狩猟の経験が語られる場合でも、その語り口にはさまざまな様態があり得る。そもそも社会や文化に応じて積極的に語られる分野とそうでない分野があるだろうし、分野を問わず饒舌な文化と寡黙な文化の違いも存在する。狩猟の経験も例外ではない。本書の第1章が取り上げているプナンにおいては狩猟の経験譚が語られる機会は乏しく、また語られるにしても非常に「散文」的なものであるらしい。これに対して、アンガティーヤの人びとは、狩猟の経験を「生き生きと、饒舌に」語る。狩猟の経験譚がどのように語られ、それを語り手・聞き手が如何に経験しているのかの検討を通じて、狩猟という人間と動物との関係が生活世界の中で担っている意味を浮かび上がらせる方法が存在する。本章では特に狩猟の経験に関する語

りに注目し、人間と動物との関係（の一端）がアンガティーヤの人びとの生活世界の中で占める位置を明らかにしたい。

2. 民族誌上の一般的背景

　アンガティーヤの人びとについて簡単に紹介しておく。彼らは、パプアニューギニア、モロベ州内のアセキ副郡内に暮らす人口約3,000人の集団である。非オーストロネシア系のアンガ語族に属するアガータ語を母語とする。標高1,000mから1,500m前後の山地で生活を営んでいる。彼らが暮らす地域は森林と草原が混在しており、日中の日差しは強いものの朝晩は冷え込み、気候は概して冷涼である。

　人びとは、夫婦を単位として焼畑を拓き、さつまいもを中心に各種の高原野菜、果実、さとうきびを育てている。換金作物としてはコーヒー豆を栽培し、現金収入は子どもの学費や衣服、米飯や缶詰、茶や砂糖などの嗜好品の購入に充てる。肉を村内で販売するために、一家で1頭から3頭程度のブタ／イノシシ（現地名：*masapiho*、学名：Sus scrofa）を飼育していることが多い。1頭分の肉を販売しきると、1,000キナ（1キナ＝約35円）程度の収入になる。男性の多くは、番犬あるいは猟犬として、イヌ（現地名：*sihire*、学名：Canis familiaris）を飼っている。

　人びとが耕作する土地は、世代深度が6、7世代の父系出自集団によって保持されており、男性が結婚すると父親から土地が分与される。オーストラリア植民地行政府の統制下に入ったのは、1950年代であり、それまでは同じくアンガ語族に属するハムタイ、メンヤと土地をめぐり、弓矢・棍棒を用いた戦いを行っていた。戦闘が行われていた時代には、各父系出自集団が戦闘の単位になっていたとされる。また、同じ集団に属する少年たちは、10歳ほどになると母親の許からウェガアゲ（*wihegahage*：男の家）に隔離されて、強い戦士になるべく特別な訓練を年長者から受けていた。戦いの廃絶以降、人びとの集団としての活動の中心にあるのは、キリスト教会である。1956年に福音ルーテル派の宣教師による最初の洗礼が行われ、63年には大多数の人びとがルーテル派に入信した。各集落はルーテル派の会

衆団を兼ねていて、集落ごとに教会堂を有している。集団的な活動の大部分は、教会とコミュニティスクールの運営・維持に充てられている。

3. 狩猟の経験譚の表象としての性格と本章の視座

　ここでもう少し本章の視座について述べておきたい。実のところ、狩猟が生活世界の中で如何なる位置を占めているのかは特に経験譚に注目しなくてもある程度は明らかにすることができる。狩猟の目的や獲物の処理のあり方、狩猟や処理を行う主体などの事項を検討すれば、狩猟と人びととの社会関係との相関が明らかになる。また、狩猟をめぐるさまざまな禁忌・伝承の吟味から、狩猟や獲物になる動物の、いわゆる「コスモロジー」における意味が明らかになる。これらの手続きを通じて、狩猟が生活世界の中に占める位置を描き出すことがある程度は可能になるだろう。アンガティーヤの場合、狩猟は父・夫の果たすべきこととされ、男性性の定義に深く関わっている。狩猟で得た肉には情緒的な意味が付与されていて、その贈与や共食は社会的な紐帯の確認・創出の契機になっている。また、狩猟は祖先伝来の土地を舞台にして展開するものであり、祖先伝来の土地を保有する事実を確認する機会にもなっている。そして、彼らの間で祖先伝来の土地が帯びている意義を明らかにすることで、そこで行われる狩猟を生活世界の構成の中に位置づけることもできるだろう。このような生活世界の描出は、人びとが行う狩猟の方法を説明する語り、あるいは、彼らが自らの生活について概括する語り、そして狩猟に限らず、人びとが折りに触れて発した語りを調査者が事後的に総合することで行われる。こうして再構成された生活世界は、社会・文化的な事物や諸関係が織り成す全体的な「配置」というふうにいえる。

　しかし、狩猟は社会・文化的な「配置」の中に存在する単なる位置に還元できるものではない。狩猟は、特定の人物が特定の時に特定の場所で行った実践なのである。狩猟を取り囲む生活世界を描き出し、その中に狩猟を位置付ける作業は、こうした実践としての狩猟の経験のあり方をも射程に収めたものでなければならないはずだ。

それでは、狩猟の経験とは如何なるものなのだろうか。イヌイトを研究する大村敬一は、狩猟とは「イヌイトが野生動物と交わしあう身体的な行為のやりとり」であること、「野生動物は、人間の意のままになってはくれない」こと、「狩猟にかかわっているのは、環境と関係を取り結びつつ運動する身体としての存在者であり、その現実は『今ここ』という状況の偶然性から逃れられない身体あるもの同士の一回的な出会いとして経験される」ことを指摘している［大村 2007: 60-1］。つまり、実践としての狩猟は、ままならぬ動物との身体を介した「今ここ」における一回的な「やりとり」というふうに表現できるだろう。アンガティーヤ人が「生き生きと饒舌に」語る狩猟の経験譚が描き出すのは、こうした経験のあり方である。

　もちろん、狩猟の経験譚は、狩猟の経験それ自体ではなくその表象であることは言うまでもない。しかし、それは、狩猟が人間と動物との関係が身体を介した一回的な「やりとり」であった事実を脱落させたものではなく、後ほど述べるように、狩猟における、身体を介した一回的な「やりとり」の経験を語り手・聞き手の双方に喚起するものなのである。この経験は、語りにおいて、さまざまな話題と結びつきながら、社会・文化的な「配置」の中にある要素や諸関係に接合すると考えられる。狩猟の経験を語る営みは、狩猟の経験を社会・文化的な「配置」に接合する媒介の一つになっているといえる。

　本章は、以上のような狩猟の経験譚に注目することで、狩猟を取り囲む社会・文化的な事物や諸関係が織り成す全体的な「配置」のあり方と特定の時、場所における狩猟の経験のあり方を結びつけて理解することを目指している。狩猟の営みに関連する男性性や祖先伝来の土地、さらにはこれらの諸要素からなる生活世界全体のあり方を、狩猟の特定の時と場所において展開する経験の相の下で捉え直すのである[2]。

II. アンガティーヤにおける狩猟についての予備的素描

　この節では、狩猟を誰が、何の目的で、どのような動物を対象とし、

どこで如何に行うのかを記述し、狩猟を取り囲む社会・文化的な諸要素の「配置」を素描する。

1. 父・夫の「務め」としての狩猟と狩猟の機会

　筆者がフィールド調査を始めたばかりの頃、「祖先の時代」からいまもなおアンガティーヤに受け継がれた生き方の要約として、両親が新婚の夫婦に与える訓戒を話してくれた老人がいた。それによれば、夫婦は、相手の容貌をあげつらうことなく一緒にいなければならず、また共に畑仕事を行わないといけないという。さらに男性には妻の出産時に「トリ（現地名: *ko*、学名: subclassis Neorinithes）と有袋類（現地名: *asipiho*、学名: supuraordo Marsupialia）」を「罠を仕掛けて獲ること」、妻や女たちへの獲物の分配が求められている。老人によれば、この訓戒は決して過去の遺物などではなく、現在も新郎新婦に対して与えられ続けているのだという。

　アンガティーヤの人びとの間では、女性が出産すると、夫は子を産んだ妻や妻の親族、さらに出産を手伝った女性に対して、肉を振舞うことが期待される。出産後、隔離状態に置かれ、畑へ出ることや家の中にあがることを禁じられた産褥の女性は、この肉の提供を受けて通常の生活に復帰する。夫は「出産で困難を経験した」あるいは「（陰部に）傷を負った」妻のことを「かわいそうに（悲しく）」思い肉を準備する、という言われ方をする。肉の準備と分配は、現地語では「アサウィジャタイジェ（*asawisataise*: 傷を癒す）」と呼ばれる。妻の出産に際しての肉の獲得と分配が、結婚生活を定義する行為として焼畑の開墾と並んで挙げられているのである。

　肉の獲得は、子どもの誕生の折にのみ望まれるわけではない。喪明けのために、「髪を切る」と称して大規模な共食が催されることがある。アンガティーヤでは、喪中の――現地の表現では、「死者のことを悲しみ、死者のことばかりを考えている」――遺族は、畑に出かけず隣人の訪問を受けないなど社会的な隔離状態に置かれ、この間遺族は髪を伸ばし放題にするとされている。喪が明け「死者のことを忘れて」遺族が再び社会生活に復帰する際には、散髪を行い併せて肉などの食料を調理、分配する。このための肉の準備も成人男子

に期待される。大規模な共食のために1、2カ月ほど森の中で狩猟を行うことは、成人男子の果たすべき役割として考えられてきた。喪明けの「髪を切る」際も、また、出産の「傷を癒す」際も、社会的隔離の解除と交際の再開に伴って、肉の分配が行われている。この点に注目するならば、肉の分配は、社会的紐帯を樹立したり、再確認したりする営為に他ならない。肉の獲得は食料の確保にとどまらず、社会的紐帯を成立させるための媒介の準備をも意味している。成人男子であるとは、社会的紐帯を成立させる媒介を自力で準備することでもある[3]。

　もっとも、特別な機会に限らず、よい食物を獲得し、妻子に提供することは常に望ましい行為とされる。アンガティーヤの感情の語彙を解説してもらった折、ある老人は「よい食物を与えられた経験」が喜びを喚起する経験の原型になっていることを指摘していた[4]。すなわち、「お前が火をおこして、肉——ピジン語でアブス（abus）と表現——など本当によい、素晴らしい食物を料理して子どもにやると、子どもの喜びは小さくなどない。それは大人の喜びに勝っている…父親がよい食物を持ち帰り、……母親が料理する。……子どもはそれを食べ、彼の腹は大いに喜ぶ。子どもが大きくなった後も、その喜びはとどまり続ける。……」。また、アンガティーヤでは人が死ぬと「コー（トリ）、アジポオ（有袋類）、マサポオ（ブタ）、ナポポオ（napopiho：オオウナギ；Auguilla marmorataなど）、ナパイレ（napaihire：さつまいも）……」など食物の名前を列挙して遺体に取りすがりながら慟哭する。生前、故人はこれらの食物を自分に恵んでくれていたが、これからはいったい誰がそれらを自分に提供してくれるのか分からない。それを思うと不安だから、このように泣くのだと説明してくれた人物もいた。肉に代表される「よい食物」は、人と人との情緒的な紐帯の核に位置していることが、慟哭のやり方からみてとれる。「よい食物」を持ち帰ることが、男性には期待されているのである。

2.　肉としての動物

　狩猟の対象となる動物にどのようなものがあるのかを改めて確

写真1……樹上のハイイロクスクス

認しておこう。アンガティーヤにおいて、筆者が最も頻繁に耳にした動物種は「コー(トリ)、アジポオ(有袋類)」であり、次いで耳にしたのは「コー、アジポオ、マサポオ(ブタ)、ナポポオ(オオウナギなど)」であった。これらの動物種は、たいてい「アサリジャタイジェ(asarisatasise: 狩猟する)」あるいは、「ネシ・ナイウ／ノトゥ(nesi naihi/noti: 獲りに行く)」という動詞(句)と対になっていた。「コー(トリ)、アジポオ(有袋類)」という組み合わせは慣用句としての様相を帯びていて、トリと有袋類には狩猟動物を代表する地位が与えられている。マサポオ(ブタ)、ナポポオ(オオウナギなど)は、それに準じる。

　もっとも、獲って食われる動物は、上記のものにとどまらない。トリや有袋類を目当てに出かけても、他の動物に遭遇すればそれを狩るし、時にはこうした動物それ自体を目当てに狩猟が行われることもある。カエル(現地名: *yapitiho*、学名: ordo Anura)やトカゲ(現地名: *yotipiho*、学名: subordo Sauriaなど)、ヘビ(現地名: *akiraniho*、学名: subordo Serpentes)、コウモリ(現地名: *nsintiho*、学名: ordo

Chiroptera）、ネズミ（現地名：*ntihepiho*、学名：subordo Myomorpha など）、ネコ（現地名：*ntehiyo*、学名：familia Felidae 以上の同定はできず）も食われる。アンガティーヤの人びとに言わせれば、彼らはあらゆるものを食う人びとなのである。食の対象となる動物種は、かなりの範囲に及ぶ。

　ところで、人間と動物との関わり合いには多様な様態が存在し得る。アンガティーヤにおいても、それは「食う─食われる」関係を基調にしたものだけには限らない。ブタの面倒を見ていた女性が、屠殺を前にしてブタを撫でさすりながら慟哭し、死者を悼む「悲しみの歌」を口にする場面に出くわしたことがある。また、かつて、ブタの飼い主は自らが飼っていたブタの肉は「悲しい」ので口にすることはなかったという。人間にとってブタは食う対象であるとともに、「愛情」の対象にもなり得る。このように、具体的な相互作用の中では、人間と動物との関係は、「食う─食われる」関係に止まらぬ可能性をも有している。現代日本社会におけるペットは、相互作用の中の一局面が極大化したものだと解釈できる。

　ところが、アンガティーヤの人びとの場合、「食う─食われる」以外の関係が顕著に発現するわけではなく、結局は「食われる対象」に動物は収斂してしまう。アンガティーヤにおいては、唯一の例外としてイヌは「食われる対象」から除外されている。ところが、「イヌを食いたい」という要求に押され、長年飼ってきたイヌをこうした要求をした人びとに呉れてやったという出来事を耳にしたことがある。これが噂になったこと自体はその例外性によるのだろうが、他方でイヌですら「食われるもの」としての性格を潜在させている事実を物語っている。

3.　狩猟の方法

　以下では、「食われる対象」となる動物を捕らえる方法を紹介する。
　人びとが「祖先のやり方」について語る中で真っ先にあげるのは、罠の設置である。アンガティーヤの人々が自らの生活を概括的に説明する際には、たいてい「コー・アジポオ・ネシ・ナイウ／ノトゥ（トリや有袋類を獲りに）」という語句に、「ンディパイパ・キヤッ（*ntipaipa*

kiyawi: 罠を為す)」などの語句を組み合わせる。また、概括的な説明の際には、「髪を切る」時や「傷を癒す」時の肉の分配が言及される。これらの機会には大量の食料が必要になる。一度に数多くの罠を仕掛けると大量の獲物を入手できる可能性が高く、肉の分配の準備に適していると考えられる。それが狩猟の第一の手段として罠が言及される理由の一端をなしているのだろう。罠はその形状や対象とする動物に応じて、全部で6種類ある。これらの制作方法は、かつては年長者から少年たちに「男の家」で教授されていたが、現在では少年たちに祖父や父親、兄から個別的に教えられている。

　ところで、狩猟は罠猟に尽きるものではない。人びとは利用できる手段は何でも用いて、トリや有袋類、ブタやトカゲ、ヘビを捕らえている。罠猟では、罠を仕掛けて暫くしてから、獲物が掛かっていないか調べて歩く。その際、人びとは弓矢を携えて森や野原を巡り歩く。罠の点検を行いつつ、さらに、弓（ヤザイエレ *yasaihɨre*）と矢（ヤイパテ *yaipate*）を用いて獲物をしとめようとすることが多い。また、肉の分配のために大量の獲物を調達する必要からではなく、妻子など

写真 2……有袋類を捕らえるための罠：ンダイェレ

ごく限られた人々に肉を与えるために、あるいは自分が肉を食いたくなって狩りに出かける場合もある。こうした場合には、罠に頼らず、弓矢だけを用いて獲物を捕らえようとすることもある。さらに、弓矢猟に加え、素手を用いることもある。ヘビやトカゲに偶然出会った際は、臨機応変に素手で獲物を捕らえ、格闘の末殺してしまう。また、日頃からクスクスなどの有袋類の巣だと目星をつけていた木の洞や穴を昼間に訪れ、そこに手を突っ込んで捕らえる方法もある。

　他にイヌに獲物を追わせる方法がある。これは弓矢猟や素手による捕獲の補助的手段だといえる。イヌが獲物を探し出す場合もあるし、逃れようとする獲物を追撃する場合もある。

4.　狩猟の行われる場所

　狩猟がどの場所で行われるのかを見ておきたい。アンガティーヤの人々は、土地（ヤプパペ yapipape）について大きく、草原（ウォィャァ wohiyaha）、焼畑が拓かれる二次林（オトゥトゥレ otitihire）、そして原生林（アジプパ asipipa）を区別している。それぞれの場所にはそこに応じた動物が生息し、人びとは草原にも、二次林にも、原生林にも立ち入っていく。

　しかしながら、獲物を探してどの土地にでも無制限に立ち入るというわけではない。アンガティーヤの土地は、残すことなく必ずいずれかの父系出自集団に属しており、男性は自身が属する父系出自集団の土地の内部でのみ狩猟を行う。もし、許可なく他の父系出自集団の土地の中に罠を仕掛けたり、動物を射たりするのが見つかれば、盗みとみなされて訴訟沙汰に発展することもある。狩猟は原則として、狩人の父系出自集団が伝統的に保持する土地の中で、狩人単独か、一、二人の類別的な「兄弟」や「父」を伴って行われる。

　アンガティーヤの人びとは、焼畑を拓き耕作を行い、清冽な湧き水を汲み、パンダナスの果実や葉を採取し、材木を伐りだすなど、土地を利用することを「土地を食べる」と言い表す。狩猟も「土地を食べる」ことの一環をなす。そして「食べる」土地は、あくまでも自らの属する父系出自集団が保有する祖先伝来の土地なのである。

　ここで、アンガティーヤの人びとにとっての祖先伝来の土地の意

味を見ておきたい。この作業は、祖先伝来の土地で狩猟を行うことが帯び得る含意を明らかにするだろう。祖先伝来の土地の意味を読み解くために、次の三点に注目してみよう。

　一つ目は、自分たちの生活を「祖先と同じ道を巡り歩く」と表現する言い回しが存在することだ。焼畑の開墾など「土地を食べること」が、彼らにとり、人生のかなりの部分を占める営みである。こうした活動は、「土地を巡り歩く」とも表現される。祖先伝来の土地は、各人の属する父系出自集団の始祖が人類発祥の地とされるオパラジャタテ（*Oparasihatate*）を発って「土地を食べながら」「巡り歩いた」道筋に他ならない、とされている。生活が「祖先と同じ道を巡り歩く」ことだという表現は、祖先伝来の土地こそが彼らの人生の舞台であることの確認とその言明に他ならない。

　二つ目に注目したいのは、アンガティーヤの人びとがうたう歌の歌詞である。人びとは、愛する人の死に際しては「悲しみの歌」をうたって悲しみをいっそう募らせ、かつては成人儀礼や戦闘の勝利の際に「喜びの歌」をうたい、喜びを昂ぶらせた。現在、「喜びの歌」は、教会の行事や大規模な共食を徹夜で準備する際などにうたわれる。この「喜びの歌」「悲しみの歌」は、いずれも歌い手が祖先から受け継いできた土地を主題とし、地名と地形、そこに生息する動植物の名前を列挙しつつ、それらの様子を描き出している。この描写は、始祖がオパラジャタアテを離れて「土地を食べ」ながら、進んで行った道筋に沿って行われる。そして、この歌をうたうことは「土地を巡り歩く」と表現される。歌をうたい納める際には、歌い手が「私は父のだれそれであり、祖父のだれそれであり、その父のだれそれであり、……」というふうに祖先の名前を列挙し、最後に「始祖のだれそれである、私は」と結ぶ場合がある。歌は「始祖が土地を巡り歩いた」様子を言葉の上で生き直す営みであり、それには時間を越えて反復されるべき、原型としての位置が与えられている。

　このような歌をうたうことで、なぜ悲しみが募るのかを尋ねると、「こんなに素晴らしい土地と、いつかは死によって別れなければならないことを思うと、涙が止まらなくなるのだ」という答えが返ってきたことがある。祖先伝来の土地は肯定的な価値を体現するとともに、

情緒の表出を託する存在にもなっているのだ。

　三つ目に注目したいのは、命名と葬送の慣習である。アンガティーヤの人びとの名前は、祖先伝来の土地の中の地所の名や動植物に因んでいる。また、キリスト教に改宗する以前は、人が死んだらその遺体は、死者が祖先から受け継いだ土地（森）に置かれたという。ここからも祖先から受け継いだ土地と人との深い結びつきをみてとることができるだろう。

　このように、祖先伝来の土地とそれを保有する人びとの間には、「土地が自分の存在の一部になっている」とでも表現できるような実存的な結びつきが存在している。筆者が調査地に滞在していた時、しばしば、「如何にアンガティーヤの土地が素晴らしいか」という土地自慢をさんざん聞かされたものだ。

　狩猟が行われるのは、このような祖先伝来の土地においてなのである。狩猟は、トリや有袋類、ブタなどと関係を結ぶ営みであると同時に、祖先伝来の土地と関係を結ぶ営みであり、焼畑の開墾・耕作・収穫や湧き水の汲み取り、材木の伐採などと同じく、祖先伝来の土地を「食べる」ことでもある。

5.　狩猟をめぐる禁忌

　狩猟は、祖先の土地に罠を仕掛け、あるいは弓矢を携えたりイヌを伴ったりして立ち入り、獲物を捕らえて帰還するという行為からだけ成り立っているわけではない。禁忌の遵守が出発と帰還の前後に伴っている。ここではそれを紹介し、狩猟の予備的な素描を終えたい。

　狩猟を思い立ったら妻子などごく親しい人を除いては、決して口外してはならないという。もし他人に狩猟の計画が知られたら、失敗する恐れが生じるからだとされている。狩猟を計画している人物に対して、怒りを抱いている人物が、森から獲物が逃げるように仕向ける呪術を行うかもしれないのだ。

　狩猟を前にして、妻と性的な関係を持つこともできない。かつて「男の家」のあった時代は、戦闘の出撃前と同様に、狩猟の前夜はそこに籠もったものだという。また、弓矢猟は有袋類が活発に動き回る

夜間に行われるので、懐中電灯が必需品であるが、狩猟のためだけの懐中電灯が準備されている。女性が手にした電灯を狩猟の場に持ち込むことを避けるためだ。もし女性の触れた懐中電灯を用いることがあれば、獲物は獲れないとされている。性交の禁止にしろ、女性が触れたものの持込への警戒にしろ、そこからは、狩猟を男性の活動とし、徹底的に女性(的な要素)は排除すべしとの前提の存在を推察できる。あくまでも、狩猟とは男性の活動なのである。

狩猟が終わってから、すぐに獲物を家の中に持ち込むことも避けられる。家からそれほど離れていないやぶなり、畑なりにいったん獲物を置いておき、翌朝それを家の中に運び込む。狩猟を行う森には、パナイジェ(*panaisihe*)、あるいはナアァリジェ(*naharisihe*)と呼ばれる小人が棲んでいて、獲物と一緒に着いて来るという話がある。その意味するところはいま一つ明確にできなかったのだが——小人が動物から「衣服」あるいは「まつ毛」を取り去り、森へ持ち帰るまでの猶予時間を作らなければならない。そのまま家に獲物を持ち込むと、小人も着いて来てしまい家族が病気になるのだという。

女性的要素を森へ持ち込むことの忌避も、また、獲物をすぐに家に持ち込むことの忌避も、女性的要素と結びついた家の領域と森の領域の混淆を避け、両者の区分を維持するための手続きとして解釈することができるかもしれない。いずれにしても、狩猟は、実際に狩りを行う人間と獲物になる動物以外の存在——女性や森の小人たち——との関係を斟酌したうえで設定した時と場所において展開される。禁忌は、狩猟を行うに相応しい時と場所を画定する手続きだとみなすことができる。

III. 狩猟の経験譚

1. 経験譚2題

ここからは、狩猟の経験譚を記述し、そこで描かれる経験の特徴を浮かび上がらせたい。アンガティーヤの人びとと——特に男性——は、「ストーリー(ピジン語)」と称して、自分の直接の経験や街で聞いてきたり、新聞で読んだりして知った話、あるいは、かつて言い伝

えとして教えられた神話・伝説の類を、かなりまとまったかたちで巧みに話す。アンガティーヤの男性は、概して雄弁と評することができる。夕食後、集落内や家族内で特に目立った紛争や問題がない時は、たいてい炉辺ではこうした「ストーリー」が集まっている人びとの間で交わされる。「ストーリー」を語り、また聞くことが人びとの大きな娯楽になっている。そうした「ストーリー」の一つが、狩猟の経験譚なのである。

　以下では、狩猟の経験譚2題を紹介する。最初に紹介するのは、弓矢猟の経験譚である。これは、筆者の下宿先の夕食時に「ストーリー」として、家の主人の弟によって語られた。それが余りにも面白かったので、後日改めて話してもらい録音した。ここに掲載したのはその録音の再生である。紙幅の制限で短縮・編集した版を紹介する。

　　狩猟の経験譚　その1: 有袋類の弓矢猟
　　2009年の2月の第三週に、私たち（NG）一家は、森で狩りを行い、畑で働く際に眠る岩屋に戻った。午後9時頃、私は妻たちを置いて（狩りに）出かけた。……、私は（出かけるべく）立ち

写真3……弓矢を構えてみせる男

上がり、弓矢を握り、懐中電灯と山刀を握って、そして（同行させるため）（類別的な）「弟」の手を引いた。しかし、「弟」は私と一緒に歩き回るのを嫌い、座り込んだのだった。
　私は、私たちの家族が眠る岩の側を流れる川に沿って進んだ。川に沿って進み、途中で振り返ると、「弟」が着いて来るのが見えた。そして私たちは合流して、有袋類を探し始めた。……私たちは……探して、探して探したが、どこにも獲物はいない。そうして、（寝泊りする）岩屋に戻るには6、7キロメートルほど歩かなければならないところまで来てしまった。
　そこで（周りを）見ようとすると、一匹のハイイロクスクス（現地名：*awaho*、学名：Phalanger orientalis）の姿が目に映った。私がそれを射ようとした時、そのクスクスがいたのは竹やぶの中だった。そこで私はそこへ近づく道を見つけてそこを進み、岩の上に登った。そして、「弟」にこんな風に言った。「お前は懐中電灯の明かりをクスクスに当てろ。クスクスは明かりを見つめるだろう」。私はいまや姿勢を正して矢を取り出し、クスクスが座っている辺りを見やった。そのクスクスが座っているのがはっきりと見えたわけではなかった。竹が（視界を）遮ったから。クスクスを覗ける小さな隙間へ向けて、私は矢の狙いを定めた。私は矢を番えて弦を引き絞ったが、（群竹が揺れて視界が遮られ、狙いがつかず）結局撃つのをやめた。再び弓を下ろした。そして二回目、（再び）同じく弦を引き絞ったが、これも結局撃てずにやめた。三回目、弦を引き絞った。うまくクスクスが視界に入り狙いがつく。私は矢を放った。矢は真っ直ぐ行って行って、クスクスを捕らえた。だが、クスクスは（竹から）落ちずに身を翻して歩き出し、竹を登って行き、（当たった）矢を外して、逃げようとした。
　私は岩から飛び降りて、竹やぶのほうへ駆け出した。私はクスクスが座っていた竹やぶを切りつけ、切りつけた（筆者補；竹やぶの中へ分け入って行くためだと思われる）。私は左手に持っていた弓矢を投げ捨て、額にくくりつけていた懐中電灯と、電灯を留めておくために巻いていた鉢巻を左手で摑み、右手に山

刀を握り、切りつけた。切りつけてから、竹を搔き分け（やぶの中へ入ろうとすると）、深い、大きな森の中なので竹の表面は濡れていた。竹の表面は滑りやすかったのだ。私は大きな音を立てて竹を揺すって、クスクスを振り落して、そして殺すのがいいと思ったのだが、竹を握ると、手が滑ってしまい、（筆者補；竹の切り口で、か）私の（右手の）四本の指は切り裂かれてしまった。傷は骨まで達して、奥深くまで肉を切ってしまっていたのだ。

　そんなわけで私はビクンとして、大声をあげ、右手（の指）を（左手で）摑んだ。血を無駄にするわけにはいかない。私は「弟」に向かって言った。「私の手は壊れてしまった。竹が切り裂いたからだ。もう私には『肉』を見つける強さもない。引き返そう」。そして私は言った。「矢が刺さっているクスクスは、そのまま放っておこう」。しかし私の「弟」は、そのクスクスが行ってしまうのが嫌だった。……彼は（クスクスのところへ）行くと強く言い張った。……彼は長い棒を摑んでクスクスを打つと、クスクスは落ちてきた。そこで彼はクスクスの頭を打ち砕いた。そして、近くの池の辺りまで下りて行き、側の石の上にクスクスを置いてから、竹やぶのほうへ登ってきて戻り、私のシャツを引き裂いて、四本の指を強く縛り、血が流れ出ないようにした。

　私は「弟」に言った。「この、私の指は、私にいつも弦を引き絞る力を与え、それで私は矢を射ていた。だが、いまや私は矢を射る道筋を失った。竹が四本の指を切り裂いてしまったからだ」。しかし、「弟」は言い張った。「私たちはクスクスがいるか確かめに、もう少しだけ行かなければならない。私たちは（狩りに）戻ろう」。

　私は「弟」の考えに従った。私たちは歩いて進んだ。森の中の道を少し登った時だった。私は一匹のクスクスがいるのを見た。クスクスは木の枝の上に座っていた。（木の実を）食べ終え、歩くのがもの憂いのだろう、四肢を折り曲げうずくまっている。私が、懐中電灯をクスクスに当て、当ててはずらし当ててはずらしし、（筆者補；クスクス全体を照らし出すと）これは最近の

ではなく、(筆者補；歳月を経た) 昔からの強い、大きなクスクスであるのをみてとった。

　そこで私は「弟」に言った。「お前が矢を射ろ」。しかし「弟」はこのクスクスを射るのを恐れた。彼は夜に巡り歩いてクスクスを射るのに慣れていなかったからだ。彼は私がクスクスを射ることを望んだ。よし、そんなわけで私たち二人は、言い合いを続けた。

　しかし、一瞬私は考えを変えて言った。「私は三本の矢を射ることにしよう。もし私が外せば、私たちは引き返そう。なぜなら私が弦を引くと、切り裂かれた皮膚が開いてしまう。私はたくさんの血を失うのが嫌なのだ」。

　一本目、私は痛みを感じて、クスクスにしっかり狙いをつけることができなかった。矢はクスクスを捕らえることはなかった。二本目の矢も同様だった。私の手は壊れてしまっていたからだ。

　まさにこの時、クスクスは人が地上にいて私たちが自分を射ていると感じ、大急ぎで木の上を走り始めた。クスクスは飛び跳ね、飛び跳ねした。よし、私が電灯を当てると手前の木にやって来て、そのまま駆け上がり、(矢を) 射ることのできない暗いところに座ってしまった。私は思った。「私たちは夜にクスクスを見つけ出すことを知っている人びとだ。私たちは、クスクスを騙すこともできるのだ」。私は (筆者補；クスクスが逃げ込んだらしい場所の近くの) 篠叢に分け入り、中へ進んで立ち止まり (筆者補；様子を) 見ようとすると、クスクスは (近くの木へ) 来て座り込んだ。私は「弟」にそちらへ行って、クスクスを射るように呼びかけた。しかし、彼は射るのを嫌がった。彼は私が射ることを望んだ。

　私は自分の手を見た。大きな (大量の) 血が私の手から流れ出ているように見えた。地面に身を屈めて、下生えを見てみると、まるで血だけがあるように私の血だけがあった。それで私は「弟」に言った。「これは最後の矢だ。もし私が外したら、戻ろう」。

さて、「弟」は懐中電灯をクスクスの目玉に真っ直ぐ向けた。私たちが射ようとする時、人はクスクスの目玉に、二つの目玉に真っ直ぐ懐中電灯を当てる。そうすると、逃げるのが難しくなる。というのも、懐中電灯の「強さ」がクスクスの目を塞いでしまう。そんなわけで、彼は座り込み、私たちは射る。「弟」がその目玉に懐中電灯の光を真っ直ぐに当て、私はクスクスの心臓に真っ直ぐに狙いをつけた。私は痛みを感じたが、私は弓を強く握って、弦を力いっぱい引き絞り、心臓めがけて、真っ直ぐ矢で心臓を貫いた。クスクスは姿を消した。彼は地面に落ちたのではなく、身を翻して上へ歩いて行き、真っ直ぐ歩いて行って、そこで矢を抜こうとした。

　私は木に登って、クスクスに近づこうとした。私は近くから、スプスプ（筆者補；矢尻の一種。ピジン語）を射かけたかったのだ。……私たちはスプスプを矢柄に差し入れる。私はこれを持って上に登り、近くから射ようとした。私が木に登ると、私はクスクスが落っこちて、側の池に転がり落ちていくのを見た。矢は心臓を捕らえたのだから。

　そんなわけで、私は「弟」に「クスクスが池に落ちてしまった、お前は走って行って、急いでその頭を叩き割れ」と叫んだ。「弟」は池に駆け下りて、矢が刺さったクスクスの尻尾を摑んで引き上げて、石の上に置いた。そして右手で山刀を摑んで、彼が逃げないように、その頭に撃ちつけた。彼は（クスクスの）「考え／意識」を壊してしまうか、クスクスを完全に殺してしまうかしなければならなかった。彼がクスクスを撃ち終わると、それを石の上に置いた。私は木から下りてきて、私たちは煙草をふかしていた。ところが、クスクスは再び起き上がり、歩き出したのだ。私は振りかえり、クスクスが行くのを目にした。私は「弟」に言った。「お前はクスクスをきちんと殺していない」。私はそう言って、走って行きクスクスを引きずり寄せ、山刀を取って峰（刃背）をこちらにして、真っ直ぐにクスクスの頭に振り下ろした。頭は割れて、クスクスは死んだ。

　このクスクス、長さは60～70センチメートルもあっただろ

うか。長い、大きなクスクスであった。そうして、私はこれを手に取り、いまや私たちは向きを変え、戻って行った。…

　以上の経験譚を「ストーリー」として下宿先の主人の弟が語った後、それにつられて主人自身が話してくれたのが、次に紹介する経験譚である。

　狩猟の経験譚　その2：有袋類との格闘
　ある時、父（L）はオオウナギを取るために針を仕掛けに行くことを考えた。私（YG）たち二人は、（筆者補；針をつけた）糸を結びたかった。それは午後3時か4時ごろだったろうか。私は糸を結わえたいと思い、川を下って行った。父の子イヌ一匹が、私たちの後を着いて来た。
　さて、私たち二人は川に沿い、針を仕掛けながら川を下って行き、大きな岩のあるところへ出た。すると、イヌは私たちの許を離れ、一つの岩の室の中へ入って行った。トゲフクロアナグマ（現地名：*Apepiho*、学名：Echymipera kalubu）の家だったのだ。アナグマの臭いがしたのだろう、その臭いを嗅ぎ嗅ぎしながら、イヌは中へ入って行った。
　父と私は、ずっと針を仕掛ける作業に夢中だった。しばらくして、私たち二人はイヌが室の中で吠えているのを聞いた。（アナグマとイヌの）二匹は室の中で戦っていたのだ。……私は（態勢を立て直すために）（森の中の出作）小屋へいったん戻ることにした。私は懐中電灯と弓矢、そして山刀を手に取り、件の室へと引き返した。イヌはまだ脇目も振らずに戦っている真っ最中であった。
　そこで、私は岩室の中に入った。その壁面には小さな穴があり、それは少し奥へと通じていて、狭く短いトンネルのようになっていたが、そこへ私が入って行くのは難しい。しかし、私は狭くて短いトンネルの奥へ入ろうと試みた。イヌもアナグマと戦いたいと強く執着し、何とか奥へ進もうとした。私はアナグマの姿を見ようと奥へ進もうとするのだが、イヌも奥へ進もう

とするために、イヌに道を塞がれてしまった。奥へ進むことはひどく困難だった。それでも、いまや、私は懐中電灯と山刀を摑みながら腹ばいになって、ゆっくりゆっくり這いながら進んで行った。するとトンネルの先では、イヌとアナグマの二匹が戦っているところだった。私は（目の前にある）イヌの腹を持ち上げた。私はイヌの腹を持ち上げ（視界を確保し）、懐中電灯を据えた。明かりは、穴の奥へ行き（そこを照らし出し）、私は、本当に本当に大きなアナグマの姿を見たのだった。この大きなアナグマとイヌは、一瞬も休まず、戦い続けていた。

　いまや、私が懐中電灯と山刀をふつうのやり方で使い、アナグマを殺そうとすることは難しいことだった。なぜなら、それ（周り）は硬い石であり、それを掘り崩すこともできない（筆者補；山刀を振り回しても、周囲の石壁にはじかれるだけ、の意か）。こんな風に、（周囲の）石（壁）と狭いトンネルだったせいで、私はイヌの腹を持ち上げて、腹の下に山刀を据えて置き、それから懐中電灯を握り（奥を照らすと）、アナグマが口を開けるのが見えた。すぐさま私は電灯を置いて、山刀を手に取り、アナグマの口めがけてそれを突き入れようとした。その刹那、アナグマは山刀が自分の口の中に入ってこようとするのを感じたのだろう、一瞬のうちに身を翻した。私は、アナグマが外に出て来るのを覚り、山刀をすぐに手放し、自分の顔の前で両手を構えて、アナグマを塞ごうとした。アナグマが外へ向かおうとする途中に私の顔面がある。

　私は塞いだ。まさにその瞬間、アナグマは外へ出ようとし、その頭が構えた私の両掌に触れ、私はそれを摑んだ。私はアナグマの頭を力一杯押さえ込んだ。すると、アナグマは、その二つの手で、その二つの足で私を引っ掻き、引っ掻き、引っ掻いた。それは私を激しく引っ掻いた。その爪が私の肌の中に食い込み、それは肉をかき出した。その時、私は今まで感じたことのない、まったく別の痛みを感じた。私は叫んだ。「お父さん、アナグマが私を引っ掻くよ」。「よし、お前は急いでアナグマを外へ引きずり出せ。私が殺そう」。私はアナグマの頭を強く摑んだ。する

と父は「しっかり摑まえて、引きずり出せ。力を緩めると、逃げて行ってしまうぞ」と言う。そんなわけで私はしっかり摑み、ゆっくりゆっくりとアナグマを引っ張り出した。父は尻尾を摑み、石を手にとってアナグマの頭をそれで叩き割った。

　父はアナグマの頭を割ったのだが、アナグマは死なずに歩き出し、身を振り振りしながら、起き上がり逃げて行こうとした。するとまさにその時、イヌがアナグマの脇を押さえ込み、嚙み付いて、嚙み付いてそれを殺そうとした。私たちは立って見守り、イヌがアナグマを殺し、その命を終わらせてしまうのを見届けた。イヌはアナグマが与えた痛みを返すべく、それを殺した。二匹が戦い、遂にイヌがアナグマを殺し終えると、私は手に痛みを覚えた。アナグマが私を引っ掻いたのだ。私は痛みを覚えた。私の肌は、（今までとは）まったく別物だった（筆者補；見たこともないような、感じたこともないような状態だった）。

　イヌがアナグマを殺し終えた時に、父は言った。「お前が取って、（家へ）持って行け」。私は言った。「私は持って行けない。なぜなら、アナグマが私を引っ掻いて、私の肌は血まみれでひどく痛み、私がこれを運ぶのは難しい」。父がアナグマを取ろうとした時、それは決して軽いものではなかった。それは、大きな、大きなアナグマだったのだ。父は、そんなアナグマを取って運んで行った。……私は痛みを感じていた。夜、寝付けなかった。私は寝返りをうち、寝返りをうちして、ようやく私は眠ることができた……。

2. 語りと経験を「再び生きること」

　紹介したものをはじめ狩猟の経験譚を聞いた際、筆者は胸の高鳴りを覚えたものである。おそらく、その場に居合わせた人びとも同様だったのではないか。

　語り手は、狩猟の経験譚を声に抑揚をつけ、間を取りながら狩猟の際の自分の言葉や身ぶりを「再現」するかのように話してみせた。聞き手もまたそれに呼応するかのように、「エイケ・ノー（お母さん！）」といった歓声や悲鳴をあげたり、笑い声を発したり、あるいは、

感心した時に男たちがよくやる「チ、チ、チ」という舌打ちをしたりしたものである。それは、狩猟採集民の「おしゃべり」に関する、寺嶋秀明の以下の記述を髣髴とさせるものであった。「……語りは、はじめのうちは静かにだんだんと進行していくが、しだいに熱が入ってきて、ついにはあたかも目の前で全てが展開されているような緊迫感に満ちたものになる」［寺嶋 2007: 43-4］。語り手にとっては「語りはたんに記憶された経験を言語化することではなく、語りという実践によってかつて自分が自然と切り結んだときの経験をもう一度生きることである」。聞き手もまた「ただ聞いているばかりではなく、……聞き手は語り手と一体化し、自然との出会いを経験する。すなわち、聞き手は、語りを通じて目の前に提示された自然と切り結んでいるのである」［寺嶋 2007: 43-4］。

　それでは、語りを通じて、語り手が「再び生き」、また聞き手が「切り結んだ」経験とは如何なるものだろうか。

3. ゲーム＝駆け引きとしての狩猟

　アンガティーヤの人びととの間には、狩猟の経験譚で語られる状況を人間と動物との間で展開するゲームとして捉える見方が存在する。紙幅の都合で本章では割愛したが、最初に紹介した弓矢猟の経験譚の語り手であるNGの、別の狩猟の経験譚の中に次のような挿話が登場する。森の中でハイイロクスクスに遭遇したNGは、クスクスがそこを立ち去ろうとした時、これから始まる狩猟について「これはゲームだ」（ゲームはピジン語、あるいは英語にて表現）と話しかけられたような気がしたそうだ。さらに、語り手であるNGが手持ちの矢を、一本を残してすべて外してしまった後、クスクスがその場を立ち去ろうとした時「お前が負けて、私が勝った」と言われたような気がしてNGは逆上し、最後の一矢を弓に番えて、クスクスを射とめたという。

　この挿話では、狩猟がゲーム[5]として、すなわち狩人と獲物との駆け引きとして扱われている。これは、二つのことが狩猟の過程に投影され、あるいは、そこから読み取られた結果だといえる。まず、動物に意図と主体性が投影され、あるいは動物からそれらが感受されている。これは、他の狩猟の経験譚の中にも見出される事態で

ある。例えば、森の中でパプアニシキヘビ（現地名：*satipiho*、学名：Apodora papuana）に遭遇しそれを殺害した経験譚では、ヘビが語り手と遭遇した当の場所にいた理由が次のように語られている。「私がその木の（地面にせり出した）根を踏みつけて進んで、そのせいで音が立った。ヘビは、（私が来たのを）有袋類（が来たの）だと思ったのだ。日が沈みかける頃、……ヘビは外へ出て来て有袋類が行き来する道を見ていた。そこは有袋類の道、……たくさんの有袋類がそこを行き来する。そんなわけで、ヘビはそこを見ていたのだ」。また、先ほど紹介したNGの弓矢猟の経験譚の中にも、有袋類の「考え」を忖度するかのような箇所が存在する。ヘビにしろ、有袋類にしろ、動物の一連の行動は動物の意図と主体性を想定することで首尾一貫したものとして提示される[6]。おそらく、対象に主体性を想定することは、人間の認知と行動を組織するために必要なのだろうし、自己に主体性を帰するためにも不可欠なのである［下条 1999: 159-66］。

　もっとも、動物が駆け引きを行うだけの主体性を実際に持っているとは断定できない。有袋類の知能はそれほど発達してはいない。また、動物に主体性を見出したり、あるいは投影したりすることが直ちに狩猟の過程にゲームとしての様相を付与するわけでもない。現代日本においてペットと飼い主との相互作用をゲームと呼ぶことはできないが、飼い主がペットに意図や主体性を想定している場合は多い。

　動物への主体性の投影なり感受以上に、狩猟の展開過程にゲームとしての様相を与えているのは何であろうか。NGがクスクスに「これはゲームである」と言われたような気がしたという経験譚では、NGはクスクスを狙って矢を射るのだが残りの矢が一本だけという状況に追い詰められてしまう。最後の矢に賭けてみると、見事、狩人の思惑は実現してしまう。ここには、出来事の経過の不確定性に翻弄されながら、しかもそれを乗りこなそうと賭けに出る狩人の姿が見出される。ゲームの比喩はこうした側面に注目したからこそ生まれたといえるだろう。III節で紹介した弓矢猟の経験譚では、NGがクスクスの逃走を受け、射殺ではなく竹から叩き落す方針に瞬時に転じる。ところが、竹に手を裂かれてしまう。手からの大量出血

を理由に弓を引くのを拒んでいたにもかかわらず、態度を一転させて、NGはクスクスに狙いを定める。フクロアナグマとの格闘の経験譚では、YGはアナグマが口を開けたところを狙い、山刀を挿し込もうと試みる。YGは、穴から飛び出して来たアナグマの顔面を咄嗟に、掌で押さえ込む。するとアナグマの鋭い爪が手に食い込む。これらの狩人の振る舞いは、予め自らが立てた計画に沿って展開する類のものではなく、予想もしない出来事に促されるようにしながら、今までの思惑や態度を瞬時に投げ打ち、そのつど最善と思われる選択肢に賭ける営みだといえる。このようなあり方がゲームの比喩を呼び寄せるのである。

　そして、狩人が受動的立場に置かれる時、それと対になって「何が狩人に対して能動的に働きかけているのか」という問いも提起され得る。狩猟の経験譚全体を見れば、狩人を取り巻く状況に内在するさまざまな要素が組み合わさり、狩人の思惑を越え出る事態が起こっており、動物がそれを意図して引き起こしたとは言い難い。しかし、狩人を受動的な立場に置いた主体として動物を想定すれば、狩人が自己の思惑を次々と投げ打ちながら、状況に促されつつ適応を図る一連の過程は、「人間が勝つか動物が負けるか、人間が負けるか動物が勝つかするゲーム＝駆け引き」として捉えられることになる。

　筆者が——おそらく同席していたその他の聞き手も——狩猟の経験譚を聞きながら高揚しまた興奮を覚えたのは、語りを通じて切り結んでいたのが狩猟にゲームとしての様相を与える「不確定性が内在する状況の中で自己の思惑を放棄し、また自己の企ての更新を図る過程」だったからだろう。語り手も聞き手も、経験譚を通じて、世界が偶然性に開かれていると同時にそれに対応しようとする自己もさまざまに変転する可能性を有している事実を「生きる」のである。

IV. 狩猟の経験譚から眺め直す社会・文化的「配置」：狩猟をめぐる禁忌と男性性

　本節では、狩猟の経験譚が描く経験のあり方、すなわち人間と動

物との間で展開するゲーム＝駆け引きを背景にしながら、狩猟を取り囲む社会・文化的な「配置」を眺め直す作業を行う。狩猟の経験譚から浮かび上がる特定の場所・時における経験のあり方を「反映」したものとして、社会・文化的な諸要素の「配置」や諸要素を読み解きたい。

　ここで特に注目するのは狩猟をめぐる禁忌に関連した諸々の語り口、および狩猟と結び付く男性性である。狩猟の禁忌やそれをめぐる観念のリアリティを支え、アンガティーヤ的な男性性に具体的な内実を与えているのが、狩猟の経験譚が描き出す経験のあり方であることを論じる。このようにして、狩猟の営みを取り囲む生活世界やその構成要素のあり方を、特定の時と場所において展開する狩猟の経験の相の下で捉え直したい[7]。

1. 狩猟をめぐる禁忌と「人間と動物とのゲーム＝駆け引き」における自己の変転

　アンガティーヤの人びとの間には、II節で紹介したような狩猟の具体的な進め方に関する禁忌とは別に、狩猟そのものに関わる禁忌が存在する。それは、狩猟には頻繁に出かけるべきではない、というものだ。狩猟に出かけることは、狩人の命を縮め、狩人を病気にしてしまうというのである。筆者には、頻繁な狩猟が寿命を縮め、病気をもたらすとされる理由から、狩猟の経験譚が描き出す経験の意味を読み取ることができるように思われる。

　狩猟が命を縮める理由としてアンガティーヤの人びとが真っ先に挙げるのが、森の小人の存在である。小人たちは、群れをなして森の中に住んでいるとされる。小人は幼児ほどの大きさで筋骨隆々とした体つきをしているが、その顔は、彼らの住処になっている森の持ち主たる父系出自集団の成員に瓜二つだという。

　アンガティーヤの人びとによれば、この小人は、彼らの森、さらには祖先伝来の土地を「見守っている」。アンガティーヤの地がオーストラリア植民地行政府の統制下に入る以前、近隣異民族との戦いが行われていた頃は、もし異民族がアンガティーヤの土地に侵入し戦いになったなら、この小人たちがアンガティーヤの男性たちに加勢

写真4……アンガティーャの森を遠望する

し、ともに敵を退けたという。戦いが行われなくなった現在でも、小人は、自分たちと瓜二つの父系出自集団以外の者が土地に立ち入ると、その人物を精神錯乱の状態に陥らせる。森に入ってきた人物の体臭を嗅ぎ分けて、その土地を保有する出自集団の成員か否かを判断するのだという。小人は土地を自分たちとその鏡像である父系出自集団の成員だけが立ち入れる場にしているのである。

　森の中に生息するトリや有袋類などの動物は、こうした森の小人と深い関係にあるとする語り口が存在する。これらの動物は「森の小人のもの」というふうに言われる場合がある。「森の小人のもの」という表現の意味は、曖昧なところがある。一方には、これらの動物が森の小人にとって「人間にとってのブタのようなもの」である、とする理解が存在する。あるいは、トリや有袋類は、森の小人の「乗り物」に相当するという語り口も存在する。トリは小人の飛行機で、有袋類などは小人の自動車だというのだ。他方で、小人が姿を変えたものという理解も存在する。

　このような動物を捕らえようとする狩猟は、森の小人と深い関係

を結ぶ営みということになる。初めて狩猟を行う者はいきなり動物を捕らえようとしてはならない。実際に狩猟を行う前に何度も森に出かけ、「森の小人と親しくなる」必要があるとされる。狩人は、小人に自分のことを見知ってもらって初めて獲物の確保に成功する。こうした禁忌やそれに伴う観念からも狩猟が森の小人と密接な関係を結ぶ営みであることが、容易にみてとれる。

そして、こうした小人との密接な関係は危険をもたらすのだという。「狩猟に頻繁に出かけてはならない」のは「森の小人に殺されてしまうから」だし、またⅡ節で紹介したように「獲物をすぐに家に持ち帰らない」のも獲物になる動物に森の小人が着いて来て、狩人の家庭に病気をもたらすからなのだという。アンガティーヤの人びとの中には、ピジン語で森の動物のことをテウェル（tewel）すなわちdevil（悪魔）と呼ぶ者すらいる。

以上が狩猟の禁忌にまつわるアンガティーヤの人びとの説明の概略であるが、一つ疑問がわいてくる。それは、森の小人と狩猟を通じて関係を結ぶことがなぜ危険であるのか、というものだ。森の小人は侵入者を排除するという論理に沿えば、他の父系出自集団の成員やそこから婚入する女性にとって、別の土地の小人の危険性は当然だろう。彼・彼女たちは、小人にとっては侵入者であり、排除しなければならない相手である。ただ、狩人は自らの祖先伝来の土地で狩猟を行っているのであって、誰の土地の中にいるのかという点では、小人から攻撃を受けるいわれはないはずである。

それでも狩猟を行うと森の小人によって病気にされたり生命を消耗させられたりするのだとすれば、（人びとの間で流通する言説や観念、振る舞いが形成する論理の枠内では）その理由は次のように考えることができる。すなわち、そもそも森の小人は誰にとっても危険な存在なのだが、その危険性が発現する「距離」が人によって異なるから、というものである。父系出自集団を異にする人物にとっては、森に足を踏み入れただけで危険が生じるのだが、当該集団に属する人物にとっては森の中を歩いたり、焼畑を拓いたりするだけでは危険は生じない。狩猟により焼畑の開墾等から一歩進んで小人にさらに「近づく」と、危険が生じるというふうに考えることができる。

では、当該の土地を保有する者にとっても、またそうでない者も共に経験するかもしれない小人の危険性は、何に由来するのだろうか。ここで先に紹介したYGとNGの長兄であるYMの経験譚が思い出される。それは、彼が祖先伝来の森の中に妻と一緒にいたところ、パプアニシキヘビと遭遇し、それを狩った経験をめぐるものである。このヘビは頭を打ちのめされて殺された後も「赤ん坊のように」「アァァ、アァァ」と鳴いたり、「子ブタのように」「イェー、イェー」と鳴いたりしたのだという。居合わせた妻は、「そのものを離せ。もしかすると、森の小人が私たちの後に着いて来て、病気を与えるのかもしれない……」と主張した。語り手は次のように言い返したそうだ。「小人のことなど私は心配していない。私は森の持ち主なのだから」。それでも、気味が悪いので、YMは、途中の大河でヘビの頭を川底に沈め、大きな石を持ち上げてそれを周りに置いて塞いでしまった。そして河原で煙草をふかして休んでいると、ヘビは川から出て体をくねらせて進んで行ったのだという。見ると、その頭は既に千切れてしまっていて、さながら頭の切り落とされたムカデが体を這わせているかのようだったという。この様子を見て妻は叫ぶ。「離すのだ。それは小人だ。……あなたは殺される。ここに置いて行こう……」。それでも語り手は、「シー、口を閉じておけ。お前は行ってしまえ。私は後から行く。（筆者補；置いていくなど）大間違いだ。私は（ヘビを）引っ張って行くのだ」と言い返す。

　注目したいのは、森では、その持ち主であろうとなかろうと、上記のヘビとの遭遇のような「異様な」経験をする可能性が存在している、ということである。森の小人がもたらす危険性を、森での何かしら奇妙な経験、あるいは人を驚かせたり、あるいは恐怖させたりする経験の反映と考えれば、森を保有する集団の成員であろうとなかろうと、森の中を巡り歩く者にとって、森の小人が危険をもたらす存在であるのは当然のことだといえる。

　そうであるならば、狩猟が、森の小人と森の保有者である人間の「距離」を、後者が命を落としかねないほどまでに近づける営みになるのは、どうしてなのだろうか。ヘビの経験譚が明らかにしているように、まず、狩猟の対象となる動物が奇妙さや不気味さを示し、恐怖

の経験の焦点になり得るということがその理由の一つになっているだろう。動物と小人とが密接に関連付けられているのも、こうしたことの反映だと考えることができる。

　もっとも、すべての獲物が先のヘビのような不気味さを示すわけではない。もう一つ注目すべきは、狩猟を現に行っている際に狩人の身の上に起こっている事態についての、次のような語り口である。狩人はトリや有袋類などの獲物を追ってはいるが、実はこれらの動物は森の小人が姿を変えて、狩人を自分たちが住んでいる場所に引き入れようとしている。あるいは、「森の小人のもの」であるトリや有袋類を使って、自分たちの住処へ誘い込もうとしている、という語り口だ。そして、人間は小人の住処に至ると死んでしまう、という。

　ここで語られているのは、狩人が能動的に振る舞っていると思っている時、実は狩人は受動的な立場に置かれているという事態である。受動性と能動性が表裏一体になっている事態ともいえる。これは狩猟の経験譚が描いた経験のかたちとよく似ている。Ⅲ節で紹介した狩猟の経験譚は、人間と動物のゲーム＝駆け引きとして狩猟の経過を捉えたものであった。狩人は自らの思惑が絶えず変更を迫られ、状況に促されながら選択を行い、変転し確定せぬ状況の中で能動性と受動性がせめぎあう経過を狩猟の経験譚は描き出していた。「森の小人に誘い込まれている」「狩猟のために森に足しげく通うと、病気になる／早死にする」という語り口は、狩猟の過程がその都度その都度狩人を翻弄し受動的な立場に置いてしまい、狩人にとっては、自己の拠って立つ安定的な足場が存在しない事態に焦点を当てたと解釈できる。こうした狩猟のあり方は、能動的立場にあるものとして森の小人を想定し、狩猟をその小人との駆け引きとして形象化することを通じて浮き彫りになっている。

2. 男らしさと狩猟の経験

　狩猟の経験譚が描き出す経験のあり方は、アンガティーヤにおいて「男性であること」に具体的な内実を与えてもいる。

　Ⅲ節で狩猟の禁忌を論じた際に、狩猟が女性（的要素）を排除した活動領域であることを述べた。男性がもっぱら狩猟を行う理由を

アンガティーヤの人びとは、「男には狩りを行う『強さ／ワトォパンデ（watipante）』があり、女には『強さ』がない」というふうに述べることが多い。それでは、男性が狩猟を行うのに必要な「強さ」とは何か。これを人々が抽象的に定式化して語ることはない。しかし、狩猟がどのように展開し、狩人が如何に行動するのか描き出す狩猟の経験譚が「強さ」の内実を具体的に示しているといえるだろう。

　狩猟に必要な「強さ」のあり方は、アンガティーヤにおける「男性性」一般に適用できるように思われる。キリスト教の伝来とオーストラリア植民地行政府の統制下に置かれる以前の段階では、戦いが男性的な活動の中核を占めていた。母親のもとから少年たちを隔離し、「男の家」で起居させる習慣の最大の目的は、少年たちを成人させ、戦士に育て上げることであった。この過程は、戦士に「強さ」を与えるものだというふうにも言われるものであった。「強さ」は、狩猟のみならず戦いの遂行に必要なものとしても頻繁に言及される。そして戦いに必要な「強さ」の内実を具体的に描いているのが、やはり、戦いを実際どのように行ったかに関する語りなのである。こうした語りは、狩猟の経験譚と同型の経験を描いている。

　Ⅲ節に登場したNGとYGの長兄YMは、彼らの祖父DTがコナニエ部族を殲滅した戦いの様子を筆者に話してくれた。DTの仲間が森の中でコナニエの襲撃を受け殺されてしまう。その復讐に、DTは相手側の集落に夜襲をかける。寝込みを襲い、次々と家に火をつける。炎に照らし出されるのを避けながら、敵味方ともに矢を射るのに適当な場所を探す。火の具合によって姿を映し出され、標的とされてしまう一瞬。敵も隠れに来るかもしれない「かげ」に退き、待ち伏せするDT。ところが、彼は同じく身を隠しに来た敵の戦闘指導者と遭遇してしまう。二人は、地面の上で寝転びながら格闘を演じる。DTは、相手の頭を押さえ込み、棍棒で叩き割るように仲間に呼びかける。駆けつけた仲間が、いざ棍棒を振り下ろそうとすると、恐怖に襲われてガタガタ震えだし、なかなかそうすることができない。地面では、両者がくんずほぐれつ、取っ組み合いを続けている。アンガティーヤの男が思い切って、棍棒を振り下ろした利那、敵はDTの頭を押さえ込み、棍棒が向かう地面の上にDTの頭を持っていく。棍棒は

DTの頭を直撃し、彼は失神してしまう……。

　こうした戦いも、狩猟同様「『今ここ』という状況の中で偶然性から逃れられない身体あるものどうしの一回的な出会い」であり、それは「敵が勝ち自分が負けるか、自分が勝ち敵が負けるかする駆け引き」であることはいうまでもない。狩猟も戦いも同型の経験として捉えることができる。双方の経験における自己のあり方はともに「強さ」と呼ばれており、それは男性に固有なものとして想定されているのである。つまり狩猟の経験譚が描く狩人のあり方は、男性性一般の規定として理解することができる。ちなみに、戦いは狩猟に重ねあわされる。敵の殺害を有袋類の殺害に喩える場合がある。アンガティーヤの土地に異民族が侵入していないかを見て回り、それを発見したら殺害する営みを、「狩る(アサリジャタイジェ asarisatasise)」と表現することもあった。

　このように狩猟の経験譚と戦いの展開に関する語りにおける男性の営為とは、身体を介した一回的な「出会い」の中で、自己が状況に圧倒されそうになりながら、状況の促すまま自己の思惑を放棄・変更し、一瞬の機会を捉えて状況に働きかけるべく賭けに出ること、能動性と受動性が変転する中で前者が前景化した刹那、それを捉えることに他ならない。

　以上のような男性のあり方は、先に見た森の小人をめぐる語りや狩猟をめぐる禁忌が焦点を当てていない、狩猟の経験の半面を強調して得られたものである。狩猟の経験は、自己の受動的な立場が前景化する局面とそれを前提にしつつ自己が能動的な立場に身を置く局面とが不断に変転する過程である。前者の局面に重点を置けば、狩猟の過程は「森の小人に誘い込まれる」過程として立ち現れる。これに対して、男性性は、能動的局面に重点を置いて描き出された狩猟の過程の中に見出される。狩猟や戦いの展開過程が後者の局面に収束すれば、狩人や戦士の「強さ＝男性性」が証明されたことになるのだ。

　この男性性は、行為者が環境に圧倒され、受動的な立場に追い込まれる事態を前提にしたものである。狩猟に「強さ」が必要とされるのは、狩猟の困難と森の危険性――「森の小人に連れ去られる」「早死にするかもしない」可能性――を想定しているからである。また、

戦いには死の可能性が常に存在し、その危険性との対照で戦士の「強さ」は賞賛される。戦いも狩猟も行為者の受動性とそれを前提とした能動性が絡まりあう両義的な過程である。

弓矢猟の経験譚の語り手NGは、家族から夜間の狩猟を控えるようにしばしば忠告を受けていた。病気になり、生命を縮めてしまう恐れがあるからだ。確定しない事態の展開の中で能動的立場と受動的立場が絶えず変転する過程は、安定した自己を喪失し状況に翻弄されるという点では否定的な経験かもしれない。だが、NGは夜間の弓矢猟を止めようとしない。能動的立場と受動的立場が絶えず変転する過程をうまく「乗りこなすこと」ができるならば、その過程は魅力的なものでもあるからだ。

こうした魅力的な側面を、有袋類を狩人と駆け引きを行う主体として形象化することで浮き彫りにしたのが、「ストーリー」としてNGが語る、狩猟の経験譚なのだろう。これに耳を傾け、人々は「エイケ・ノー」と歓声を上げ、舌打ちをする。他方で、このように語られる経験の度が過ぎることをNGの家族は、決して手放しで肯定しているわけではない。こうした点に、狩猟の経験の両義性が現れていると言える。男性性と危険は、紙一重なのである。

V.「土地を食べる」こととしての狩猟

ここまで、アンガティーヤの人びとが、狩猟を人間と動物とのゲーム＝駆け引きとして提示する一方で、森の小人と親しくなり、あるいは誘い込まれる過程としても観念していることを軸に議論を進めてきた。狩猟は、獲物となる動物たちとの駆け引きとしてだけでなく、森の小人という、森一般を「見守る」存在との駆け引きとしても思い描かれている。このことは、狩猟をアンガティーヤの人びとが、動物との関係に止まらず、森＝祖先伝来の土地との関係という枠組みで理解していることの現れだと解釈できる[8]。狩猟は土地を経験するさまざまな様式のうちの一つだといえる。

こうした狩猟を通じて、男性は自らの受動性と能動性が変転する両義的な過程の中に身を置くことになる。もしこの過程が能動性に

収斂して行くようなものならば、男性は自らの男性性を経験することになる。そして、こうした狩猟が行われるのが、アンガティーヤの男性にとり自己の存在の一部となっている祖先伝来の土地に他ならない。自己と実存的に結びついている祖先伝来の土地の中で（「祖先の土地を食べながら」）、アンガティーヤの男性たちは、狩猟を通じて自らの男性性を経験しているのである。狩猟を「土地を食べる」営みの一部とみなすアンガティーヤの論理に沿うならば、狩猟は祖先伝来の土地を男性性が経験できる場に仕立て上げると表現することもできるだろう。

　こうした働きを狩猟が果たし得るのは、狩猟が人間と動物との間で展開されるゲーム＝駆け引きとして語り得る性格を持っているからだといえる。アンガティーヤの人々にとって男性性は、戦いにせよ狩猟にせよ自らの受動性と能動性がめまぐるしく変転する両義的な過程の中でこそ確認されるものであった。この両義性は、予想のつかぬ不確定な状況に身体を介して切り結んでいく一回的な行為の過程であることに由来する。こうした性格それ自体はあらゆる実践に見出されるものではあるが、「人間と動物との身体を介した『今ここ』における一回的な『やりとり』」としての狩猟は、それが最も顕著に現れる営みの一つだといえる[9]。男性性が経験されたもう一つの活動領域である戦いが廃絶して後は、いっそう、そうなのではないだろうか。

参考文献
フェルド、スティーブン
　1988　『鳥になった少年　カルリ社会における音・神話・象徴』山口修＋山田陽一＋卜田隆嗣＋藤田隆則訳、平凡社。
浜本 満
　2001　『秩序の方法　ケニア海岸地方の日常生活における儀礼的実践と語り』弘文堂。
中井 久夫
　1982　『分裂病と人類』東京大学出版会。
大村 敬一
　2007　「生活世界の資源としての身体　カナダ・イヌイトの生業にみる身体資源の構築と共有」菅原和孝責任編集『身体資源の共有　資源人類学

09』pp. 59-88、弘文堂。

オルテガ・イ・ガセー
 2002 『狩猟の哲学』西沢龍生訳、吉夏社。

大塚 柳太郎
 1996 『トーテムのすむ森』東京大学出版会。

下条 信輔
 1999 『〈意識〉とは何だろうか　脳の来歴、知覚の錯誤』講談社現代新書。

須田 一弘
 2002 「山麓部　平準化をもたらすクボの邪術と交換」大塚柳太郎編『ニューギニア　交錯する伝統と近代　講座　生態人類学5』pp. 87-12、京都大学学術出版会。

菅原 和孝
 2007 「狩り＝狩られる関係と身体配列　グイの男の談話分析から」菅原和孝責任編集『身体資源の共有　資源人類学09』pp. 89-121、弘文堂。

寺嶋 秀明
 2007 「からだの資源性とその拡張　生態人類学的考察」菅原和孝責任編集『身体資源の共有　資源人類学09』pp. 29-58、弘文堂。

内堀 基光
 1996 『森の食べ方』東京大学出版会。

GODELIER, Maurice
 1986 *The Making of Great Men. Male domination and Power among the New Guinea Baruya*. Cambridge University Press.

SCHIEFFELIN, Edward L.
 1976 *The Sorrow of the Lonely and the Burning of the Dancers*. New York, St. Martin's Press.

(Endnotes)

1 ——浜本満は、語りが流通する言説空間の概念を論じる中で、語りが他者との間隙で起こる出来事であること、そしてさまざまな語りがパターンを描くことを指摘している［浜本 2001: 44-6］。

2 ——わが国において狩猟の経験譚考察の嚆矢となったのが、菅原和孝の仕事である［菅原 2007］。浜本は語りを語りの個別性を超えていく「文」としての側面と特定の出来事や語り手と結びついた「陳述」としての側面に分けているが［浜本 2001］、菅原の一連の仕事は、語りの「陳述」としてのあり方、あるいはその身体性に深くこだわりながら、それらが如何にコミュニケーションの場を構成していくのかを追究する試みである。いわば、語りの陳述性と浜本の言う「文」の行き交う言説空間との関係を再考するものだといえる。また、イヌイトの知識とその社会的共有化をめぐる大村敬一の議論も、言説空間の構成と語りの固有性との関係をめぐるものとして読み解くことができる。大村は、イヌイトの狩猟をめぐる知識が一般化された情報というよりも、その時その場で環境と結ば

れた関係を再現する逸話としての性格が強いこと、そして、こうした知識が人々に状況に応じた「打つ手」を提供していることを指摘した上で、それが社会的に共有されて生活世界を生成することを論じている［大村 2007］。本章は、こうした試みに大きな刺激を受けたものであり、「文」どうしの相互関係を出来事の固有性と結びついた語り、すなわち狩猟の経験譚を踏まえて描こうとしたのである。

3 ── ゴドリエは、アンガティーヤが属するアンガ語族の一民族集団であるバルヤにおける狩猟と男性支配について言及している［GODELIER 1986: 175］。バルヤでは、生計の観点からみて、狩猟の重要性は低いという。しかし、狩猟によって得られた動物の肉が成人儀礼等では、不可欠のものとされている。それゆえ、肉を与えることが女性や若者に対する成人男子の優越的地位の源泉になっているという。生計の上で狩猟肉の価値が低いこと、それでいて情緒的・象徴的に高い価値が置かれていることは、アンガティーヤにも当てはまる。

4 ── 食と情緒との結びつきや食物が社会的関係を構築する上で中核的な位置を占めていることは、パプアニューギニアのカルリを調査したシーフェリンやフェルドも指摘したところである［フェルド 1988: 47-50; SCHIEFFELIN 1976: 46-72］。

5 ── gameには、狩りの獲物という意味がある。英語の体系では、狩りとゲームは強い親和性を持つ。

6 ── 大村敬一は、狩猟に伴う「世界観」が「コスモロジー」として現実の生業を解釈したものというよりは、生業を方向付ける「指針」であることを論じている。ここで言及した動物に何らかの主体性を帰属させる立場は「コスモロジー」と呼べるほど複雑なものではないが、そうすることで活動を組織する「指針」とみなすことができるだろう［大村 2007: 69-72］。

7 ── 本章の議論は狩猟を取り巻く社会・文化的「配置」やその構成「要素」に経験譚で語られる経験のあり方が「反映」しているという前提を出発点にしながら、それを示そうとするものであり、循環論に過ぎないとの批判も当然あるだろう。しかし、語りが浮かび上がらせる経験のあり方がまったく「反映」していない事態を考えることも極端であろう。とりあえず「反映」や「内実の付与」を出発点にしながら展開した議論が説得的か否かということで、その当否を判断していただきたい。

8 ── 内堀基光によれば、多くの狩猟民の社会では、狩猟獣を「森の主」とする観念が存在するという。イバンでも、「森の狩猟者としてのイバンの負の鏡像」といえる、森の食人鬼アントゥ・グラシの観念が存在する。これは、狩猟民の社会の「森の主」に相当するものの、それは典型的な「森の主」の像を取っていない。このことを内堀は「『森の主』の農耕民的変異形」だと解釈している［内堀 1996: 120］。アンガティーヤにおいても、「森の主」に相当する存在が動物ではなく小人であるのは、彼らの森への関わり方が農耕に重きを置いていることと相関しているのかもしれない。

9 ── 第5章の花渕による動物の「他性」をめぐる議論を参照のこと。

第2部

人と儀礼動物

第3章
いたぶる供犠
ラオスの農耕民カントゥと
スイギュウの駆け引き

西本　太

Ⅰ. 供犠でスイギュウをいたぶること

 2001年3月、調査のために滞在していたカントゥ（Kantu）の村で祭が開かれ、スイギュウ（*karpiu*）が供犠された。以下はそのときの様子である。

　　スイギュウは脇腹に鉄の棒を突き立てたまま、苦しみもがいて杭のまわりを跳ねまわった。スイギュウが跳ねる度に長い棒の先端が地面に引っかかり、その反動でビュンビュンしなる。棒の先が今にもこちらへ飛んできそうで、見物人たちは危険を感じてのけぞった。鉄の棒が思いがけず腹奥深くに食い込んだので、突き手の男はつい棒から手を離してしまい、見物人たちの爆笑を買った。男は何とかして棒を取り返そうと間合いを詰めるが、スイギュウが興奮して跳ねまわるので思うように踏み込めない。やっとの思いで鉄の棒を取り返すと、今度は左前脚の付け根に慎重にねらいを定めて突き始めた。身をよじって逃れようとするスイギュウの脇腹に棒が突き刺さるごとに、スイギュウの足取りが覚束なくなってきた。スイギュウがよたよたと杭のまわりを逃げ回ろうとするのをみて、見物人たちは声を立てて喜んでいる。スイギュウは鼻息が荒くなるばかりで、鳴き声は立てない。突き手とスイギュウは無言でにらみ合いとぶつかり合いを繰り返した。男が執拗に突きを繰り返すうち、スイギュウはとうとう一歩も動けなくなり、立ちすくむばかりになった。そこへ別の男が背後から忍び寄り、山刀で後脚の腱を二、三度さっと切り払うと、スイギュウは前に数歩逃れて崩折れた。男が尻尾をつかんで引っ張り、左側から倒れ込むようにさせた。スイギュウはドスンと横倒しになり、そこにとどめの一撃を食らうと、四本の脚を痙攣させて絶命した。見物人たちはそれを見届けてヒューっという歓喜の雄叫びを上げた（写真1）。

 例年3月から4月にかけての播種前の時期、村人たちは金を出し合って数頭のスイギュウを外から買い込み、毎年順番に隣村から住民

写真1……力尽きたスイギュウは砂ぼこりを上げて横倒しになった

を招待して村祭を開く。スイギュウ殺害はこの村祭のクライマックスであり、人びとは胸を弾ませて見物する。同じ機会に、多くの個人宅でも一斉にスイギュウやウシ（karrok）が殺される。だが、槍で突きまわされるのはスイギュウだけである。スイギュウは時間をかけていたぶり殺される。見物人たちはスイギュウが跳ねまわり、ときには突き手に手向かうそぶりを見せ、そして徐々に力を失って息絶えるまでの一部始終を楽しそうに眺める。

東南アジアには祭宴の機会にスイギュウを殺害する社会が広く見出される。それらは毎年の農耕の開始を告げるためや、あるいは有力者の病気治療や死者供養を祈念するものなど、共同体の全体を巻き込むような機会であることが多い。そして、このような機会に殺害されたスイギュウの肉は共同体の内外に広く分配される。

このような祭宴は、これまでの人類学研究では、祭宴主催者の威信を高める、あるいは威信そのものを誇示する機会として解釈されてきた。山下は、トラジャ社会における死者祭宴を分析するなかで、これを「勲功祭宴」と呼び、それが「共同体への『寛大な』肉の配分

というかたちで、祭宴主催者は村落社会における自らの地位を確保し、その威信を高め、村人を自分のもとにひきつけるという配慮がなされる」[内堀・山下 1986: 266] 機会であると指摘している。また、こうした祭宴が過熱する傾向があるのは、威信の獲得をめぐってライバル同士が競い合うからであるという [内堀・山下 1986: 267]。そして、「水田や水牛に代表される富は、死者祭宴における供犠や肉の分配を通して社会的価値に改鋳された後、最終的に威信や影響力という観念に基礎づけられた政治的価値あるいは権力に収斂してゆく」[内堀・山下 1986: 267] として、こうした祭宴の政治性を強調している。トーマス・カーシュも同様に、祭宴を通して贈与の授け手と受け手とのあいだで社会的地位に格差が生じることを指摘している [KIRSCH 1973: 18]。

　こうした解釈は、当該の社会でスイギュウが威信財としての位置を占めていることを前提としたものである。スイギュウが威信財として高い価値を持ち、それゆえに威信獲得の強力な手段になるという考え方は、現地住民の見方に照らしても、確かに疑いの余地がない。役畜として農耕に利用するかしないか、その実用性にかかわらず、スイギュウは他の家畜と比べてはるかに大きいため、より広範囲の人びとにより多くの肉を分配できるからである。事実、現地住民自身にも同様の序列感覚がみられ、犠牲にされる動物の大きさに応じて祭宴の規模と重要性が判断される。その意味では、スイギュウは確かに実用にかなっているといえるのだが、それでは、スイギュウ供犠は、食肉の分配という経済上の実用性に基づくから、祭宴主催者の威信を高めるといってよいのだろうか。かりにそうだとしたら、スイギュウを供犠する多くの社会で報告されているような、演劇性を帯びた、すなわち、本章で取り上げるような時間をかけたいたぶり殺しの実践そのものはどのような意味をもつのだろうか。この点にはなお検討の余地が残されているようにみえる。

　そこで、本章ではカントゥを事例に、祭宴におけるスイギュウ供犠に関する民族誌的データを提示するとともに、それを通して威信財としてのスイギュウという見方に若干の考察を加えることを目的とする。その際、スイギュウを「いたぶり殺す」とはどういうことな

のかを中心に検討する。カントゥが供犠する動物のなかで、唯一スイギュウだけを、上のテキストにみたように時間をかけていたぶり殺す。本章は、スイギュウを暴力的に殺すことが、それが威信財であることとどう関係しているかを検討する。

　カントゥはベトナムと国境を接するラオス東南部の山地に居住し、焼畑耕作と若干の狩猟採集を伝統的な生業としてきた人びとであり、ラオス国内の人口は約2万人である。国境のベトナム側に「カトゥ」と名乗る人びとがいるため、ベトナムの民族政策から影響を受けたラオスでも、一般的にカトゥという名で通用している。歴史的な居住地域はメコン川の支流の一つ、セコン川の上流域に広がる山地であるが、1960年代のベトナム戦争中から、西側にある平地への移住と集落移転を漸次続けてきた。特に1990年代半ば以後は、ラオス政府が村落開発の名のもとに移住と集落移転を奨励したため、現在では多くのカントゥが平地に移り住み、水田耕作やコーヒーやパラゴムなどの商業作物栽培で生計を立てるようになった。したがって、「もと」焼畑農耕民と呼ぶのが適切であるが、山地の焼畑と結びついた文化実践のある部分については移住後も若干かたちを変えながら実践され続けている。本章で取り上げるスイギュウ供犠もそうした文化実践の一つである。

　本章で提示するデータの主要部分は、そのような移住村落の一つで収集した。それは1996年に山地から平地へと集落移転した村である。かつての村は、隣村まで徒歩で半日がかりの山深い場所に立地していたが、それとは対照的に、現在は役場と市場のある町まで乗り合いバスで数十分の距離にあり、同じように山地から移転してきた村落が周囲に密集している。このような生活環境の変化のなかで、村落生活も大きく様変わりした。なお、山地でのカントゥの暮らしについては、移住先の村での聞き取りに加え、この移住村落から離脱して再び山地に戻っていった人びとをたずねていき、直接聞き取りと観察をおこなった。したがって、本章が提示するのは、かつての暮らしと現在の暮らしの対比であると同時に、異なる生活環境で同時進行している二つの生活形態でもある。

II. カントゥの動物世界

1. 野生動物

　日常生活のなかでカントゥが物理的に接触する動物の種類と数は、生活環境に応じて大きく異なる。平地に移り住んで定住農耕をするカントゥにとって、日常的に接触機会のある野生動物は、ネズミ (*vong'aelai*) やカエルや小鳥などの小動物に限られる。これらは日常的に採取が容易で、ありふれた小食品である点で、虫や魚 (*asiu*) など、その他の動物性タンパク質と変わるところがない。これらの動物は主に女性や子どもがつかまえる。一方で、ノブタ (*narmar*) やシカ (*cha'choui*) やサル (*adok*) など、山地でおなじみの獣は現在、平地の定住環境ではほとんどみかけない。これらの動物は、人口の密集した平地の定住環境でほぼ獲りつくされてしまった。平地に住むカントゥにとって大型野生動物との関わりは、山地に住む親族や知人が、ときどき土産に持ってくる、燻製にしたクマやシカの内臓を薬酒にして飲む程度である。

　一方、山地ではさまざまな野生動物との接触がある。なかでもカントゥにとってもっとも関わりの深いのは、ネズミやノブタやサルやシカなど、焼畑の収穫を荒らす害獣である。カントゥの言葉には「動物」という包括的なカテゴリーはないが、これらの害獣については特に「サーサイッ (*sasait*)」という一般名称で呼ばれる。サーサイッに含まれる動物はそれぞれ二つの名前を持っていて、普段のときと収穫の時期とで呼び分けられる。例えば、ブタオザルは普段「アドック」と呼ばれるが、収穫の時期だけ「ヴォンガセック (*vong'kaseuk*)」と呼び名が変わる。また、シカ (サンバー) は普段「チャチューイ」と呼ばれるが、収穫期には「チャチェ (*cha'chae*)」と言い換えられる。同様に、ノブタは「ナルマール」から「ナルメ (*narmae*)」に、カモシカは「ヴォンテゴーイ (*vong'tekoi*)」から「ガイ (*kait*)」へとそれぞれ言い換えられる。こうした言い換えは、日常会話のなかでそれらの動物に言及する際に用いられる。

　このような言い換えは、普段の呼び名で獣たちに言及すると、獣たちがそれを聞きつけ、収穫を荒らしに来るので、それを防ぐために

用いられる。害獣による作物被害は、カントゥのような焼畑民にとって大きな悩みの種である。収穫期が近付くと、カントゥはそれらの獣の名前を直接口にすることをためらう。たとえ別名であっても、口にしないに越したことはないが、どうしても言及しなければならないときには、こうした言い換えが用いられる。そこには獣害に対する深い憂慮が読み取れる。事実、サルの別名である「ヴォンガセック」の「セック」は、コメがたくさん取れることを意味する。一方、「ヴォン」は比較的小型の獣を指すカテゴリー名称である。

　こうした言い換え以外にも、3月から4月にかけておこなわれる焼畑の火入れの際には、サルやシカの糞を火付け用のタケや木に塗りつけてから火を付ける。こうすると、それらの獣が畑を荒らしにやってこないとされる。カントゥにとっての野生動物との関わりは、このように何よりもまず焼畑の収穫への関心を媒介としている。

　しかし、こうした呪術的配慮にもかかわらず、獣による作物被害は実際深刻であり、せっかくの収穫が台無しにされることも少なくない。焼畑の周囲には、ネズミを捕るための落とし罠（写真2）が多

写真2……ノネズミが通路の仕掛けを踏み抜くと、上から丸太が落ちてきて圧殺される

[第3章　いたぶる供犠　　　　　　　　　　　　101]

数仕掛けられているが、これらは害獣対策というより、食料採集の一環である。また、畑に沿ってめぐらされた、丸太を組み合わせた大ぶりな柵はスイギュウの侵入を防ぐことを主眼としたものであり、害獣対策の構造物は特にこれといって見当たらない。組織立った対策が取られていないため、害獣対策は偶然に左右され、しばしば直接的な暴力が行使される。

　以下は、そのような害獣との遭遇について、ある男性が語ったものである。あるとき、隣村からの帰り道、自分の焼畑のそばを通りかかると、収穫期を迎えたトウモロコシの畑に十数頭のサルが入り込んで貪り食っていた。怒り心頭に発したが、それでも彼は努めて冷静に、息を殺してサルのほうへと忍び寄り、そっと腕を伸ばして間近にいたサルの首根っこを押さえつけた。その叫び声に驚いた他のサルたちが逃げようとするところを、彼はさらにもう一方の手で別のサルを捕まえた。捕まったサルたちは男の腕や手を嚙んだり引っかいたりして何とか逃れようとしたが、男は二頭のサルが絶命するまで地面に打ち付けたという。この語りは、害獣との肉弾戦の様子をありありと伝えると同時にそれに打ち勝った男の腕自慢を強調したものになっている。

　これらの野生動物は害獣であると同時に、日常的な狩猟動物でもある。かつては主に、槍を用いた待ち伏せ猟がおこなわれていたが、ベトナム戦争以後は、もっぱら銃が用いられるようになった。ベトナム戦争中、カントゥの住む地域はホーチミントレイルの通り道に当たっていたため、共産ゲリラ側に徴兵された地元出身の兵士や民兵の手を経て銃が出回った。

　銃を用いた狩猟がおこなわれるようになると、クジャク（*braak*）など市場で高値で取引される動物がとりつくされてしまった。仕留めた獲物の大きさや頭数は腕自慢のタネになる。男たちが酒を飲み出すと自然と狩猟の話題になり、自分が生涯何頭のシカやノブタを仕留めたか、もっともらしい数字をあげたり、また獲物が大きすぎるために村へ持ち帰るのにいかに苦労したかを競って自慢し合う。それらの獲物には、クロテナガザル（*vong'parlong*）やジャコウネコ（*vong'aheuk*）なども含まれる。

仕留めた獲物の肉は生のまま香草を混ぜた和え物にされたり、火であぶったり、塩茹でにして食べられる。かつては肉の付いた骨や内蔵を丸ごと細かくたたき刻み、タケの筒に詰めたものが調味料として用いられていた。カントゥの住む山地では塩の入手が困難であったため、腐敗した肉に微妙に感じられる塩気が重宝されたからである。また胆汁や、燻製にした内蔵はアルコール度数の高いモチゴメの焼酎に入れて薬酒にされる。

獲物は食用にされるだけでなく、爪や角で腕飾りや首飾りが作られる。これらは猛獣や不可視の存在からの攻撃を防ぐ護身具（写真3）である。打ち負かした相手の身体の一部を用いて自分の身を守るという考え方は、彼らがかつて集落間戦争をしていたときにもみられた。戦争で敵の首級を手に入れると、村に持ち帰り、スイギュウやウシなどを殺して祭祀した。首が抱いている無念や恨みを外部の敵に向け、自分たちを守るようにと長老が丁重に呼びかけ、木の杭に突き刺して集落のはずれに持って行き、顔を外向きにして打ち立てたという。

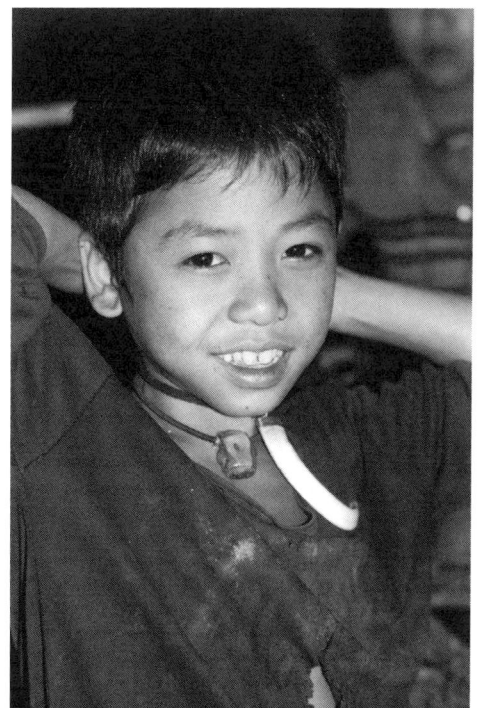

作物に害をなす獣とは別に、人間に危害を加える獣たちは「ドンガトック（dongkatok）」というカテゴリー名称で呼ばれる。ドンガトックに数えられるのは、ゾウ（akiang）やコブラ（tur palai）やキングコブラ（tur prung）などである。こうした獣に襲われると人間の側にまず勝ち目はない。なかでも、トラ（artur）は山地世界でもっとも恐れられている獣で、かつての集落は、トラの侵入を防ぐために5メートルに達する高い柵で二重に囲われていた。トラの後脚の爪は通常4本であるが、5本の爪をもつトラ（arhaai）がいると信じられてきた。これは人間が化けたものとして大変恐れられた。も

写真3……ノブタの牙の首飾り。他にもクマのツメなどで護身具が作られる

[第3章　いたぷる供犠　　103]

っとも、こうした獣たちに遭遇することは近年めったにない。

　獣たちは夢見のなかでも重要な役割を与えられている。特にヘビの夢にはさまざまな逸話が残されている。例えばコブラに関して次のような逸話がある。あるとき、隣村から祭宴への招待を受け、女や子供を含めたくさんの村人が出かけることになった。ところが、出発前日の晩、ある男が、祭宴に向かった一行が道中でコブラに遭遇する夢を見た。驚いて目を覚ました男は、出発を延期すべきと説いて回ったが、男のいうことを真に受ける者はおらず、みな予定通り出発した。ところが、訪問先の村でいさかいが起こり、たくさんの村人が殺傷されてしまった。そのため、コブラの夢はよくないことの兆候とされる。

　さらに、コブラに関する想像力は、血なまぐさい習俗の言い伝えとも結びついている。ナンシー・コステロは、ベトナム戦争中にカトゥの難民の少年から聞き取った話として、人身供犠を伴うコブラ祭祀について報告している。それによると、森のなかでコブラに遭遇した者はその霊にみそめられ、以後、守護霊として養う義務を負わされる。コブラの霊は供物として人間の血を要求するので、そのたびに遠く離れた村へ子供をさらいに出かけなければならなかった。そして、さらってきた子供はスイギュウのように杭につながれて殺されたという [COSTELLO 1972: 77]。

　カントゥの動物世界は森林観と密接に結びついている。カントゥは一定の領域内を数年おきに巡回移動し、森を開いて焼畑耕作をおこなう。収穫を終えた焼畑は数年間、休閑する。数年後に森が再生すると、以前の耕作者が再び焼畑として利用することもあるが、必ずしも独占的な使用権を主張できるわけではなく、他の人が利用することもしばしばある。休閑林は、個人のものでもなければ、共同体のものでもない。ある森を開いてよいかどうかを決めるのは、以前使った人間ではなく、土地そのものなのである。

　カントゥは森を開いて新たに焼畑や集落を作る際、森の一部を切り開いてそこに木の枝をたて、供え物をする。数日後、枝を引き抜いてみて、それをシロアリが食っていれば、それは繁栄の徴として受け取られ、その場所に集落や焼畑を開いてもよいとされる。森が意

志をもった主体として言及されることはないが、カントゥは少なくとも自分たちの自由にできる所有物とはみなしていない。したがって、そうしたものとしての森に住まう動物たちも、その得体の知れないものに結びついた現れとして受け取られている側面がある。これに関連して、本書で奥野が言及している「雷複合」について、カントゥには「アジョーイ・アテシ（*atloi ates*）＝間違ったことをすると、雷に打たれる」という戒めがあり、動物に対して人間のことばで話しかけたり、人間の衣服を着せたりしてはいけないという。ただし、イヌ（*acho*）はカントゥの祖先とされ、同じ仲間であるという理由でこのルールの適用外とされている。このことから、この戒めは動物と人間の境界を守ることにむしろ強調点を置いているようにみえる。

2.　飼育動物

　カントゥは世帯単位でスイギュウ、ウシ、ブタ（*aouk*）、ニワトリ（*ndroi*）、ヤギ（*abae*）などを所有する。これらの動物は「パンナン（*plannang*）」という、語源のはっきりしない語で総称される。パンナンは日常的な消費の対象ではなく、もっぱら死者の霊（*kimoc*）や自然界の精霊（*yaang papol*）への供物として、また、祭宴を開催したり訪問客を接待するために所有される。ニワトリなど小型の飼育動物がごくまれに現金獲得や物々交換の手段にされることもあるが、動物所有は第一に、不可視の霊や訪問客をもてなすことを目的としている。この点に、飼育動物と野生動物のもっとも大きな違いが存在する。野生動物は人間同士の贈り物に用いられることがあるが、死者の霊や精霊への贈り物にはできない。野生動物はもともと自然界に属するものであり、人間の所有物とはみなされていないからである。霊に贈与できるのは飼育動物だけである。

　それゆえ、飼育動物が多いことは単に家族の豊かさを意味するわけではない。動物が多ければそれだけ、祭宴を催し、不可視の存在や客を供応する準備ができていることを明示するからである。利殖や蓄財だけを目的とした動物所有は、潜在的な受贈者である不可視の存在の怒りを買うとされる。スイギュウやウシなど大型の家畜の場合は特にそうなる。そこで、所有者は、贈与に対する無言の期待と

圧力に応えるかたちで気前のよさを示さざるを得なくなるのである。これに関して、ある男性が、自由になる金がたまたま手に入ったので、投資目的でスイギュウを買った。ところが、供犠を伴わないこのような入手と飼育は死者の霊を怒らせ、何か問題が起きるのではないかと、周りの者たちが口々に不安を口にした。すると彼自身も心配になり、ついにはスイギュウの代わりにブタを供犠して死者の霊に釈明した。このように、飼育動物は早晩贈与することを期待される。

　霊や客への供応を本来の目的とするということは、裏返していえば、家畜の肉や皮を持続的に利用するための生業として飼養しているのではない、ということでもある。そのため、カントゥは飼育動物の繁殖や病気に関する体系的な知識や技術をもたず、決まった時間にえさをやる以外はすべて成り行き任せにしている。また、後述のように、かつてウシやスイギュウは文字通り森に野放しにされていた。だから、ニワトリやウシなどが、時折発生する疫病で大量死するという災難に見舞われることがある。また、人為的な繁殖管理をしないので、立て続けに供応して手持ちの家畜がすべてなくなることもある。そのため、ある世帯で飼育している動物の種類と数は短期間のうちに大きく変動する。

　飼育動物は、死者の霊に供物として差し出すなどの必要に迫られて、あるいは金銭的な余裕が生まれたときにはじめて、村外から買い入れるものである。同じ村のなかで売買されることはない。村のなかで家畜が移動するのは、供犠の必要に迫られた人を、親族の立場から援助する機会に限られる。そして、そのようにして譲られた家畜はすぐに殺される。

　このように飼育動物は基本的に、霊や客にふるまうため、そしてそれを通して自分の気前の良さを示すために所有される。そこで、どんな機会にどんな家畜がふるまわれるのか、贈与の規則について順にみていくことにする。

　まず、ニワトリは、コメが実を付けるころにおこなう儀礼で用いられる。焼畑の一角に「コメの霊（*yaang aelo*）」と名付けられたコメが植えられており、これが儀礼行為の対象になる。ニワトリをその区画に持っていき、そこで首を切って血を茎に塗り付ける。これはコメ

の霊への供物といわれる。ニワトリは、魚と並んで民話のなかでコメと結びつけて語られることが多く、そうした民話が大陸部東南アジアの各地にみられる。そこでは、ニワトリと魚がコメをもちきたらす動物として語らされる。民話ではないが、カントゥでも農事暦の節目の贈り物として、ニワトリと魚が、妻の両親から娘の夫へ、また、兄から弟へと贈られる。また、例年12月ごろにおこなわれる収穫祭では、収穫された籾、トウモロコシ、トウガラシ、イモ、魚、モチ、蒸したコメ（強飯）、タバコの葉を箕の上に並べて準備しておき、「長老（*tan'gong dias*）」と呼ばれる三人の男性が各戸を順番にまわってきたら、彼らの前で、家族がニワトリとナタを手渡していき、最後に戸主が唱え言をしながらニワトリの首を落とし、箕の上に並べた供え物に血を振りかける。この一連の所作は、長老からの祝福を表しているとされる。

ニワトリは必ず、立場が上位の者から下位の者に向かって贈られるものであり、同じものが逆方向に、つまり下位の者から上位の者に贈られることはない。妻の両親や兄からの加護を受けることは豊作を保証するとされ、ニワトリと魚の贈り物は両者の関係性を象徴している。

ニワトリの血はまた、森の精霊から受けた、みえない傷口をふさぐ薬としても用いられる。カントゥはつい先まで元気だった人が突然激痛に襲われて起き上がれなくなると、森のなかで、そこにひそむ精霊と遭遇したのではないかと疑う。森の精霊は人間の目に見えないので、森を歩いているときに不注意でそれにぶつかってしまうことがよく起こる。遭遇のときに付けられた傷のせいで、突然の激痛に襲われるという。ニワトリの血にはその傷口をふさぐ効果がある。ただし、これは直接的な治療手段であり、ニワトリの肉や血を精霊に捧げることを目的としたものではない。そのため、別の目的でニワトリをつぶす隣人から、血だけをもらい受けて用いることもよくおこなわれている。

さらに、ニワトリはブタやヤギやイヌなどと並んで、焼畑の除草や収穫など、親族間で労働交換がおこなわれる際に、ふるまいに供される一般的なメニューでもある。このようなふるまい飯に、シカやノ

ブタなど野生動物が出されることもしばしばある。

　次にブタは、結婚の際、新郎方から新婦方に贈られる婚資のリストに含まれるのをはじめ、立場の下位の者から上位の者に対する贈与の品目としてもっとも一般的である。死者の霊に対する供物としてもしばしば用いられる。ブタを供犠するときはニワトリやヤギと同様、数人で地面に押さえつけ、のどを切って絶命させる。手をかけられるとブタは絶叫を上げ、人間の手を振りほどこうとして激しく身をよじる。その大騒ぎに引き寄せられ、ちょっとした人だかりができ、ブタが必死に抵抗するさまをみんながニヤニヤしながら眺めている。ブタは貪欲で、性質も凶暴であることから、人間のもっとも身近に暮らす獣と考えられている。そのようなブタの獣性を間接的に示すのは、近親相姦のタブーを犯した男女に、ブタのえさ箱で食事を与えるという決まりごとである。ここにはブタの反人間的な性質がよく言い表されている。

　ヤギは主に、集落や住居のけがれをはらう目的で供犠される。その場合、ヤギはニワトリの供犠を伴う。集落や住居のなかで突然死や火事など不幸な出来事が生じると、人びとはそのけがれを村からはらうために、4–5人の隊列を組んで村のはずれの茂みのなかへヤギを連れて行き、のどを切って殺す。肉はその場で参加者によってすべて食べられる。参加者はその後村に戻り、今度はニワトリを殺してその血を住居の柱や村の地面にふりかける。彼らによれば、ヤギの供犠によってけがれをはらった後、ニワトリの供犠によって、不幸な出来事が起こる以前の元通りの状態に復帰させるという。また、ヤギを集落のなかで殺し、その血を時計回りに撒いてから、次にニワトリを殺して反時計回りにその血を撒くというやり方もある。これも同様に、先にけがれを外へ出してから、正常な秩序を回復することをめざしている。カントゥの飼育動物のなかでヤギは最近になって登場した動物であり、おそらくはベトナム戦争中、兵士がヤギを連れてきたことがきっかけだった。ヤギが登場する以前は、けがれをはらう儀礼はブタでおこなわれていたようであり、現在でもヤギの代わりにブタを殺すことがまれにみられる。

　ウシ（黄牛）はスイギュウに次いで価値の高い飼育動物であり、ス

イギュウといっしょに、あるいはスイギュウの代わりに供犠される。スイギュウよりも小型で、3分の2程度の値段で手に入る。肉は柔らかく美味だが、スイギュウほど肉がたくさん取れないので、儀礼の主催者がそのことをさも恐縮してみせることがある。しかし、それは謙遜の意味合いが強く、ウシはブタ数頭分の値段と肉の量に匹敵する、十分立派なごちそうである。3月の村祭での個人主催による供応や、新築儀礼や結婚や葬儀などの機会に殺される。2008年の1年間に、村（当時の人口約900人、世帯数110世帯）で殺されたスイギュウとウシの頭数を数えたところ、スイギュウが3月の村祭で合同開催の供応のために2頭、同じ機会に個人主催の供応のために2頭、新築儀礼のために2頭、治病儀礼のために1頭、合計7頭であった。これに対し、ウシは3月の村祭で個人主催の供応のために8頭、新築儀礼のために3頭、結婚の祭宴のために3頭、葬儀の機会に2頭、合計16頭であった。このうち、複数のスイギュウをいちときに殺したのは3月の村祭における合同開催の一回だけであり、また、スイギュウとウシを同一世帯でいちときに殺したのは、3月に新築儀礼をおこなった一世帯だけであった。それ以外はすべて一度に1頭ずつ、それぞれ別の世帯で殺されたものである。こうしてみると、村祭での個人による供応や結婚や葬儀の機会にはウシを殺すほうが一般的であることがわかる。スイギュウの代替として供犠されているというよりは両者はむしろ目的に応じて使い分けられている。

　また、ウシとスイギュウでは殺し方が異なる。スイギュウは後述する通り、槍で突き殺す。これに対し、ウシは鍬やハンマーで眉間を叩き割る方法が取られる。これに関して、彼ら自身が説明するところでは、スイギュウは頑強なので眉間を割っても死なないという。一方、ウシは槍で突き刺すと絶叫するのでよくないとされる。その点、スイギュウは突いても絶叫しないから槍で突いてもかまわないのだという。この絶叫する、しないという違いについては、次節でスイギュウについて検討する際に再び立ち返ることにする。

III. スイギュウ

　もともとカントゥは山地の焼畑で陸稲やその他の作物を作っていたため、スイギュウを農耕用の役畜として利用していなかった。近年、多くのカントゥが平地に移住し水田稲作に転換したが、耕耘機が普及したため、わざわざスイギュウを使って水田を耕したり、そのためにスイギュウを訓練したりすることはしない。スイギュウはいまも昔も、もっぱら外部世界との交換を通して入手され、贈与される財である。

　かつてスイギュウを入手するには、身のまわりの環境から採集した野生資源や、女性たちが織った布をたずさえて国境のベトナム側にある市場町まで2日がかりで下りる必要があった。そして、それらの品物を売って得たお金でスイギュウを買い、連れ帰ってきた。また、男の場合には、平地に下りてコーヒー農園や道路工事現場での賃金労働に数ヶ月間従事し、そこで貯めたお金でスイギュウを買うこともあった。

　カントゥの売り物のなかで、女性たちが作る布はもともと自家栽培した綿花から綿糸をつむいで染色していたが、ベトナム戦争後に工場染色の糸が出回り始めると、次第にそれが使われるようになった。それ以前は山地民の織る布はベトナム側の市場で高値で取引されていたが、工業製品の糸に切り替わってからは、製作が容易になり大量の布が織られたため、スイギュウに対するレートが数年のうちに下落した。ある50歳代の男性の記憶では、1980年代の初めには、オスの成獣1頭の値段が女性の巻スカート用の布5枚分だったのに対し、80年代の終わりごろには50枚分の値段になっていたという。

　カントゥの男は、複数の息子夫婦が父親と同居し、彼の差配のもとに共同で生計を立てる拡大家族を理想と考えている。このような家族形態は、労働集約的な焼畑耕作にとって適応的であるばかりでなく、スイギュウのような財を入手、蓄積するための経済活動を組織する上でもきわめて都合がよかった。そして、そのような経済活動が組織的におこなわれればそれだけ、焼畑の収穫が増えるとともに、より多くの飼育動物を入手、所有することができた。このことか

ら、所有する飼育動物の頭数は、単に家族の豊かさを表すだけでなく、それを実現した家長（ *tan'gong dang* ）の経営能力の高さをも表している。一方で、このような山地焼畑型の拡大家族は、差配される息子夫婦たちの（特に息子の妻の）強い独立志向によって、つねに分解する危険をはらんでいる。平地に移住後、土地集約的な水田稲作に転換したことにより、そうした分裂傾向に拍車がかかり、平地のカントゥのあいだでは大規模な拡大家族がほとんどみられなくなった。そして、規模の縮小とともに世帯内労働力が減少した分、単体でスイギュウを入手、所有できる世帯が少なくなった。調査した村では2008年当時、110世帯のうち、10世帯あまりが所有しているに過ぎず、一世帯あたりが所有する頭数も平均2頭強、もっとも多い世帯で7頭と少ない。こうした状況のなかで、ステイタス・シンボルとしてのスイギュウの価値は一層高まることになった。スイギュウを所有できるのは周りから一目おかれる人物なのである。

　平地のカントゥは小規模世帯が一般的になった現在でも、同一の父母をもち、それぞれ独立の生計を営む男キョウダイが金を出し合ってスイギュウやウシを買い、3月の村祭などの機会に共同で死者の霊に対する供犠をおこなうことがある。また、婚資の筆頭品目として夫方から妻方の家族にスイギュウやウシが贈与される。妻の父は婚資として受け取ったスイギュウを婚礼や村祭の機会に、義理の息子に手伝わせて供犠する。

　スイギュウをはじめとする四本脚の動物は、前述のニワトリと魚が象徴する多産と豊穣に対する反対給付として、下位の者から上位の者に贈与される。これらの動物が逆方向に贈られることはない。この贈与の流れからみれば、妻方の家族は、四本脚の動物を贈与する者に対して、死者の霊と同格の立場にある。つまり、妻方の家族も死者の霊も、どちらも多産と豊穣を授けてくれる存在であり、四本脚の動物はその加護に対する返報という図式がみえる。義理の息子が妻の父に奉仕するのは当然の務めとされるが、逆に妻の父から義理の息子に対する援助が過度になるのは死者の霊の不興を買うとして戒められる。したがって、妻の父が義理の息子に金を出して供犠を援助することはない。そのことは上の構図と合致している。このよ

うな死者の霊と妻方の家族に対する返報の義務が供犠の重要な動機付けの一つとなっている。

　さらに、供犠を動機付ける背景として、魂（*arvaai*）についての観念も重要である。魂＝アルワイは、生き物を活動させる生命力、ないしは生命活動を統合する主体性のようなものと考えられている。アルワイがからだを離れると、持ち主は文字通り魂を抜かれたようにうつろになり、病気になったり、そのまま死んだりする。人間のアルワイは、自然界の精霊など不可視の存在と遭遇することにより、持ち主のからだを抜け出して森をさまよい、戻ってこれなくなることがある。だから、病気治しのなかでカントゥが気にかけるのは、病人のアルワイがからだを離れていないかどうかをまず確認することであり、もしからだを離れていると判断されたら、それを連れ戻してやらねばならない。そこでカントゥはアルワイを病人のからだに結び付けなおす儀礼行為をおこなう。もっとも一般的には、水の入ったコップに炉の灰を入れ、病人に唾液を入れさせて水を捨てながら、アルワイを呼びかけたり、あるいは、アルワイを連れ出した不特定の精霊たちに向かって、身代わり（*njec*）の提供をほのめかすこともある。このとき、スイギュウのミニチュアや、酒甕を囲んで精霊たちが祭宴を催している様子を模した親指大の木像を作り、竹で編んだ盆（*tar heung*）に入れて村外れに置いておく。これらの模型は、病人のアルワイと引き換えに、精霊たちが受け取ることができる動物供犠を暗示している。そのようにして、いわば約束手形を振り出すかたちで、アルワイを持ち主のもとへ返してほしいと要求する。死者の霊や精霊との約束はいったん明言した以上は必ず履行せねばならない。さもないと、精霊が怒って家族の他の者の命も奪いに来るとされる。飼育動物の供犠は、アルワイと不可視の存在に関するこのような理解を一つの背景にしている。

　人間と同じように飼育動物にもアルワイがあるといわれるが、それはこのような供犠の文脈においてである。そして、スイギュウには人間に匹敵する大きなアルワイがあるとされる。ラオス北部に居住する、カントゥと同じくオーストロアジア語族のルメート（Rmeet）社会では、飼育動物のなかでスイギュウだけが唯一、魂（*klpu*）を

もっており、精霊との交渉において病人の身代わりを果たせる［SPRENGER 2005: 296］。一方、カントゥでは、ウシやブタにもアルワイがあるといわれる。ただし、供犠の際、杭につないでから殺すのはスイギュウとウシだけであり、ブタやその他の飼育動物は杭につながれない。それは、ブタのアルワイが小さいためといわれる。また、ウシやブタは結婚式や葬儀などさまざまな機会に殺され、そうした機会が家族の病気治しをかねることもあるが、こと重篤な病いに関するかぎり、スイギュウ供犠が不可欠と考えられている。命の危険に関わる局面でブタを供犠したり、市場で買ってきたスイギュウやウシの肉を供えても効き目がなく、実際スイギュウ以外の動物が、病気治しを第一の目的として供犠されることはない。これらのことから、カントゥでも供犠における身代わりという点では、スイギュウが人間と強く関係づけられていることがうかがえる。

　精霊との交渉における身代わりとしてのスイギュウと人間の等価性は、人の死に際して一層際立つ。人が死ぬと三つのアルワイがからだを離れる。このうち、「身代わりのアルワイ」と呼ばれるものは、葬儀に集まってくる精霊たちによって食べられるとされる。なぜ身代わりのアルワイと呼ぶかというと、治病儀礼においてスイギュウが果たす役割を、葬儀の場では死者のアルワイ自体が引き受けるからである。治病儀礼と葬儀とで、精霊に対する人間とスイギュウの立場が入れ替わるのである。また、葬儀においてもスイギュウやウシが殺されることがあるが、これは身代わりとしてではなく、三つのアルワイのうち、さらに別のアルワイを死者の霊のもとへ送り出すのに必要とされる。このとき犠牲動物は「パントゥン（*plantheung*）＝いっしょに送られるもの」と呼ばれる。パントゥンがなければ、死者のアルワイは仲間の死者のもとへ届けられない。このように、同じスイギュウを供犠する場合でも文脈に応じて、あるときは人間の身代わりとされたり、別のときには死者のアルワイに付属する供物とみなされたりしており、人間とスイギュウが重層的な関係のなかにあることが読み取れる。

　スイギュウがこのように複雑な意味合いをもつのは、その生態にも関係していると考えられる。山地の暮らしにおいて、スイギュウ

はウシとならんで、集落の周りに広がる森のなかに文字通り野放しにされていた。管理や世話らしいことはほとんどおこなわれず、市場町から連れてこられたスイギュウやウシはいったん山に放されると、めいめい自由に歩き回って草を食んでいた。まれに集落近くまでやってくることもあったが、スイギュウやウシの姿を目にすることは普段ほとんどなかった。婚資としてスイギュウやウシを夫方から妻方の家族に贈与することになっても、名義上の所有が移動するだけで、実際に山からスイギュウを探し出してきて個体確認をすることはおこなわれなかった。カントゥは、色や大きさ、また角の形状によって自分のスイギュウ、ウシがどれであるか見分けがつくといい、またスイギュウやウシのほうも自分の飼い主のことがわかるという。また、スイギュウやウシの行動範囲は谷を越えないので、谷向こうの隣村の領域に迷い込むことはないとされる。

　スイギュウと飼い主の関係について、ラオス北部のルメート社会では、両者の関係を生成し、確認するための儀礼が定式化されている。よそから買われてきたスイギュウはまず、子どもの名づけ儀礼と同じ名前で呼ばれる儀礼のなかで、飼い主から与えられた塩をなめる。これによって両者が結びつけられるので、山に放した後も互いを識別できるという［SPRENGER 2005: 295］。カントゥには現在このような儀礼はみられないが、飼い主が時折、塩をもって森に自分のスイギュウを探しにいき、塩をなめさせることがおこなわれていた。手のひら一杯に塩を盛って呼びかけるとスイギュウはおとなしく近付いてきて、それをなめたという。また、新築家屋に家族全員が同時に移り住み、家の霊（*yaang dang*）の承認を受ける儀礼（*char luak*）をおこなうときにスイギュウを参加させることがあったという。これらの行為を通して、スイギュウと飼い主の実体的なつながりが生成され、それに基づく個体識別が可能になっていたのではないかと考えられる。

　カントゥがスイギュウやウシを山から連れ戻そうとするのは、もっぱら供犠の準備をするときである。その必要が生じたときになってはじめて、人びとは山からスイギュウを連れ戻す段取りについて相談し、親族の男性たちを中心に10–20人の隊伍を組んで出発した。

まず森のなかに杭を立ててＵ字型の柵囲いを設置すると、数人ずつの組に分かれて目当てのスイギュウを探しに出かけた。探し出すのに数日かかることもあった。そして、それがみつかると、今度は巻狩りの要領で、いくつかの方角からにぎやかな音を立てながら柵囲いに向かってスイギュウを追い立てていった。ところが、柵囲いのところまで追い詰めても、半ば野生化し、また大勢の人間に囲まれて興奮したスイギュウはおとなしく囲いに入ろうとせず、勢子のあいだを右往左往して嫌がり、時には勢子に突進していって角で突き上げ、大怪我を負わせることもあった。また、ようやく柵囲いに追い込んでも、今度は引き綱をつけるのに苦労した。引き綱をつけられたスイギュウは集落まで引っ張っていかれ、集落の内側に設置された柵のなかに入れられ、供犠の日を待った。平地に移住したカントゥのあいだでは現在このような巻狩りはおこなわれていないが、巻狩りに参加した経験をもつ男たちはその思い出を楽しげに語る。供犠に先立つスイギュウ狩りは血沸き肉踊る経験であった。
　ここまでみたように、スイギュウもウシもどちらも山地の外から連れてこられ、森での放し飼いを経て、死者の霊や精霊との交渉のなかで一定の役割を負わされる。不可視の存在とのやりとりを仲介する役回りを担えるのは、それらが人間に所有されるものでありながら、なおかつ半野生状態で放し飼いにされていたという、その境界性と大いに関係しているといえるだろう。その点で、スイギュウとウシは変わるところがない。それでは、供犠の場面で両者の取り扱いが異なるのはなぜなのか。ここで前節最後にあげた問題を、精霊との交渉という視点を踏まえて再び検討する。
　前節の最後で、スイギュウとウシで殺し方が異なるのは、断末魔の叫びを上げるかどうかに関わっていると述べた。ウシは一撃で脳天を割って鳴かせないように仕留める。一方、スイギュウはしつこく槍で突かれても、少なくとも立っているあいだは鳴き声を上げない。ところが、崩折れて横倒しになってから絶叫を上げそうになることがある。このとき、男たちが飛びかかってスイギュウのあごを押さえ込み、声を上げさせないようにする。カントゥは、スイギュウやウシが断末魔の叫びを上げることを大変忌み嫌う。これもブタや他の飼

育動物と異なる点である。スイギュウやウシが死に際に絶叫するのがなぜ忌避されるかというと、その叫び声によって精霊たちが招き寄せられ、人間が負かされてしまうからだといわれる。この説明から、人間が犠牲動物をあいだにはさんで精霊たちと対等の関係にあることが示唆される。絶叫の可能性をあらかじめ排除したウシの場合とは異なり、スイギュウは適切に仕留めなければ、人間は目的を達せられないどころか、さらに深刻な事態を招くことになる。人間はそのような切実さのなかでスイギュウに勝負を挑む。スイギュウ供犠は不可視の存在への身代わりの提供であると同時に、それらの存在とのあいだの生死をかけた戦いという側面も読み取れる。次節では民族誌のなかでそのことを具体的にみていく。

IV. 供犠の民族誌

　主催者で分けると、スイギュウ供犠には世帯単位でおこなわれるものと、村全体で金を出し合って共同で開くものとの二種類がある。本節では主に、年に一度開かれる村祭でのスイギュウ供犠について述べる。村祭はその中心イベントにちなんで端的に「スイギュウを食べる（chaa karpiu）」と呼ばれ、村の霊（yaang vel）をはじめ、死者の霊や自然界の精霊など、村人たちをとりまく不可視の存在（以後、これらを神霊と総称する）に供物をささげるとともに、毎年順番に隣村から住民を招待して祭宴を催す機会である。例年3月か4月、長老の夢見をもとに日取りが決められ、焼畑に陸稲を植え付けるのに先立って開かれる。これに関連して、同じオーストロアジア語族のことばを話し、かつて山地でカントゥと隣接していたンゲ（Nge）のあいだでも同様の祭がおこなわれるが、ンゲの平地移住村を調査した中田によれば、この祭が終わるまでは焼畑の作業がタブーにされるという［中田 2004: 248］。カントゥではそのようなタブーについて聞かれないが、いずれにしてもこの祭が作付けの開始を告げる年中行事と位置付けられていることがわかる。調査した村の場合、村祭は通常3日間にわたっておこなわれる。手順はおよそ次の通りである。

　1日目（1）神体の設置、スイギュウの杭への係留

　　　　(2) 招待客の入村、踊りの交換
　　　　(3) 祭殿での祭宴
　2日目 (1) 神霊の招来
　　　　(2) スイギュウ供犠
　　　　(3) 神霊への供進
　　　　(4) スイギュウの解体と肉の分配
　　　　(5) 祭殿での祭宴
　3日目 (1) 神霊の招来と供進
　　　　(2) 招待客の出発
　　　　(3) 神体の収納

　共同の供犠は、集落の中心に立つ祭殿（*chinar*）とその正面に立てられた杭（*chaneur*）を中心としておこなわれる。祭殿の建物は普段、集会所として使われているが、村祭の期間中は神霊の依り代としての性格を強くする。神体の設置や供犠杭の装飾により、建物は祭殿に姿を変える。ここで神体と呼んでいるのは、祭のために祭殿に設置される事物のことである。村人はこれらを「村の財（*van vel*）」と呼んでいる。供犠の前日、長老の一人が若者たちを指揮して、村外れに埋めてあったこれらの事物を掘り起こし、祭殿に運び込んだ。かつては六種あったとされるが、ベトナム戦争の爆撃や平地移住の混乱により、現在では背の高い酒甕、二つの銅鼓（*lakam*）、そして村の伝説に登場する人物をかたどった一体の人形の三種だけになっている。酒甕は祭のために仕込まれた酒を入れるもので、祭殿の中央部に設置された。村では普段でもよその村や市場から買ってきた酒が飲まれているが、自家製の酒は村祭のほか、収穫祭と新築儀礼の三度の機会に限って醸造される。自家製の酒は神霊への供進と強く結び付けられており、かつて酒を仕込むときは村の出入が禁じられていた。

　一方、二つの銅鼓は打面を地面に垂直にして、祭殿の梁に吊り下げられた。祭の期間中、胴の内側を木の棒で突いて音を鳴らした。二つの銅鼓は打面の直径がそれぞれ約50センチと約30センチの大きなものだが、腐食してあちこちに穴が開いている。1990年代半ば、移住以前の同村で調査をしたグディノーはこの銅鼓の由来に関する神話を聞き取っている。それによれば、川の対岸に住む異

民族からスカートと交換に大釜を手に入れたが、川を渡す途中、水蛇によって水中に引き込まれてしまった。大釜は何とか取り返したが、水蛇を逃がしてしまったため、その逃げるときの大きな音にちなんでラガム＝太鼓と呼び、スイギュウを供犠するようになった［GOUDINEAU 2000: 559］。祭殿にはこの水蛇のレリーフが刻まれている。最後に、人形に関して、モデルになった人物は伝説上のチーフであり、殺戮者の手から村人を救ったとされる。これらは村の歩みを体現する事物であり、普段は村外れに埋められているが、これらを設置することで村の霊が召喚される。

　スイギュウを係留する杭は供犠のたびに新しい丸太に取り換えられ、古い杭は引き抜かれて捨てられる。杭には、竹を削ってリボンのような装飾を施した、高さ5メートルほどののぼりが立てられた。これは精霊たちを招き寄せるための目印とされる。共同の供犠では2頭ないし3頭のスイギュウがいちどきに殺されるのが普通で、頭数に合わせて杭とのぼりが準備される。スイギュウのうち、1頭ないし2頭は外部からの招待客にふるまうためであり、残りの1頭が村人のあいだで分けられる。今回、客を供応するために準備されたスイギュウの杭には、玉入れ競争と同じような竹かごを上部にしつらえた、高さ3メートルほどの竹竿が取り付けられた。なお、これらのスイギュウをはじめ、酒やその他、祭宴に必要な品物を準備するために、村では、夫婦を単位として全世帯から分担金が徴収された。その額は夫婦一組あたり、一人の大人が日雇いの農作業に出て受け取る3日分の賃金に相当するものだった。

　これらの準備に続いて、1日目の昼過ぎ、村外れにつながれていた2頭のスイギュウが村内に引き入れられ、供犠杭につなぎなおされた（写真4）。スイギュウの首には太いラタンで作った綱が結えられた。若者たちが長老の指導のもと、綱に緩みがないか入念に点検した。供犠の最中、スイギュウの係留綱が外れてしまうことがまれにある。数年前、槍で突きまわされたスイギュウが興奮のあまり綱を引き破り、取り巻きの見物人をなぎ倒して村外れまで逃げ出す事件が起こった。最後は村人が猟銃で仕留めたが、人びとはこれを不吉な出来事と受け取り、後日、ヤギとブタを供犠する浄化儀礼があ

らためておこなわれた。

　スイギュウが係留される一方では、装飾を施した門が集落の入口に設置されるとともに、祭殿へ通じる道沿いと祭殿の周囲に、赤地に黒色や黄色の縦縞が入った大きな布がびっしりと張り渡された。これらは祭に花を添える装飾というよりも、神霊を迎える神域を明示したものである。葬儀の際にも棺の周りに同様の布が張り巡らされる。死者のアルワイを食べにやってくる神霊がその範囲を越え出ないように注意を促すためとされる。後述するが、精霊たちのふるまいをコントロールする道具立てとして、布や綱や糸を用いる文化が東南アジアの広い範囲でみられる。

　午後遅くになり、以上の準備が整ったところへ隣村からの招待客が到着した。正装してやってくる長老たちがいたり、家族や友人同士で連れ立っていたり、一行は子供から大人まで総勢200名近くにのぼった。この祭には「隣村を招待する（*tar chael diang vel*）」という別名がある。「タル（*tar*）」とは交換することであり、「タル・ポール（*tar porl*）」といえば焼畑での労働交換を意味する。同様に「タル・チ

写真4……スイギュウを供犠杭につなぐ

ェール」にも互酬的な意味合いがあり、招待を受けた村は、遅くとも翌年には答礼の招待をすることが期待される。ただし、すべての住民が招待の対象になるため、人口規模がある程度釣り合わないと招待と答礼が成立しにくい。調査村は地域でも特に人口が多い村だったため、周りの村に招待を送っても、答礼する余裕がないという理由で固辞されたり、反対に、答礼の招待を受けて出かけていったが、小さな村でホストの接待が行き届かないのでがっかりしたという話が聞かれることがある。タル・チェールは建前上、同じ地域内での善隣を目的としているが、そこには同時に村落間の競争という側面も潜在している。次に述べる、入村の際のダンスの交換は、祭の競争的性格が顕在化する局面の一つである。

　招待客は集落入口の外で整列してから、太鼓と銅鑼のリズムに合わせて踊りながら入村してきた。拍子をとる長老の後には、胴巻きとふんどしとヘッドバンドという伝統的な戦闘装束で身を固め、模造の盾と剣を振り回す10名ほどの成人男子が続いた。さらにその後ろから、手に携えた銅鑼や鳴り物を打ち鳴らす少年たちの一団が続き、そして最後を女性や子供たちが追いかけるというかっこうで、客の一行はまっすぐ祭殿に向かっていった。村の若者たちは景気をつけるために、客を一人一人つかまえてはコップ一杯のコメ焼酎を無理強いした。村内では昼過ぎから方々で酒盛りが始まっており、酩酊して招待客にからむ者もいた。祭殿前に到着した一行は女性と子供を残して、祭殿の周囲を反時計回りに踊りながら3周した。それが終わると、今度は全員で祭殿に上がり込み、銅鑼のリズムに合わせて祭殿の床をドンドンと踏み鳴らしてから、ようやくその場に腰を落ち着けた。この3日間、彼らにとって祭殿が寝食の場所となる。

　客のダンスに続き、今度はホスト側がほとんど同じダンスを踊って答礼した。ただし、ホストのほうが圧倒的に踊り手の人数が多く、また鳴り物も派手であった。村人たちはそのことに胸を張る一方で、このときの客側のダンスがいかに貧相であったかを後々までの笑い草にした。このダンスは、膝を曲げる動作にちなんで「タテール（*da taer*）」と呼ばれるが、戦闘装束や、剣と盾を振り回す振り付けは明らかに戦闘の様子を模している。ある村人は、どちらの村がより盛大

で優美な踊りを見せられるかという点でこの踊りは戦争だといったが、それは単なる比喩というより、勝ち負けのつく戦いという意味合いを確かに有している。ホストの村は大きなスイギュウを贈与して気前よさを示す一方で、ダンスで客を圧倒するという二重の競争を仕掛けたのである。

　さらに、戦争と供犠は伝統的に不可分の関係でもあった。かつて首狩りや部族間戦争をおこなっていたころ、戦闘から帰ってきた男たちは集落入口にある、呪薬の入ったウスでからだや武器を洗い清め、その場でアルビノのスイギュウを供犠した後、祭殿に数日間こもってその肉をすべて食べ尽くしてから、ようやく自分の家に帰ることができた。この一連の所作は血のケガレを集落に持ち込ませないように清めることが目的とされているが、祭殿にこもって肉を食べるという点にはさらに深い意味が隠されているようにみえる。だが、この点については次節であらためて検討することにし、ここでは戦争が供犠を伴っていたこと、そしてその図式がこの祭でも再現されていることを確認するにとどめたい。

　ところで、ダンスに参加してスイギュウのまわりを練り歩く者のなかに、赤や白のペンキで顔に縞模様を描いた者がいることに気付く。これに関して、北ラオスのルメート社会にも同様の慣習がみられるが、現地住民の説明によれば、この縞模様はスイギュウの引き綱をあらわしている。すなわち、顔に引き綱の模様が描いてある者は、引き綱をつけられたスイギュウ同様、すでに決まった所有者のいること、つまり精霊の持ち物にはできないことを伝える仕掛けなのだという［Sprenger 2005: 300］。不可視の存在に対して人間の領有を主張するとき、布や綱や糸を使ってその境界を明示するという考え方はカントゥにも共通するものであり、上述した銅鼓の起源をはじめ、さまざまな神話に登場する。

　ダンスの交換が終わるとちょうど日が暮れ、祭殿に落ち着いた招待客に酒食がふるまわれた。興に乗った参加者たちが太鼓の拍子や笙の音に合わせて即興歌を代わる代わる、うなった。一方、祭殿の外では現代風のダンス会場が設営され、こちらは若い男女の人気を集めていた。祭殿の周囲では村人が酒やジュースを売る露店を出し、

またそれぞれの家でも客人を迎えて夜通しの大騒ぎが繰り広げられた。遊びたい者は遊び、眠りたい者は寝てめいめい自由に夜を過ごして2日目の朝を迎えた。

まだ夜が明けきらぬうちからスイギュウ供犠が始まった。まず、数名の男性が手に携えた銅鑼を打ちながら2頭のスイギュウのまわりを反時計回りに3周した。そうするうちに人びとがスイギュウのまわりに集まり始めた。そして長老格や有力者の男性たちがスイギュウに近づき、その背中を叩きながら口々に次のような唱えごとをした。

>死者の霊たちよ、不幸な死に目に遭った者の霊たちよ、家の霊よ、世界を統べる霊よ、妖術使いよ、村の霊よ、そして、肉をたくさん運んできてくれる霊たちよ、私たち人間のもとにあるあらゆる不幸や苦痛をどうか、このものといっしょに持ち去ってください。どうか私たちが苦痛や災いのない生活を送れるようにしてください。

このようなことを一通り唱えて人びとが退くのと入れ替わりに、長老の男性が槍をもって進み出て1頭目のスイギュウに相対した。長老はスイギュウのまわりをゆっくり歩きながら呼吸を整え、ねらいを定めて最初の一撃を繰り出した。サクッという音を立てて槍が脇腹に突き刺さると、スイギュウは前脚を大きく上げ、かぶりを振って杭のまわりを跳ねまわった。酒を飲んで夜明かしした見物人たちはその様子を大喜びではやし立てた。三度目の突きを見事に命中させた後、長老は別の中年男性に交代した。スイギュウが首を低くして男性に挑みかかる姿勢をとったため、男性はその側面になかなか入ることができず、何度か突きを試みたが、スイギュウの硬い背中をむなしく滑るばかりだった。その後も4人の突き手が代わる代わるスイギュウを突いた。突きが命中し、勢い余って転倒してもスイギュウはすぐに立ち上がった。酔っ払いの見物人が近付き、尻を叩いて挑発するが、脇腹から血を流しながらじっとしていた。そのうち、槍に加えて長い鉄の棒が持ち出された。本章の冒頭で紹介したのは、これに続く光景である。

スイギュウが絶命した後、まずおこなわれたのは、その耳を切り取って願掛けをし、供犠杭の上部に取り付けられた竹かごのなかに耳を放り込むゲームである。ホスト側の村人と招待客が交代で願を掛けて耳を放り上げた。願掛けは、例えば「招待客の村のほうが自分たちよりも先にこの地に移住してきた。彼らは自分たち新参者のことを快く受け入れてくれているのだろうか。死者の霊たちよ、彼らが本当に受け入れてくれているのなら、その証にこの耳を受け取りたまえ」というように、二つの村のあいだの友好に関することが冗談めかして取り上げられる。竹かごは高い所に取り付けてあるため、多くの人が代わる代わる挑戦するが、耳を投げ込むのはなかなか成功しない。このようなゲームをおこなったり、またスイギュウの解体時にも長老たちが肝臓をあらためて吉凶を占ったりするが、村人によれば、これらはあくまで余興にすぎず、供犠本来の目的とは関係がない。

　供犠のあいだ突き手が何人も交代したが、すべて長老や中年以上の男性だけである。世帯単位でおこなわれる場合も同様である。執行者の資格が限定される点で、スイギュウはほかの動物供犠と異なっている。かつては供犠の主催者だけが突き手になることができた。スイギュウ供犠を主催するだけの経済的な余裕は、主催者がそれに見合った大きなアルワイをもつことを示している。上述したように、すでに息子夫婦たちを差配する立場にある中年以上の男性が、その経営能力と経験の証としてスイギュウを手に入れることができる。そのような有力者でないとスイギュウに勝てないとされる。

　一方、若者にはそのような経験がまだ備わっていない。カントゥはそのことを、若者はアルワイがまだ大きくないので、スイギュウに負けるという言い方をする。たとえ結婚していても、小さな子供のいるあいだは経験不足といわれ、若者扱いされる。それは、そうした若い父親自身がまだ親の指揮権から独立する資格がないとみなされているからである。このような若者の未熟さは、かつて供犠に失敗してスイギュウもろとも死んでしまった、ある若者に関する口伝を通して強調されている。

　供犠の場面における突き手や見物人たちの関心はまず、槍の一突きでスイギュウをどれだけ興奮させられるかにある。スイギュウは

槍で突き刺されると、綱を引き破らん勢いで杭のまわりを跳ねまわる。その一撃が見事であればそれだけ、スイギュウがもんどりうって倒れたり、かぶりを振って踏ん張ったりと一層力強い反応をみせるため、見物人たちは大いに盛り上がる。ところが、いくら見事でも、一撃で殺すのは興醒めとされる。先のスイギュウに続いて、もう1頭のスイギュウが供犠されたが、こちらは最初の一撃がたまたま急所に入って、あっけなく死んでしまった。そのため、見物人たちは残念がってため息をもらした。スイギュウが供犠の場面でみせる、そのような力強さは見物人を喜ばす。そして、それを引き出した突き手の妙技も称賛される。同様に、転倒してもすぐに起き上がろうとするさまや、突き手に向かって時折みせる抵抗の姿勢も、アルワイの強さの現れとみなされる。ある村人の説明では、挑発してそのような抵抗を引き出しながら、徐々にスイギュウを弱らせるのが突き手の腕の見せ所である。

　繰り返し槍を食らい込むうち、スイギュウは脚の踏ん張りがきかなくなる。この様子もまた、酔っ払いを連想させて見物人たちをおもしろがらせる。そして、力尽きたスイギュウは崩折れて横倒しになると、絶命の間際に四本の脚を中空でピクピクと痙攣させる。ここで参加者たちの歓喜は頂点に達する。この一連の暴力に対して、スイギュウは時折抵抗の姿勢をみせる以外は鳴き声も上げず、最後まで受忍しているかにみえる。外来の客は別として、犠牲動物を気の毒がる声が村人から聞かれることはない。これを集合的暴力であるといわれたら、参加者たちは心外に感じるだろう。本章の冒頭で「いたぶり殺す」ということばを使ったが、現地の人びとがそう表現しているわけではない。それは一連のやり取りを筆者の視点から形容したものである。スイギュウ供犠では、暴力ということばとは無縁な、祝祭的な情景が展開し、その空間は爆笑と怒号と歓声で満たされていた。

　しかし一方で、突き手だけはその場で唯一真剣な表情で、人によっては恐怖の色さえ浮かべつつ、スイギュウと向かい合っていた。ある突き手によれば、スイギュウは人間よりもはるかに大きく力が強い。普段はおとなしいが、いつその力を爆発させるか外見からは

読みにくい。だから、油断しているとスイギュウから思いがけない仕返しを食らうことがある。突き手が相手をみくびっていたために、角で突きあげられたという話がいくつも残っている。長老や有力者の中年男性だけが突き手をつとめられるのは、彼らの知恵と経験によってこのような情況に冷静に対処できると考えられているからでもある。

　2頭の供犠が完了すると、次にその肉が神霊への供物としてささげられた。といっても、一連の儀礼の指揮を執る長老が、スイギュウの肩の上部から小さな肉片をいくつか切り出して、供犠前と同じような唱えごとを呟きながら、無造作に辺りに投げ捨てるとともに、犠牲動物の血を手にすくい取って供犠杭に塗り付けただけである。これ以外に特別な儀礼行為はおこなわれなかった。1頭目のスイギュウは招待客をもてなすために解体後、早速調理された。もう1頭は村人のあいだで均分するために、祭殿のなかで夫婦の組数分の小さな肉の山に分けられた後、受け取りに来た村人たちによって持ち帰られた。世帯で供犠をおこなわない家はこの肉を祖霊や家の霊に供進するとともに、訪問客をもてなした。

　3日目の朝は前日に続いてあちこちの家でウシやスイギュウが供犠された。この日は客に対する最後のもてなしとしてブタやニワトリがふるまわれた。それを区切りとして客とホストのあいだで感謝と別れのあいさつが交わされ、招待客はそれから三々五々、自分の村へ帰っていった。まだ酒盛りを続けているグループもあるが、長老たちは祭殿で祭の終了を宣言し、若者たちに命じて神体を再び村外れに埋めなおした。村の霊に関わる次の儀礼まで、銅鼓と酒甕と人形はここで眠る。

V. いたぶることの意味

　スイギュウだけが残酷な仕方で殺されるのはなぜか。この問題を考える手がかりとしてまず先行研究を参照してみたい。
　ダーントンは、18世紀フランスの印刷職人による猫の虐殺事件を取り上げ、それが職人たちを粗末に扱う親方夫婦に対する象徴的な

抵抗であると論じた［ダーントン 1990: 157］。猫はあらゆる意味で親方夫婦の分身だったからこそ、その殺害により、直接の抵抗よりも深いダメージを相手に与えることができたのである。同様にカントゥの場合も、スイギュウは人間の身代わりや、単なる供物にとどまらず、供犠の対象である神霊自体の分身とも捉えられている側面がある。スイギュウが絶叫すると神霊が人間を食らいに来るというのは、スイギュウと神霊との一体性を示唆しているといえないだろうか。もしそうだとしたら、供犠を通して神霊自体も殺害されることになるだろう。

　また、南ボルネオのガジュ・ダヤク族ではかつて、カントゥのスイギュウ供犠とほとんど同じ仕方で奴隷の供犠がおこなわれていた。シェーラーはそれを次のように報告している。

　　奴隷は、供犠柱において殺される。この儀式は、日が暮れてから始まって、翌朝の日の出まで続く。祭典に参加している者は、すべて神聖な槍とか、短剣とか刀とか吹き矢筒などを手に持って、奴隷のまわりを踊り廻ってこれを突き刺す。これを残酷な拷問と呼ぶ人もいるが、奴隷は全共同体と祭に参加する者の一人一人の代わりに死んでいくのであるから、こうした方法で殺されなければならないのだ。［シェーラー 1979: 172］

　犠牲奴隷を残酷な仕方で殺すのは、世界の秩序の更新に先立ってその徹底的な破壊が不可欠だったからである。しかも、参加者全員が殺害に加わることで、彼ら自身もまた生まれ変わることができた。ガジュ・ダヤクの儀礼は前節のカントゥの村祭と同じコンテクストで開かれ、この祭を終えて初めて新たな労働の季節を開始できた。犠牲をいたぶって殺すのは、血の象徴的な更新力が期待されているからではないだろうか。カントゥのスイギュウも脇腹が血で真っ赤に染まるまで突かれ続ける。

　一方、六車由美は、供犠に伴う神人共食にこそ注意を払うべきであるという。神を食べて神と一体化するためには、神を前もって食べられる状態に変換しておく必要がある。そこで六車は東アジア、

東南アジアの動物供犠を取り上げ、そのなかで動物をすぐに絶命させないような残虐な殺し方が好まれるのは、犠牲動物が悶え苦しむ姿に神を連想し、両者の同一化を実現するためなのではないかと推察する［六車 2003: 227］。つまり、犠牲動物を供犠のなかで神と一体化させるために必要な操作として、残虐な殺し方がおこなわれるのではないかというのである。

　神人共食の前提としての供犠という見方は、本章にとって示唆的である。前節でみたように、カントゥの村祭では神霊への供進が無造作におこなわれる一方、客人を祭殿に迎えての共食というモチーフが強調されている。さらに、戦争が清めの供犠を伴っていることについても、敵の人間の首は本来なら神霊と分け合って食べねばならぬが、清めのスイギュウの共食がそれを代理しているという見立てが可能になる。そうすると、この図式が祭のなかで再現されていることに関しても、戦争ダンスによる競争という表面的な目的の背後に、さらに奥深い意味を秘めていることがみえてくる。すなわち、客人はダンスによって象徴的に殺されて神霊となり、その神格を食べて一体化するのに必要な操作として、スイギュウ供犠がおこなわれるといえるのではないだろうか。

　しかし一方で、残酷な殺し方により、犠牲動物と神が同一化されるという議論は、カントゥのスイギュウ供犠に直接あてはめられず、さらに吟味が必要である。前節でみたとおり、人間はかなり際どい状況のなかでスイギュウと対峙する。人間の優位性は、ラタンの綱によって辛うじて保たれているに過ぎない。しかも、それとてもまれに引き破られ、スイギュウとの関係がいとも簡単に逆転することがある。そのような反転可能な対等性のなかに放り込まれたとき、人間は同じ生き物という水準でスイギュウと対決せざるを得なくなる。これらのことから、人間であることをはみ出した、そのような関係性のなかで得られる特殊な感覚が、犠牲動物と神霊を一体視するような語りの源泉になっているのではないかと思われるのである。スイギュウ供犠には確かに残酷な側面があるが、それは人間による一方的な暴力の行使なのではなく、利那的にせよ、神霊とのあいだの生死をかけた戦いの様相そのものなのだといえる。

VI. 反転可能な対等性

　本章は、供犠の場面でスイギュウを暴力的に殺すことの意味について考察してきた。前半部では、まずカントゥの動物世界の全体像を明らかにし、そこにスイギュウを位置付けた上で、スイギュウが担う宗教的な役割を明らかにするという、二段階の検討をおこなった。第Ⅱ節では、カントゥが生活世界のなかで動物たちとどのような接点をもっているかをみるために、野生動物と飼育動物に分けて検討した。野生動物のなかでもっとも関わりの深いのは、焼畑の収穫を荒らす動物たちであるが、収穫期はこれらを別名で言い換えることで被害を食い止めようとした。そして、そのような言い換えをおこなうのは、森やそこに住む動物たちは人間が自由にできるものではない、という考えが背景にあるからだと指摘した。一方、飼育動物は一義的には神霊や姻族に贈与される財であり、贈与される文脈が動物の種類によって異なっていた。その検討を通して、スイギュウ以外の飼育動物の場合、非人格的なものとして贈与される傾向があることが明らかになった。次に第Ⅲ節では、上述の動物たちとの比較を視野に、スイギュウと人間の関わり、ならびにスイギュウ供犠がおこなわれる宗教的な背景について検討した。スイギュウは贈与のために外部から入手され、所有される財でありながら、森で放し飼いにされていた。スイギュウが供犠の文脈で人間と同一視されたり、神霊との交渉役を担えるのは、そうした境界性に由来すると指摘した。

　第Ⅳ節では、前半部の検討を受けて、実際の供犠のなかでスイギュウがどのように扱われるかについて村祭の民族誌を提示した。供犠には、集合的暴力の行使という性質がみられたが、一方では、スイギュウと突き手のあいだの生死をかけた対決という動機もはらまれていることがわかった。そして、第Ⅴ節では、先行研究を手がかりに、スイギュウを残酷な仕方で殺すことの意味を検討した。神人共食の前提としての供犠という視点を導入することにより、スイギュウが人間の身代わりや、単なる供物であることを越えて、供犠での対決を通して、その対象である神霊との同一化も担っているということが明らかになった。そして、スイギュウがそのような多面的な性質を

引き受けられるのは、供犠が一方的な集合的暴力の行使であるにとどまらず、反転可能な対等性という動機をも含みもっているからである。本章は、供犠を動物と人間のあいだの相互作用の一形式と捉えてみたとき、どのような特徴がそこに見出せるかを検討するものであった。

　本書全体のキーワードである「駆け引き」に関連付けていえば、駆け引きの要諦が「互いのふるまいへの同調を通して自他の変容を引き起こす相互行為のモード」であるとするなら、これまでみてきたスイギュウ供犠はまさに駆け引きによって動機づけられていることがみてとれるだろう。残酷な殺し方は供犠の目的に関わるというより、スイギュウとの対決の様相それ自体であるといえる。

　また、本章の冒頭で、これまで東南アジアのスイギュウ供犠がもっぱら威信獲得の手段として論じられてきたと述べたが、本章では、スイギュウ供犠の暴力性に着目することを通して、威信獲得という明示的な目的にとどまらない供犠の奥行きの一端を示すことができたと思う。

　最後に、残された課題について述べておきたい。動物と人間の駆け引きを捉えるという本書の問題設定は、グレゴリー・ベイトソンが「精神の生態学」という研究テーマのもとで取り組もうとした問題群と相通じるものがある。ベイトソンにならって、人間とスイギュウの相互行為を精神の生態学としてみるならば、両者のあいだの相互的な模倣作用、ならびにその基礎にあるコミュニケーションのプロセスをこそ問題として詳細に検討せねばならないだろう［ベイトソン 2000: 457］。ところが本章では、スイギュウによる人間の模倣はおろか、カントゥがスイギュウについていかなる観察を積み上げているか、また供犠での対決を通していかなる感覚的変容を経験するかについてさえ十分検討できなかった。両者をとりまくシステムがどのような論理のもとに作動しているかを明らかにしてはじめて、スイギュウと人間の駆け引きについてより豊かに語ることが可能になるだろう。

参考文献

ベイトソン、グレゴリー
   2000 『精神の生態学　改訂第2版』佐藤良明訳、新思索社。

ダーントン、ロバート
   1990 『猫の大虐殺』海保真夫・鷲見洋一訳、同時代ライブラリー、オリジナル版、岩波書店。

六車 由美
   2003 『神、人を喰う』新曜社。

中田 友子
   2004 『南ラオス村落社会の民族誌』明石書店。

シェーラー、ハンス
   1979 『ガジュ・ダヤク族の神観念』クネヒト・ペトロ、寒川恒夫訳、弘文堂。

内堀 基光・山下 晋司
   1986 『死の人類学』弘文堂。

COSTELLO, Nancy
   1972 Socially Approved Homicide among the Katu. *Southeast Asia* 2: 77-87.

GOUDINEAU, Yves
   2000 Tambours de bronze et circumambulations cérémonielles: Notes à partir d'un rituel kantou (Chaîne annamitique). *Bulletin de l'École française d'Extrême-Orient* 87(2) : 553-578.

KIRSCH, A. Thomas
   1973 *Feasting and Social Oscillation: Religion and Society in Upland Southeast Asia*. Ithaca: Cornell University Southeast Asia Data Paper no. 92.

SPRENGER, Guido
   2005 The Way of the Buffaloes: Trade and Sacrifice in Northern Laos. *Ethnology* 44(4): 291-312.

第4章

幸運を呼び寄せる

セテルにみる人畜関係の論理

シンジルト

I. 人畜関係の捉え方

　牧畜民と家畜との相互交渉を基本とする牧畜社会では、その生業的な特徴からして人間と動物の駆け引きの関係は持続的に行われてきた。この駆け引きの関係は、一方において、生存のために行われる両者の間の異なる個体同士の身体レベルでの相互交渉の場面においてしばしばみられる。また他方において、災いを避け幸せを求めるなどといった実存レベルにおける相互交渉の場面においても多くみられる。いずれの場面においても家畜は牧畜民にとって重要な交渉相手であるが、本章は主に後者を取り上げたい。後者の文脈における「家畜」の在り方には、動物の一下位分類に過ぎないという科学的な理解で描かれた家畜と必ずしも一致しない部分が多く、また時として人間も含むその他の動物、植物ひいては非生物などと対等に位置づけられたり、そしてそれらとの関係を抜きにして単独で語りえない存在であったりするような、いわば人間と動物の関係を再考す促す要素も豊富に含まれるからである。

　本章の対象地域は、新疆北部に分布するチベット仏教系の三つの牧畜地域である。一つはアルタイ山脈を挟んでモンゴル国と接するアルタイ地域であり、もう一つはカザフスタン共和国との国境地帯にあるタルバハタイ地域であり、そして両者の間に位置するホボクサイル＝モンゴル自治県である。ここで筆者が着目したいのは、牧畜民と家畜や樹木などとの関係をより明確に表すと思われるセテルという慣習の在り方である。三地域を含む多くのチベット仏教系牧畜地域で頻繁に耳にするセテルという言葉は、人間が何らかの理由で自然のカテゴリーに含まれる家畜や樹木など特定の対象の命を、自由にすることを指示するものである。人間がそれらの対象に対する自らの所有や利用を実質上放棄することを意味するセテル慣習は、牧畜民と家畜の接し方のみならず、彼らにとっての動植物とはどのようなものか、人間と自然とはいかに関係しあうのかなど、いわば彼らの自然認識を理解する上で重要となる。

　無論、一口に自然認識といっても、それは決してそれらの地域内部で自己完結に形成されたものとはいえない。三地域ともにマジョ

リティであるカザフ族に取り囲まれており、日常生活の各側面において、いわゆるカザフ族の影響がみられる。そして、いずれも国境付近に位置するため、常に国家による愛国主義や国民統合のためのイデオロギー教育の最前線となっており、「若者」たちの伝統離れもみられる。さらに、歴代中央政権との関係の在り方によっては、民族区域自治権（以下、自治権）を獲得した地域とそうではない地域もあるため、伝統文化をめぐる制度的な位置づけには、明瞭な地域間格差がある。従って、エスニシティ、イデオロギー、国家政策といった「社会的なもの」が、彼らの自然認識を考察する上で重要な要素となるのは自明なことであろう。

　レヴィ＝ストロースやメアリ・ダグラスなどに代表されるような構造主義や象徴論的なアプローチで展開されてきた、動物と人間をめぐる人類学的研究の分析枠組みは、自然（動物）と社会（人間）はそもそも異質なものであるといういわゆる西洋近代的な二分法に立脚点を置いてきた。明示的であれ、暗示的であれ、このような分析枠組みは、今日までほぼそのまま踏襲されている。「社会的なもの」は人間同士の関係性を意味するものであり、「自然認識」は人間と自然との関係性に限定されたものであり、前者は後者を規定する、あるいは自然認識の基本が人間の社会関係の表れなのだという認識は当然視され、一種のパラダイムとなっている。

　しかしながら、本章はこのパラダイムに無条件に追随するものではない。このパラダイムが依拠する二分法を用いて、セテル現象を理解するには、根本から限界があるからである。多様にみえるものの、セテル現象を生み出している論理は一貫している。さらに、その論理は、人間と動植物などいわば自然との関係領域において作動するのみならず、人間同士の関係、いわゆる社会的な領域においても適用されているからである。社会と自然、人間と動物といった対立的な分類カテゴリーは、この論理において対立の意味を失い、統合される対象になっていくからである。そのため、セテルを通してみられる対象地域の「自然認識」には、人間による動植物、その他の人間以外の存在に対する認識だけではなく、それらとの関わりあいにおける人間自身の定位やその運命に対する認識といった広い意味も含

まれる。本章の目的は、対象地域の日常生活において登場するセテルという慣習の多様な在り方を民族誌的に記述し、多様であるにもかかわらず、セテル慣習を支える論理とその動態を考察することにある。

II. 地域における人畜関係の概観

1. 牧畜民の今

　牧畜民は、近代国家の掌中に入ってからは明確な境界線をもつ行政組織に配置される。本章の対象地域は行政的に、新疆ウイグル自治区・イリ＝カザフ族自治州のアルタイ地区とタルバハタイ地区に管轄されている。以下、アルタイ地区の管轄下にあるアルタイ市ハンドガトゥ＝モンゴル族郷のウリヤンハイ人、ブルジン県のホムカナス＝モンゴル族郷のトゥバ人の日常行動空間を「アルタイ地域」と称し、タルバハタイ地区の管轄下にあるドルブルジン県のウールド人、塔城市周辺の牧場にいるモンゴル・キルギス人の日常行動空間を「タルバハタイ地域」と称する。なお、同じくタルバハタイ地区の管轄下にありながら、一定の自治権が認められているホボクサイル＝モンゴル自治県のトルゴド人の日常行動空間を、民族自治地域の意味で「自治県」と略称する。

　こうした州・地区・市・県・郷といった複雑な現行行政組織とは異なり、三地域の内部においては、ホショウ（県に相当）やソムン（郷に相当）といったいわゆる民間組織があり、地域の伝統文化の維持に大きく寄与しており、中でもソムンの活動が活発である。

　自治県は、14のソムンによって構成されており、それぞれのソムンのリーダーはオボー祭りなどで、民衆によって選ばれる。自治県はその名の通り、主な住民はモンゴル族（トルゴド部族）となる。しかし実際、人口上、自治県内のカザフ族はモンゴル族とほぼ同様であり、さらに自治県の周囲もカザフ族が多数を占める地方自治体である。そのため、自治県のモンゴル族のなかで、カザフ語が堪能の者が多い。同自治県は、モンゴル民族の英雄叙事詩ジャンガルの故郷、そして新疆最大の活仏（現世）の故郷などとして、新疆モンゴル諸社

会の中でも、民族文化の拠点の一つとして一目置かれている。隣接する他のモンゴル地域あるいは仏教地域へ一定の影響を及ぼしている。

　同じ仏教徒として、アルタイ地域のウリヤンハイ人（6ソムン構成）やトッバ人たちは、国民党統治時代までには現在のモンゴル国との関係が深く、中国による影響は薄かった。現在、中国の公式統計では、アルタイ地域のウリヤンハイ人とトッバ人はともにモンゴル族となったが、チュルク語族のトッバ語を母語とするトッバ人の中、とりわけエリートたちの中には、自らはモンゴル族ではなく、トッバ民族であることを強調する者もいる。

　タルバハタイ地域に暮らしているのは、ウールド人とウールド人の影響下にあったモンゴル・キルギスという人たちである。現在のドルブルジン県に暮らすウールド人は、モンゴル族の下位部族として公式に位置づけられている。17世紀初期からウールド人の保護下に入り、「ウールド10ソムン」の第10ソムンになったのは、現在のモンゴル・キルギスの人たちの先祖である。彼らは現在でもウールドの老人たちから「ハサゴド（カザフ人たち）」と呼ばれている。ハサゴドに比べて、モンゴル・キルギスは比較的新しい呼称である。1962年、タルバハタイ地域のカザフ族がソ連へ集団越境した後、その空き地を埋めるため、政府の動員のもとで、彼らは現在のドルブルジン県から塔城市近くのタルバハタイ地域に移住してきた[1]。それまでに比べて、彼らはウールド人との接触が少なくなった。現在戸籍上、モンゴル・キルギスの人たちの民族籍は、キルギス族となっている。

　三地域ともにチベット仏教を信仰する共通点をもつが、寺院や僧侶の数などの面では、地域間にばらつきがある。文化大革命までに多くの寺院が破壊されたが、その後の復活において地域間の違いがみられた。アルタイ地域のトッバ人とタルバハタイ地域のモンゴル・キルギス人地域においては、寺院や僧侶の数が少ない。国家の認可なしでは、新しく寺院など宗教施設を建立することが困難なため、特に、集団移住の経緯をもつ、モンゴル・キルギスの人たちは、現在地においては自らの寺院をもたない。両地域に比べて、自治県では、多くの寺院が回復され、新疆ウイグル自治区の他のモンゴル地域や

青海省などチベット地域の著名な寺院に留学する僧侶の数も少なくない。そのため、自治県の僧侶が両地域に招聘されるケースもある。

1990年代以降、新疆全域で実施されてきた双語（バイリンガル）教育改革によって、少数民族言語を切り捨て、実質的に漢語による学校教育を受ける生徒が上記三地域でも増えてきており、そのため、伝統から離れていく若者が増え、民族文化が危機的状況にあるという意識も現れている。こうした行政や宗教的な状況の相違を超えて、三地域やその周囲のカザフ人地域を含む新疆北部は、伝統的に牧畜地域であり、今もその住民の多くは、牧畜業を営んでおり、いわゆる牧畜民である。

2. 食われるもの

牧畜民にとって家畜は、生存の上で欠かせない食糧源である。このことは、イスラム系のカザフ人にとっても、三地域の仏教系住民にとっても、同じである。家畜をいかに正しく屠り、その肉をいかに美味しく食べるかに関しては、牧畜民の強い拘りがみられる。三地域において、家畜の屠り方は、首を切るようになっており、周囲のイスラム系カザフ人とも同じ屠畜の方法である。首を切ることで、血が抜かれ、肉が清められる。スープも透明になるので美味しいというのが、肯定的な意見である。しかし、血の抜かれていない肉スープのほうが、味が濃厚で、より美味しいということを積極的に否定する人はいない。

屠畜の方法は全体的にみてカザフと同じだが、細部において微妙な差異がみられる。首を切るときの家畜の顔を向かせる方向はカザフのケースとは真反対で、東方（現地の表現では、ウムン・ゾグ、つまり前方である。反対に、ムスリムの場合は、ホイト・ゾグ、つまり後方と表現される）である。そして、血の扱い方に関しては、三地域の仏教徒たちの場合は、なるべくそれを利用するが、ムスリムの場合はそれを捨てる。

肉の中で、モンゴル人はハ（前足の肩甲骨につながる部分）という部位に敬意を払い、客や年長者が食べる場合が多い。それと反対により低く位置づけられているのは、スゥージ（後ろ足の胯骨につな

がる部分）という部位であり、これは主に女性が食べる部位である。しかし、カザフ人は逆に、スゥージに最も敬意を払う。また、カザフ人は子羊の肉を好むが、モンゴル人は大人の羊肉を好むのだといった言及は地域でよくされる。そして、「モンゴル・クムン・ナイ・ゾール（モンゴル人の翼）」ともいわれ、高く位置づけられているはずの馬の肉も食用されている。多くの人の説明によれば、これもカザフ人の影響だという。つまり、本来は食べないという。説明の真偽は確認できない。さらに、馬肉の食用においても、カザフ人は仔馬、中でも雌の仔馬の肉を好み、特に貴賓を歓待するときに用いられる。モンゴル人は幼いものを食べないという意味で、仔馬を自ら屠ることはないという。なお、僧侶たちは馬肉の食用自体を忌むことで、三地域では馬肉の食用を牽制する声もある。

　このように、総体的にみて、異なる宗教や民族に所属する地域住民の食習慣は基本的に同じであるが、細部においてはそれぞれの拘りがみられる。だが、宗教や民族のカテゴリーを基点としてみた上記の人畜関係は、一種の鳥瞰的なものにとどまっている。

3.　敬われるもの

　仏教を中心に、何らかの形で互いに影響しあってきた三地域に共通にみられるのは、泉や土地を祭るという慣習である。水の主ともいうべきロースは、牧畜民にとって敬うべき対象である。ロースがしばしば泉の中にいるため、泉の中で、小便をしたり手を洗ったりするなど、泉を汚すことはタブーである。無意識の中であっても、タブーを違反した場合、ロースは激怒し、違反者を処罰する。たとえ、家畜の糞や尿によって泉が汚された場合でも、ロースが怒る。そのため、家畜の主やその家族、あるいはその地域は災いを受ける。よって、定期的に泉を祭ることが大事となる。泉を祭る場合、献上物として使われるのは乳製品のみである。

　オボーは土地の主（サブダグ）を祭る高台のことである。オボーのことを、現地ではデールとも表現する。一口にオボーといってもその地域間の相違がみられる。例えば、自治県では、基本的に次のように分類する。キディン（寺院）・オボー、ガザリイン（土地）・オボー、ド

ルスガル (記念)・オボー、ソムン (部族)・オボー、ホビン (個人、世帯)・オボーである。そのなかで最も頻繁に行われているのがソムン・オボーの祭りである。

　他方、アルタイ地域のオボーは、ウソン・ホショルというところにある。そこで、旧暦の6月くらいに、アルタイの山祭りが行われる。アルタイ地域の仏教徒であるトッバ人やウリヤンハイ人たちが一斉に集まる。また、タルバハタイ地域のモンゴル・キルギス人のオボーは、現在地から約60km離れたドルブルジン県のオラーン・ハイルハン・ナイ・オラーという山にあるため、毎年ドルブルジン県の故地に戻り、オボー祭りを行っている。

　泉を祭るのとは異なって、オボーを祭るときには、羊などの家畜を自宅で屠って、いわば供儀獣 (デージ・マル。精華なる家畜) として土地の主に捧げるのである。そこで供儀獣となるのは、太っている家畜である。供儀獣を屠る際には、必ず腹を割く (ウルチレフ。いわゆる腹割き法) という。その理由について、それは慣習だからそうなのだという人もいれば、それは血が地に落ちないよう、土地の主に敬意を払うためだという人もいる。いずれにしてもこれは、日常生活の中で家畜の首を切って屠るという方法とはまったく異なり、いわばモンゴルの伝統的な屠畜法でもある。

　このように、生存と実存の次元を問わず、牧畜民の生活の全領域において家畜は欠かせない存在である。やり方を工夫しながら、美味しく食べられるために存在するのが、普通の家畜である。それらと異なるのが、土地の主に捧げられるデージ・マルである。デージ・マルはより太っている必要があり、身体的に他の家畜より優れていることが必要である。

　視点を変えれば、家畜は牧畜民にとって、食べられる対象であると同時に敬われる対象でもある。しかし、いったん土地の主に捧げられた後、全体的であろうと部分的であろうと、デージ・マルの肉も、最終的にオボーを祭った人間たちによって食べられてしまう。普通の家畜も、デージ・マルも、人間によって屠られる運命にあるという共通点をもつ。

　これまで、地域住民と家畜との関係を概観したが、そこでは家畜

はもっぱら牧畜民の食材としての側面が際立っていた。いかにも人間が自分にとって都合のよいように作ってきた家畜という特殊な動物の宿命を表しているかのような現象ばかりだった。だがここで、家畜は単に食われる対象としてしか存在しないと結論付けるのは、性急であろう。

III. 幸運を呼び寄せるためのセテル

　実際三地域には、普通の家畜とも、デージ・マルとも異なり、売られない、屠られない家畜たちがいる。その名を牧畜民はセテルという。売らず屠らないという意味で、もはや家畜という名で呼ぶことに矛盾を感じさせるほど、セテルは特権的だといえよう。特権的かもしれないが、一定の儀礼を受けてから他の家畜とほとんど変わらない生活をしていくのも、セテルである。セテルをすることは、「セテルラフ」と言われる。しかし、セテルラフ領域においては、家畜だけではなく、家畜以外の動物や植物など多様な存在が行為対象にもなりうる。そのため、セテルにまつわる現象は、単に牧畜民とその家畜との関係に留まることなく、より広く深く展開していく。

1. セテルの儀礼

　筆者が自治県のある寺院で僧侶A氏（40代）のインタビューをしていたときのことだった。一本の電話を受けてから、A氏は立ちあがって言う。「セテルのことを知りたいあなたにとって良いチャンスだ。一緒に行こう」。事前に約束していたのか、即座に決まったのかは筆者にはわからないが、その日、十数キロは離れた牧畜民B氏宅で、セテル儀礼を行うという。筆者はA氏とともに三輪タクシーに乗ってしばらく舗装道路を走り、その後B氏宅から迎えに来たバイク2台に分乗してさらに獣道を走り、約1時間後B氏宅に到着した。

　B氏は70代前後で、人当たりのよさそうな人であった。明らかに着替えたばかりの恰好をして、厳粛な表情をしてゲルの外で我々の到着を待っていた。B氏の隣には、孫のようにみえる小学生くらいの女の子がB氏の手をつないで立っていた。ゲルの入り口近くでは、女

の子の母親らしき30代半ばの女性が、ひもでつながれた羊の頭をなでながら、口の中で何かをつぶやいていた。どうやらやや興奮気味の羊を落ち着かせようとしているようだった。周りにほかの羊が一匹もいない様子から推測して、その羊が間違いなく、セテル儀礼を受ける予定の羊である。

　たがいに簡単な挨拶をしてから、僧侶は先にゲルに入り、そこで少しミルクティーを飲んでから儀礼は始まった。そのプロセスは次のようになる。

　【1】さきほどゲルの外側で待機していた羊を、Ｂ氏は香と水で清め始める。詳しくみると、目や耳が茶色で、胴体の白い羊である。

　【2】その間に僧侶は読経する。しばらくしてから、ザラム（リボン）の用意を命じる。5色が必要だという。先ほどの女性は、布や絹を何枚か用意して、それを僧侶に渡す。最初は色が揃わなかったようで、僧侶は女性に再度命じる。色や長さを確認しながら、僧侶はその場で、ザラムをつくりはじめる。10分後ザラムができあがる。読経は続く。

　【3】僧侶は今度は水を要求する。その横では、赤ん坊は泣きわめき、食事の支度をする音や料理の匂いがゲルに充満する。ときとして僧侶の携帯電話の着信音も大音量で鳴り響く。儀礼といっても、日常生活の中でごく自然に行われている。僧侶は、女性がもってきた水の入った椀の中に、ゆっくりと米粒を入れる。読経は続く。

　【4】しばらくしてから僧侶は、羊をゲルの中に連れてくるようにＢ氏に命じる。それを聞いて女性は、すぐ小さな絨毯をすばやく僧侶の近くに敷いた。Ｂ氏はゲルの外で待機していた羊を、ゲルの中に連れて入ってくる。そこで、僧侶はさらに、バターを要求する。僧侶はまず、ザラムを羊の首に結びつける。それから女性がもってきたバターを、羊の額、鼻、両耳、四肢、背中、尾まで塗っておくように、Ｂ氏に命じる。その後も読経は続く。当の羊も家族のメンバーたちも、そこで静かに待つ。

【5】「では、これで、いい」と僧侶は言う。読経は終了した。「このセテルに名前をあげよう。立派な名前を」と僧侶は言う。そこで、B氏は、前から用意していたかのように、即答する。「では、バヤンサンという名前にしましょう」。僧侶は答える。「よし。バヤンサンとしよう」。それから僧侶は祈る。「バヤンサンという白いセテルは、多くのケシゲを呼び寄せるように」。B氏も声を高くして言う。「そうでありますように」。

　これで儀礼は終了した。儀礼の全プロセスは約30分くらいであった。その後、B氏たちは、残って食事するように僧侶を誘うが、僧侶はこれからも仕事があるということで、食事の誘いを断り帰ることにした。最後に僧侶は、ゲルの外にいた女の子の近況を、その祖父であるB氏と女性に確認しながら、短い慰めの言葉を言い残し寺院に帰っていた。

　僧侶が帰った後、筆者はB氏宅に残った。B氏家族の説明によるとセテルするに至った直接の理由は、孫たちの母方祖母が青海省の

写真1……セテル儀礼をうけている最中のB氏宅の羊

[第4章　幸運を呼び寄せる]

クンブム（塔爾）寺に巡礼しにいったときに活仏にみてもらったら、セテルしたほうがよいと勧められたからという。しかし、巡礼から帰ってきた人は必ずしも全員セテルをするわけではない。具体的に、何がきっかけで、何を活仏にみてもらったのかについて最初は語ることはなかった。

　僧侶を見送ってしばらくしてから、バヤンサンと名付けられたセテル羊は、筆者を乗せてきたバイクに乗せられて、もとの羊の群れに戻された。それから日常生活は続くが、何かが達成されたような雰囲気がゲルの中に漂う。Ｂ氏たちの表情も徐々に清々しくなり、筆者の質問に積極的に答えてくれるようになった。セテルするのが、人間にも家畜にもよいなど、理由はいくつかが挙げられた。その中でもより切実なのは、小学校に通っている孫娘（前述の女の子）が、最近どうやら学校にいきたがらず、やや引きこもりがちだったことである。学校における対人関係の問題が、バヤンサン誕生の直接の理由であるということになるだろう。

　青海省クンブム寺などをはじめとする、数千キロも離れたチベット地域の寺院は、新疆モンゴル諸族にとって歴史的にも現在においても憧れの的である。巡礼や修行のため、チベットの地を訪れる牧畜民や僧侶は今も少なくない。Ｂ氏宅のケースとはやや異なるが、同自治県の牧畜民Ｃ氏（62歳）は、ひとりの息子の手が麻痺してしまったため、2008年2月から半年以上、クンブム寺に滞在していた。そこで、チベットの薬をもらい、同時にセテルするようにも言われた。その後、故郷新疆に戻り地元の僧侶に司ってもらい、セテル儀礼を行って、羊をセテルした。それから徐々に良くなっているという。今Ｃ氏夫婦家族に1匹、独立した息子たち三人の家族にそれぞれ1匹、子羊と子ヤギのセテルがあわせて4匹いる。セテルなので、無論売ったり屠ったりすることもない。そしてその毛も刈ってはいけない。死後、木などに掛けておき、鳥などに食われてなくなる。それからその後継に、同じ色の羊をセテルするのだとＣ氏は言う。

　実際、上記の僧侶Ａ氏も、青海省の寺院で修行した経験があり、そうした経験に基づいて、セテルを説明する。彼によれば、1匹のセテルを屠ったら、30人を殺したのと同罪である。セテルは決して屠ら

ない。また同時に彼は言う。「本来なら、屠らない限り、乳を絞ったり毛を刈ったりするなど、人間によるセテル家畜の利用は可能である」。この利用可能という説明は、「毛も刈ってはいけない」という地域におけるセテルの扱い方とは齟齬がある。そのためか、A氏は「本来なら」という前置きで、彼のセテル理解を述べたと考えられる。事実、A氏の説明は、筆者がセテルの扱い方をめぐって青海省牧畜地域における調査で得た情報と完全に一致する。無論、A氏のこの説明は、B氏やC氏など地元の牧畜民に向かって行われたのではなく、あくまでも筆者に対してなされたものである。セテル儀礼やオボー祭りの式を司るなど次々と仕事をこなしていく彼であるが、日常生活における牧畜民たちのセテルの扱い方自体に、決して多くは言及しない。

2. セテルの扱い

セテルする人たちにとって、僧侶の存在は重要である。儀礼を司ることができる者は、チベット語の経が読める僧侶のみだからである。他方、チベット語の知識のない当人たちにとって、僧侶が何を読んでいるかはわからない。経文の名前などについて質問されたら、大体の人は笑いながら、「それを知っているのは僧侶だけだ」と言う。

無論、だからといって、このことは、皆が自分の行いに無関心であることを意味しない。特に老人たちは、筆者の質問などに対しては、常に積極的で自分の直接経験や知識に基づきセテルの分類やしきたりに言及する。例えば、D氏（63歳）によると、セテルは大きく二分できるという。一つ（a）は、仏（ボルハン）のセテルである。例えば、チョイジという仏の場合、そのセテルとしての家畜を毛色が黒くみえる家畜、つまり黒い家畜の中から選ぶ必要がある。ラモという仏の場合は白い家畜が必要である。もう一つ（b）は、個人のセテルである。この場合は、その個人の諸事情によって、対象の色などは異なる。

他方、E氏（67歳）のように、三分するケースもある。一つ（c）は、神（サホス）のセテルである。この場合はすべて黒い家畜が必要である。もう一つ（d）は、土地の主（サブダグ）や水の主（ロース）のセテルである。この場合はすべて青い家畜である。そして、さらにもう

一つ（e）は、ヤンジブのセテルである。この場合は黄色い羊、黄色い馬、白い山羊や白いラクダが必要となるという。
　ヤンジブとはチベット語で「福（ヤン）を呼ぶ」ことを意味する動詞である。ここでは、福を呼ぶセテルと理解すべきだろう。地域では、ヤンジブのことを、ケシゲ・ドーダフともいう。モンゴル語で、ケシゲは福であり、ドーダフは呼ぶ、呼びかけるあるいは呼び寄せるということを意味する動詞である。
　さらに、F氏（69歳、女性）が示すように、別の三分法もある。つまり、一つ（a）は、仏のセテルである。その場合は、黄色い家畜が必要である。一つ（f）は、天（テンゲル）のセテルである。その場合は、青い家畜が必要である。もう一つ（e）は、ヤンジブのセテルである。その場合は、白い家畜が必要であるという。
　セテル家畜の色や種などの詳細はさておき、異なる基準による上記の分類においては、互いに重なりあるいは共通する部分があるため、上述した諸項目を整理する必要があろう。まず、bとe以外のすべての項目は、いわば超自然的存在を指示する点では共通している。aとcは、対象地域においてほとんど区別せず使用する語であり、同一視することができる。僧侶たちは、aとcほどdを高く位置づけないが、住民たちにとってみれば、dは身近で祭るべき対象として極めて重要である。fはそれほど一般的なものではないが、dとほぼ同じ位置にある。いずれにしても、これらのセテル家畜は、超自然的存在を敬う「ため」のものである。当人たちの立場に立っていえば、最初から超自然的存在「の」ものでもある。
　さて、bはある特定の人を指すが、eはその人間にとってのセテル行為の目的を端的に表す項目である。ヤンジブあるいはケシゲ・ドーダフ、つまり、福を呼び寄せることが、セテルする目的である。これは、前述したセテル儀礼の最後に、僧侶A氏と牧畜民B氏がともに唱えた「……セテルは、多くのケシゲを呼び寄せるように」という祈り言葉にも顕著に表されている。また、現地での筆者の経験において、牧畜民がセテルを説明する際に最も頻繁に用いられるのも、「ケシゲ」という語である。さらには、セテル家畜のことを思い切って「ケシゲ・マル（幸運の家畜）」とわかりやすく表現する人も多い。これは、

「セテル家畜はケシゲを呼び寄せるための家畜だ」という意味をこめた表現である。

こうしてみるとセテル現象を理解するには、ケシゲを理解することが重要となるようだ。望ましきよきものとしてのケシゲは、福以外に幸運、恵み、気品、幸せなど、いわばポジティブなものしか指ささない語である。無論、セテル行為の目的を説明する際に、ボヤン・ケシゲあるいはケシゲ・ボヤンのように、ケシゲと組み合わせて用いられる表現としてボヤンという言葉もある。だが、ボヤンが単独で使用される場合、人間の幸運にまつわる文脈に限定されるのである。

それに対してケシゲは、人間以外のものに対しても使用可能である。人間も含め、あらゆるものの中にアプリオリに存在する幸運などのようなポジティブなものが、ケシゲと総括的に表現されるのである。ケシゲはあらゆるものの中に普遍的に存在するけれども、あらゆるものの中に均等に分布しているわけではない。遍在すると同時に偏在するのがケシゲの特徴の一つである。あるものの中のケシゲが多ければ、そのものは強いエネルギーに満ちて、生き生きとする。逆の場合衰弱する。故に、ケシゲは絶対的に、望ましきものでありよきものである。ケシゲを呼び寄せたりそれをより強化したりすることは、当然いつになってもそして人間を含むいかなる存在にとっても重要である。セテルの目的がケシゲの呼び寄せだとすれば、ケシゲを追求するための方法の一つがセテルといえよう。

セテル行為の領域において登場する重要な存在は家畜であり、セテル家畜がいることによって、その人あるいはその家族はケシゲを呼び寄せることができる。そのため、セテル儀礼を受けた家畜の運命は、上記F氏の表現でいえば、「ビイ・イン・ウケン」ということになる。誰にも邪魔されず、「おのずから亡くなる」というものである。セテルの扱い方をめぐる今現在の文脈でいえば、「ビイ・イン・ウケン」によりふさわしい和訳としては、「自然死」という表現が挙げられるかもしれない。上記の分類で言及されたすべてのセテル家畜からみた場合、自分たちは屠られず、おのずから亡くなる、自然死する。牧畜民の立場からいえば、自分たちはセテル家畜を屠らず、売らず、乗らずに、その自然に去って逝く姿を見届ける。これがセテル家

畜の扱われ方、扱い方の基本である。既存のセテルが死んだら、その後継者として、色など特徴が共通するものが選ばれる。セテルを継続することをウイ・ザラガフという。

　セテルの扱いについて、もう一つ留意すべきは、セテルを更新するという点である。すでにセテル儀礼を受けて老衰した家畜を、それが生きている間に、別の若い家畜に交代するというものである。セテル・ボーラガフという。動詞のボーラガフは「下ろす」なので、セテルの地位から引き下ろして普通の羊に戻すことを意味するだろう。下ろされたセテル家畜は普通の家畜と同じく屠って食べてもよいという説明をアルタイ地域で聞いたことがある。しかしこれまで筆者は、そういう経験の持ち主とはあったことはなかった。また、実際、更新してもよいという見方自体に対して「それは間違っている」と、否定的な態度を示す人の方が多い。ケシゲを呼び寄せるための家畜は、そのいかなる使用も認められておらず、自然死するまで見守られるべきというのが、ほかを凌駕する原則だったからかもしれない。

3.　セテルのようなもの

　これまでの紹介から、とりわけセテル儀礼にみられる「日常性」、セテル家畜の扱い方をめぐる解釈の「多義性」を目の前にして、いったいセテル現象の本質をどのように理解すればよいのかについて、依然確信できない部分が多いかもしれない。一つだけ言えるのは、セテルはよいものとしてのケシゲを追求するために人間がとった方法ということであろう。

　ただしそこで、セテルをケシゲの文脈の中に位置づけた場合、論理的にセテルの対象は何も家畜に限定される必然性がないのではないかという新たな問題に遭遇する。実際このことを裏付けるような事例も少なくない。ケシゲの論理に基づき、直接的間接的にセテルと関わりをもつ家畜以外の動物および動物以外のものなどがこの事例に該当する。

　家畜以外で、セテルになる動物は犬である。自治県に位置するラブランという寺院には、そのようなセテル犬がいる。筆者はそれまでの経験から、家畜のような屠られるものを屠らずにしておくのがセ

テルであると理解していた。この理解に基づいて、そもそも牧畜民として屠ることさえない犬をわざわざセテルする理由について尋ねてみたところ、「犬もアミタン（生き物。動物）だから、それにもケシゲがある」という回答が返ってくる。寺院の僧侶たちがその犬をセテルしているようである。つまり、普通の牧畜民は家畜をセテルするのだが、家畜を所有しない寺院は犬をセテルするというわけである。ドローン・ツァガン（白い7箇所）がついている犬はセテルの対象候補になる。口・胸・尾・四肢に白い毛が生えている犬のことである。このようにみると、ケシゲの文脈においては、家畜と犬の境界はあいまいになる。正確にいえば、不必要になる。

日々接しなければならない相手である家畜や身近な動物である犬がセテルされるのは、それらは少なくとも人間と同じような生き物、つまり動物であることから何となく理解できる。しかし、セテルの対象とされるものの中には、動物に限らず植物（オルゴマル＝成長するもの）もある。植物の中で、セテルの名をもつものとして、しばしば登場するのは樹木である。人々はそれをセテル・モドという。独木がしばしばその対象となるが、泉を祭る際に、その周辺にある樹木（多くの場合は低木）が、セテル・モドの候補になる確率が高い。つまり、そうした樹木にザラムを結びつけておけば、それがセテル・モドとなる。もし木がなければ、草でもよいというわけである。植物の種はここで問われない。いずれにしても、セテルされた樹木を伐採することはできないのである。

これまで国の政策のもとで定住化が勧められ、農耕に従事するようになった元牧畜民たちの中には、近年さらに

写真2……筆者に向かって元気いっぱい吠えるラブラン寺のセテル犬

[第4章　幸運を呼び寄せる　147]

国家の環境保護政策の徹底に協力するため、地方行政府の動員に応じて、農耕を放棄し植林に専念している者もいる。そこで、自ら植えた木、人工林の中で、セテルする人もいる。このようにセテルされた樹木も当然、セテル・モドという。原生林であっても、人工林であっても、それらにはケシゲがあり、それらがさらにケシゲを呼び寄せることができるとされる。こうしてみると、動物と植物の境界もあいまいになる。言い換えれば、そのような境界は、最初から存在しないことになる。

　先に、泉を祭ることについて述べたが、対象地域では泉を祭ることは、字義通りに「ボラグ・タヒフ」と言われる以外、「水の主を祭る（ロース・タヒフ）」と表現されたり[2]、「泉をセテルする（ボラグ・セテルラフ）」とも言われたりする。既述のように「セテルラフ」は「セテルする」との意である。そこで、動物と同義の命を有せず、また植物とも共通性をもたない非生物の泉も、セテルするというのである。II節で紹介したように、泉に手を出してはいけないというのが、対象地域の牧畜民の慣習の一つであった。セテル家畜と同じく、「手を出してはいけない」という扱いを受けるものは、それが「非生物」の泉であっても、セテルの名のもとで説明される傾向がここにみられる。

　本章で扱う地域とは異なるが、例えば新疆西部イリ川地域のウールド人の間でも、セテルが行われている。ウールド人ネイティブ研究者たちが著した『ウールドの民俗』という一書においても、泉を祭る慣習が「家畜をセテルする慣習」という項目の中に位置づけられている［MENDE & BAYANKEŠIY 2006: 171-2］。この位置づけからも「ある特定の存在には手を出してはいけない」という認識の射程内に、セテルされた家畜はもとより、祭られた泉も同次元のものとして収まっていることが確認できよう［シンジルト 2011］。

　セテル・ボラグという複合名詞こそ使われないものの、セテルの動詞形が用いられることは、セテル家畜の発想をもって、泉を比喩ないし表象しているのに過ぎないといえよう。しかし、泉のことをロースの住処、目の水（ヌドン・オス）、水の母（オス・イン・エケ）とみなす本人たちにとって、泉は、家畜や樹木に勝るとも劣らず重要な存在である。泉を汚した者は、必ず病む。病むのはケシゲの衰退による。

写真3……セテルされた泉の周りの低木に5色のジャラムが飾られている

泉を祭るのは、ケシゲを回復し、ケシゲを強化することになるのだというわけである。

泉をめぐるこのケースからは、命あるものに限らず、「ケシゲのあるもの」はセテルの対象になるということがわかる。ケシゲのあるものは、生物に限られることはない。そのため、ここでは生物と非生物との境界もあいまいになる。この境界のあいまいさは、上記の家畜と犬との境界、動物と植物との境界のあいまいさにも対応する[3]。より正確にいえば、セテルの文脈においては、生物と非生物との境界さえ、意味を失っている。

そもそも、動物と植物、生物と非生物は別物だという科学的な境界認識からすれば、家畜以外の領域におけるセテルの適用は論理的に自己矛盾であろう。しかし、そうした境界を前提せず、あらゆるものの中にケシゲがあるという認識においては、その矛盾は存在しない。セテル現象を理解するため、境界の明確さに拘束されることは、生産的ではないことがわかる。ただし、泉という名詞とセテルという名詞を、直接組み合わせた言語表現は実際ないことを配慮して、こ

こで登場する泉のことを、「セテルのようなもの」と表現しておいた
ほうが適切かもしれない。

　「セテルのようなもの」という表現は「リンゴのような頬」といった
純粋比喩表現とは異なるのが明白である。一方、動植物といった分
類カテゴリーにおけるリンゴ（植物）と頬（動物の一部位）は完全分
断された存在となる。また完全分断されたがゆえに成り立つという
のが、この比喩が依拠する論理の特徴である。他方、「セテルのよう
なもの」は「セテル家畜」と同様に、最初からそうしたカテゴリーに
束縛されず、ケシゲを共有する意味あるいはケシゲに統帥されてい
る意味で、同じ水平に点在する対等な個体である。それ故に、「セテ
ルのようなもの」と「セテル家畜」との間には、乗り越え不可能なギ
ャップは存在せず、前者は後者の単なる比喩ではない。

　本節でみたように、一方、狭い意味でのセテルの対象は家畜であ
る。何も修飾語をつけずにセテルと発話するときのセテルは、家畜
を指すことになる。セテルの領域では、家畜は無標な存在となる。し
かし他方、広い意味でのセテルの対象は、家畜以外の動物、そして
植物など生物領域を経て泉のような非生物の領域まで拡張していく。
そこで、泉などは有標な存在となる。有標にせよ無標にせよ、いずれ
の存在もケシゲを有するという点で共通している。セテル儀礼にお
ける祈りの言葉、そしてセテル家畜の扱い方、さらには「セテルの
ようなもの」をめぐるいずれの文脈においても欠かせず登場するの
がケシゲであり、ケシゲあるものは、セテルの対象になりうる。した
がって、ここでセテル行為はケシゲを追求するための行為だと、より
厳密に定義しなおすことができよう。

IV. セテルの動態

　ケシゲの追求が目的であり、セテルはそのための方法であり、セ
テルの対象は必ずしも家畜に限られないというのがこれまでの考察
であった。しかしながら、ケシゲの追求という目的のためならば、そ
の追求の方法として、セテル以外の行為はありえないのだろうか。
換言すれば、ケシゲとセテルの組み合わせは、はたして必然的なも

のなのか、といった疑問が生じてくるだろう。事実、筆者が対象としている地域のすべての人間がセテルをしているわけではなく、またセテルをめぐって三地域の間にも一定の相違がみられる。こうした事実にも留意しつつ、本節では、いわばセテルの動態についてさらに考えてみておきたい。

1. セテルの「弱化」

　アルタイとタルバハタイ地域での調査において筆者がよく耳にするのは、次のような、やや自嘲的な言葉であった。「我々のところには寺院がなく、僧侶も少ないため、慣習は乱れている」。ここでいう慣習にはセテルも含まれるが、その在り方の「変化」に、この言葉の焦点が当てられているようである。

　全体的にみて、両地域におけるセテルをめぐる説明にみるその意味内容は相互にそして自治県とも基本的に同様である。つまり、セテルするのは人と家畜と土地のケシゲのためであるという点において同様である。ただ、セテル家畜の老後の扱い方については、それぞれの地域的な独自のものがみられる。アルタイ地区では、セテルを更新すること、更新されたセテルを屠ってもよいことが多くの人に認められ、その仕方もユニークである。例えば、アルタイのウリヤンハイ人G氏（87歳）は言う。

> 老衰したセテルの後継者を選び、老衰した羊の唾を新しい羊につけて、それをもってセテルを更新するのだ。更新された老セテルを屠り、その肉は食べてもよい。セテルは人民公社のときになくなったが、今は復活している。しかし、この村にはいない。特に若者はほとんど知らない。

　老衰した羊の唾を新しい羊につけることでセテルを更新するという方法は、筆者の経験ではほかの地域ではみられない。そして、G氏のいうような更新された老羊の肉だけではなく、自然死したセテルの肉も食べられるのだという人もいる。

　カナス地域のトゥバ人のH氏（女性、84歳）によると、「死後、セ

テルはその後継者を選ばなければいけない。その肉は食べる。毛皮は使う。しかし現在の若者は、ほとんどセテルを知らない」と言う。さらに彼女によれば、昔トッバ人たちは、ノイトン・モド（湿った木。生きている木）もセテルしていた。湖などロース（水の主）のいるところは、必ずセテル・モドもいる。それは「ノール（湖）をセテルする」ともいうそうだ。湖をセテルするというのは、湖の多いカナス地域ならではの言い方だと思われる。だが、それは単なる偶然ではなく、前述の「泉をセテルする」という表現と共通する論理に基づくものと考えられる。

　G氏にとってもH氏にとっても、地域においてセテルは昔に比べて少ない。二人が理解する「昔」というのは、中華人民共和国設立以前のことであった。ただ、同じくアルタイ地域であっても、この「昔」の理解の仕方には、個人差があり、必ずしも中華人民共和国設立以前とは限らないようだ。例えば、人によっては、「セテル家畜は文化大革命のときになくなり、いまはまだ復活していない。僧侶がいないからだ」という理解もある。他方、カナス地域のトッバ人I氏（82歳）のように、この地域は、「モンゴル・イン・ツァグ（モンゴルの時代＝中国国民党統治以前の時代）にはセテルをしていた。今この村にはセテルは少ない。僧侶がいないからだ。しかし、今もオボー祭りをする」という者も多い。

　多くの老人たちがそれぞれの「昔」の経験に基づき、その昔との対比において、現在セテルは少ないということを強調したいのが窺える。要するに、「昔」に比べてセテルが減ったのは、儀礼を司る僧侶がいないからだという。そこで、その「昔」にいなかった「現在」の若者が、しばしば問題として指摘の対象になること、セテルの代わりにオボー祭りに言及していることがわかる。

　僧侶や寺院などの問題に加えて、農耕化のため、つまり自ら農民になったから家畜をセテルすることはできなくなっているという説明は、タルバハタイ地域の定住、農耕化したモンゴル・キルギス人の中でよくなされる。

　ほかの両地域に比べて、モンゴル・キルギス地域のほうが、仏像やホボクサイル＝モンゴル自治県の活仏の肖像画を多く飾ったり、ほ

ぼ各世帯の建物の屋上に仏教のシンボルともいわれるキーモリという旗を掲げたりするなど、チベット仏教徒に対する信仰の度合いがむしろ高いようにもみえる。キーモリは、建物の屋上などに、高く掲げる四角い旗のことである。旗の中心に馬の絵が描かれてあり、その周囲にチベット語の経文や仏像がある。絹や布製のものが多く、風に舞うことで、願い事が成就するとされる。キーモリの語源はチベット語のルンダだといわれるが、モンゴル語で、「キー」は空気や大気など、「モリ」は馬を意味する。キーモリを直訳すると風の馬だが、意訳すると幸運となる。キーモリを掲げておくと家に幸運を招き入れるとされている。

　家畜が少ないが、雌セテル羊を有する、モンゴル・キルギス人農民J氏（50歳）によると、今のセテルは3代目で、それまではチルジャのセテル（15歳でオオカミに食われた）として黒い雄羊と、ナムシのセテル（13歳で犬に食われた）として青い雌羊がいた。チルジャもナムシも仏の名である。現在のセテルは年をとったため、ほとんど動けない羊である。先祖がセテルをしていたため、自分もしている。ケシゲ・ボヤンを呼び寄せるからだという。しかし、この地域で、J氏のような農民は少ない。特に、今の若者は、セテルのことは知らない者が多いといわれる。その理由はシンプルで、「農民だから」というものである。セテルはできないが、キーモリを掲げているともいわれる。そのような若者の一人は、35歳のモンゴル・キルギス人農民K氏である。彼の父の世代には、セテル山羊がいたそうだ。15年前に死んでからはしなくなった。それは定住化、農耕化に伴い、セテル家畜に提供すべき条件を人間が満たすことができなくなったからだ。「父は、家畜のケシゲのためにセテルをしたそうだ。今我々は、キーモリを掲げている」とK氏は言う。

　農耕化したため、簡単にセテルはできないものの、キーモリは必ず各家にある。同じ農民であってもキーモリを掲げている家は、間違いなく仏教徒であり、つまり上記の文脈でいえば、モンゴル・キルギスとなるのだ。旗としてのキーモリは、宗教的な、あるいはエスニックなシンボルともなるからである。

　キーモリの旗のある家は仏教徒であることを、本人たちも知って

いる。しかしながら、本人たちにとって、キーモリという言葉の意味は、旗のような形あるものに留まらない。形あるものとしての旗とは別に、キーモリは、精神、気運、繁盛、壮健、威勢、荘厳、福運［オルトナスト 2005: 90］などのような目に見えない無形なものも意味する。こうした無形なキーモリは、セテル行為が依拠する目には見えない無形なケシゲとほぼ合致する。ケシゲの有形化がセテル家畜であるとすれば、セテル家畜に対応するのが旗としてのキーモリである。古くなったキーモリを更新しないといけないことは、亡くなったセテル家畜の後継者を選ばないといけないこと、あるいは老衰したセテル家畜を若いセテル家畜に更新しないといけないことにも、対応している[4]。

　人間の住居だけではなく、旗としてのキーモリは、オボーにも掲げられている。前出したトッバ人のI氏は、自分たちの村にはセテルは少ないものの、今もオボー祭りをしていると述べていた。確かに、セテルは人間と家畜との関わり、オボー祭りは人間と土地との関わりを「象徴」する別々のものだと理解することも可能であろう。その理解に基づけば、I氏の言及は、オボー祭りがセテル慣習にとって代わったことを意味しているようにみえる。しかし両者の相違は形式的なものであり、彼はむしろ何か共通するものを両者の間に見出していたからこそ、それらが同じ文脈において語られると理解すべきであろう。

　というのも、実際現在オボーに行けば、その人のキーモリが上昇すると認識する人が増えているからである。この場合のキーモリは、有形のキーモリではなく、無形なキーモリのほうである。多くの人がオボーに行くことを喜ぶ。それには若者も含まれる。また近年、オボーの数自体も増えており、地域における建築技術の進歩により、新築されたオボーの多くは鉄筋コンクリートで半永久的なものになっている。さらに、「昔」に比べて今は女性に開放するオボーが増えているのもその特徴である。

　オボー祭りは新しい慣習ではないが、その役割が拡がることは可能である。特にタルバハタイ地域のモンゴル・キルギスの人たちにとって、自分たちのオボーを祭るというのは、約60kmの距離を移動す

ることを意味するものである。オボーを支えているのはキーモリという認識だとすれば、それはケシゲ認識とはほぼ同義の認識である。

　若者たちをめぐる老人たちの説明と若者たち自らの解釈などを考え合わせると、確かに両地域においては、家畜をセテルする慣習自体は「弱化」しているようにみられる。ただ、新しい生活状況においても不幸が消えない。その起源におけるセテルとキーモリとオボーとの前後関係を問うのは、本章の目的ではない。少なくとも諸事情によって、セテルを行うことができなくなった牧畜民や元牧畜民の住人たちにとって、キーモリを掲げたりオボーを祭ったりするような方法をもって、彼らの幸福追求という目的を達成することが重要である。この際のキーモリとオボーは、それまでに比べて、セテルの役割も果たすなどより広い意味合いと期待を担うようになっているといえよう。それぞれの論理においてはキーモリとオボーは、セテルと大差はないからである。セテル行為に視点を据えてみた場合、キーモリとオボーをめぐる行為は、「セテルのような行為」だともいえよう。その限りにおいていえば、セテルの「弱化」は、その表現形式においてである。それはむしろ「セテルのような行為」の拡張とも理解されるべきであろう。

2. セテルの「強化」

　上記両地域からホボクと通称されるホボクサイル＝モンゴル自治県は、新疆モンゴル地域の伝統文化の発信地の一つとして注目されてきた。両地域の人間が自らの現状を自嘲的に語ることの背景には、伝統文化を公に位置づけることができる自治権をもつ、同自治県の存在が無視できないであろう。

　同自治県はモンゴル民族の英雄叙事詩ジャンガルの「故郷」とされ、数多くのジャンガル関連の国際学術会議の開催地に選ばれてきた。英雄ジャンガルの巨像は自治県の中央広場に聳え立ち、自治県のシンボルになっている。自治県行政府や外部研究機関の援助のもとで、ジャンガルの生地とされるある村のモンゴル語小学校で、2004年と2006年においてジャンガル研究基地とジャンガルチン（ジ

ャンガルの語り部）育成センターが設立され、多くの小学生も英雄叙事詩を暗記するようになった。

　2010年夏、筆者が調査していた最中、新疆ウイグル自治区テレビ放送局が自治県で番組を収録することになった。適切なロケ地や出演者の選定、伝統的な肉料理や牛乳酒の準備などで、県役所の幹部たちは突如忙しくなっていた。番組収録の当日、来場した牧畜民のほとんどが民族衣装を着用し、自治県の指導者、作曲家、そして数多くの英雄叙事詩人など地域の著名人たちが一斉に動員され、祭りのように賑わっていた。最年長の英雄叙事詩人にインタビューしたり、そしてその場で英雄叙事詩を語らせたり、さらに小学生たちや一般牧畜民などにジャンガルを披露させたりすることが主な収録内容だった。番組を組織しているのは自治区の無形文化財弁公室である。2006年中国の国家級無形文化財に認定された、自治県のジャンガルの世界無形文化財の申請を後押しすることを目指していた。

　自治県の無形文化財はジャンガルに留まらない。無形文化財は国家級、自治区級、自治県級の三つのランクに分けられている。自治県の伝統文化の諸項目の中から、国家級には上記英雄叙事詩とオルティンドー（モンゴル人の伝統的な「長い歌」）の2種、自治区級には6種（オボー祭り、楽器トブショール、祝辞、家畜の耳マーク、火祭り、民族衣装）が選ばれている。上記の二つのランクの伝承人と選ばれた者には、保護費や補助金といった名義で実質的に一定額の年俸が支給されており、その生活は保障される。

　自治県級の無形文化財には、総計30項目の伝統文化（金銀の工芸品作製、モンゴル医学、短歌、サヴルダン〔新疆モンゴルの伝統的な踊りの一種〕など）がその名を連ねており、セテルもその一つである。自治県級の無形文化財の場合、その伝承人に一律に金銭的な援助はなされてはいない。しかし、状況次第では、自治区や国家級など上のランクに昇進することもありうるというものである。

　このようにみると、ランクこそまだ低いものの、自治県においてはセテルもしかるべき位置づけを受けており、制度的に体系化され保障されていることがわかる。これまでみてきたアルタイ地域やタルバハタイ地域におけるセテルの状況とは異なり、「強化」する方向に

あるといえなくもない。このようにセテルをめぐる外部状況だけを取り上げると、文化としてのセテルが、いかに政治的に利用され社会的に構築されているかを力説したくなる。確かに、自治権の有無によって、自治県とアルタイやタルバハタイ地域におけるセテルの在り方には大きな相違が生じているようにみえる。しかし、実際、セテルの在り方の「変化」をめぐる文脈でいえば、ある意味で両地域の参照対象になっている、自治県においても、いわゆる若者の伝統離れが危惧されている。

　漢語教育を受けた人や都市で生活する地元出身の若者の中には、セテルの名を知っていても、行われる理由を知らない者もいる。今の生活環境は、家畜や草原と無縁だからという。それでも、セテルは我が民族文化が自然に優しいことを表していると自負する者も多い。アイロニカルな部分もあるだろうが、これは近年マスメディアで宣伝される少数民族の文化は環境に優しいなどといった決まり文句と見分けはできない。

　こうした状況に対しては、自治権の老人たちはかなり失望していた。「昔に比べて、現在の若者はほとんど何も知らないのだ」と前に紹介したアルタイとタルバハタイ両地域の老人たちと、ほとんど変わらない感想をいう。

　両地域に比べ自治県の多くの寺院が復活され、僧侶たちによるチベット地域への留学も頻繁に行われている。そして彼らも、Ⅲ節に登場した僧侶A氏のようにチベット地域と同様な説明をもってセテルを理解するが、地元の牧畜民によるセテル解釈などに対して僧侶たちは特に良し悪しなどの評価はしない。

　他方、地域の牧畜民の行動範囲も拡大し、特に巡礼のためチベット仏教の発祥の地である青海省などチベット地域へ旅する者の数は増加している。そのような経験をもつ30歳の女性L氏は、自らセテルを行った理由について次のように言う。「家には今、青色のセテル羊がいる。セテルすれば、家畜にも人間にもよいと聞いたからだ」。こうした理由に加えて彼女が、セテルするようになったきっかけは、ある偶然の出来事によるものであった。

自分の病気を診てもらうため、青海省のクンブム寺に巡礼しに行った。そこで、セテルするように言われた。実は、父が生きていたときにもセテルをした。後にセテルが亡くなったが、私はセテルを継続するのを忘れていた。それに気付いてよかった。故郷の僧侶に経文を読んでもらって、青い羊をセテルした。その後、病気も治り、初めて子どもにも恵まれた。それから、すでに4年も経ったが、今は、家の家畜も増えている。

　30歳という年齢のL氏は、地域の老人にとってみれば、若者というカテゴリーに属するだろう。L氏にとって、病気は偶然だったが、父親のセテルを継続することを忘れたのが大きかった。このように、L氏とセテルが結びついたのは、自らたまたま自治県という場所に生まれたからではない。病という不幸を回避したいということがそのきっかけになっていた。L氏にとってより重要なこととして、病をきっかけに父親のセテルを継承すべきだったことに気づき、継承することができたのである。セテルすることで、すべてが順調になったためか、L氏は老人たちと異なって「今、セテルしない人はいない」とまで断言する。不幸の回避はセテルをすることの一つの理由だとすれば、若者であるL氏にとってもその先祖や今の老人たちにとっても、セテルが、幸福を追求するためであることには大きな違いはない。

　本節の冒頭に、地域のすべての人間がセテルしているわけではないと述べた。それには、これまで述べてきた農耕化や都市化したいわゆる若者など以外に、私は共産党員だからしないという非若者もいる。つまり、しない者の中には、政治的な配慮をする者もいるということなのである。他方において、セテルする者たちも、いわゆる周りの社会政治状況から隔離されたそれと全く無縁な存在ではない。現在の社会政治状況は、セテルを行うことにマイナスに働いていない。しかし、文化大革命までは、セテルができなかったばかりではなく、それまでセテルされていた樹木や家畜も含む植物や動物を否応なく切ったり屠ったりもしていたケースがあった。それにもかかわらず、それによって人々は病気などに罹らなかった。その責任の所在について人々は、「政府がとる（トゥル・ダーナー）からだ」と言う。

反面、もし今もそんなことをしたら、大変な目に遭うに違いないともいう。

　この解釈は、詭弁ではない。彼らにとって、「トゥル」などに代表されるような政治は、個々人の外部にあるその時々の人間同士の力関係を明示する不安定な領域である。それとの反対側にあるのは、これまでしばしば言及してきた、土地の主などに代表されるように個々人の内部にありながら、諸存在との交通を可能にする安定した領域である。

　自治県の文脈でいえば、ホボクサイル地域全体の土地の主は、とても荒い（ドッグシン）性格の持ち主だという。そのためか地下資源も多いといわれる。その土地の主は、灰色の馬に乗った老人であり、バヤン・ウンドルという山に住んでいる。バヤン・ウンドル山の下には、横たわっているラクダと等身大の金の塊があり、その下には水溜まりがある。その金の塊のおかげで、湖や河川に恵まれた自治県の現状が維持されている。しかし、もし山に手を出したり金塊を動かしたりしたら、自治県は洪水などの災いに遭う。かつて、そのことを知らずに建築材としてそこから石を掘った2人の漢人が、石を運んでいる間に死んでしまった。その後、誰もバヤン・ウンドルに手を出すことができなくなったと人々は言う。バヤン・ウンドルは、自治県全体に恵みと幸運をもたらす存在であるため、「手を出してはいけない」ことになる。その逆ではないことはこの出来事によって物語られる。

　実際、バヤン・ウンドルの山頂には自治県14ソムンのオボーが14個ある。それまでは別々にオボー祭りをしていたが、2010年9月17日に、バヤン・ウンドルにおいてオボー祭りを14ソムン共同で行うことになった。1942年以来、数十年ぶりのことであった。自治県全体のオボー祭りとなった今回においては、各ソムンからデージ・マルを5匹（計70匹）、競馬を5頭（70頭）、相撲力士を1人（14人）提供するなど、祭りの盛大ぶりが示されている。筆者の調査中、人々の話題はほとんどバヤン・ウンドルをめぐるものだった。オボー祭りを組織しているのは、ソムンなど民間組織のリーダーたちである。そこでは、あらゆる形式のビジネス行為が禁止された。

写真4……バヤン・ウンドゥル山の頂上にあるオボーを祭る男女たち

　無論、このようなオボー祭りは自治県独自のものではなく、規模こそ異なるものの、自治権をもたないアルタイやタルバハタイ地域においても同じものがみられるのである。そこで参加者たちは、「トゥル」に動員され、いやいやながら単に「山登り」をしているのではなく、キーモリの旗が掲げられたオボーを祭るために、参加しているのである。彼らは、自らセテル家畜をもっているかどうかとは関係なく、また年齢や性別とも関係なく、自らのキーモリの向上のために来ている。そういう意味で、「トゥル」によるセテルの「強化」は、あくまでもその表現形式においてである[5]。

3. セテルのような行為

　前節の後半で触れたように、対象地域では泉を祭ることを、泉をセテルする（ボラグ・セテラフ）と表現するケースがあった。その場合の行為対象である泉は、「セテルのようなもの」とみなすことができるとすれば、泉を祭る行為は、「セテルのような行為」であるとみなすこともできよう。そして、アルタイ地域の「湖をセテルする」こ

ともその例外ではない。さらに、本節で紹介したキーモリを掲げる行為やオボーを祭る行為も「セテルのような行為」となるだろう。それぞれの行為を指示する言語表現こそ異なるが、いずれも究極的には幸運（ケシゲ、キーモリ）の獲得を目論む行為だからである。

　無論、家畜である羊と非家畜の犬などの動物、樹木などの植物など、生命をもつ存在としての生物と違って、泉は非生物であり最初から屠られようのないものである。自然カテゴリーに含まれるある特定の対象の命を自由にするのが、セテル行為だとすれば、命のないものをセテルするというのは、根本から論理矛盾となる。セテルをめぐる人びとの語りやその認識は、家畜とその他の動物、動物と植物、生物と非生物といったカテゴリー上の混乱を内包しているといえよう。この混乱に、さらに本節で言及したキーモリ（旗）とオボー（高台）などを加えるとなおさらそうである。そもそも自然的な存在でさえない人工物の両者は、もはやセテルとは無関係のようにしかみえないものである。

　そのため、分類カテゴリーを基準にしてセテルの対象を測った場合、セテル行為をめぐる人々の諸言及は、所詮レトリックにしかみえない。家畜を超えて、犬もセテルの対象にする場合は一種の換喩として、樹木や泉などの場合は一種の隠喩としてしかみえないかもしれない。しかしこれはひとつの見方に過ぎない。セテル行為の論理次元でいえば、家畜からオボーまでの諸存在はよいものとしてのケシゲを有し、ケシゲは常に諸存在の個体の中にある。セテル行為は、そうした個々の存在の中にあるケシゲへのアクセスを試みる行為である。そのため、均質な内部をもつという想定の上で成り立つ、分類カテゴリーへの過信は、むしろセテル行為を理解するにあたっては障害となる。このことは、セテル行為に近似するキーモリを掲げることやオボーを祭ることなど、いわば「セテルのような行為」についてもいえよう。それが人工物であっても、その中には幸運をもたらすものが存在するからである。

Ⅴ. セテルにみる人畜関係の論理

　Ⅱ節で紹介したところの食べるためにいる家畜、そして、いったん敬われるが最終的に食われてしまうような家畜と比較して、それらと一線を画するのが、セテル家畜である。しかし、セテルがケシゲを獲得し、幸福を達成するための方法だとすれば、セテルの対象は必ずしも家畜に限定される必要はない。いわば「セテルのようなもの」がほかにもあった（Ⅲ節）。また、幸福を達成する方法である以上、方法として必ずしもセテルという形態をとる必然性はない。いわば「セテルのような行為」はほかにもなされている（Ⅳ節）。こうした諸々の「もの」や「行為」との関係のセットにおいて初めて、セテルをめぐる人畜関係の論理が読み解けるだろう。

　実際、セテルしてからその人あるいはその家庭がどの程度までに幸せになり豊かになったのかに関しては、人びとはあまり関心がない。そしてたとえセテルしないからといって、他人から特別にみられたり、あれこれといわれたりすることもない。セテルするのがあくまでもその人の自由とされることから、セテルはノルマというより幸運を呼び寄せるための方法に過ぎない。

　Ⅲ節の冒頭の事例からわかるように、B氏がセテルを行うきっかけになったのは、学校という教育現場において孫娘が抱える対人関係の問題であった。この問題を解決したいというのが、B氏家族の願望であった。牧畜民の日常生活における治病や家畜の増加にも、学校という牧畜民にとってさほど身近な存在といえないところで生じた問題の解決にもセテルは適用される。そこで、セテルの適用範囲は、むしろ広がっていることが窺える。

　このように考えると、不幸の回避、幸福の追求という人間の願望がある限り、セテル行為ないしセテルのような行為はなくならないだろう。幸福それ自体には万人共通の達成基準がない。方法自体がもたらす幸福の効果も、一時的なものに過ぎない場合が多い。そのため、一見新しくみえる特定の方法でさえ、基本的にそれまでの方法が依拠してきた論理を継承することで形成されるものが多い。結果的に幸福を追求する方法とその過程は、しばしば幸福そのものと

なろう。

　人びとは、セテルと同様、キーモリやオボーに、宗教的民族的な境界以上の意義を見出している。人工物ではあるが、キーモリやオボーは普通の布や土地ではなく、むしろセテル儀礼によって聖別された家畜やその他の生物と同様に位置づけられている。キーモリの更新やオボーの維持は、セテルの更新と維持にもつながる。それら日常的な存在自体との相互作用によって、人間は自ら幸せになれるというわけである。

　Ⅳ節で言及した三地域にみられたセテル現象の相違は、一見社会政治的な相違によるもののようにもみえる。しかしその相違は、セテル行為の在り方に拘る限りにおいて生じたものである。行為の対象が生物なのか非生物なのか、人工物か自然物かといった違いはここでは意味を成さない。キーモリを捧げたりオボーを祭ったりするような行為とセテル行為は、その基本論理においては大差がない。そのいずれも幸福追求のためのものである。基準こそ一律ではないものの、彼らが共通にもっているのは、幸福は人間社会内部だけにおいて達成しうるものではないという認識であろう。

　本章の冒頭に述べたように、人間同士の関係が、人間と動物など自然との関係に投影したのだというのがこれまでの多くの研究者たちがとってきた分析枠組みだった。自然とされる領域をめぐる人間の振る舞いやそれを支える彼らの自然認識は、社会的に規定されるということだった。しかし、そのような決定と被決定による優劣関係は、本章では確認することができない。万物にケシゲがあるという認識に基づき、ケシゲを追求するのがセテルという行為だとすれば、セテルをめぐる現象領域においては、社会と自然の境界は明示的ではないからである。

　ただちに、エスニシティ、イデオロギー、国家政策などに代表される「社会的なものの」に還元できないのが、「セテルのようなもの」や「セテルのような行為」である。言語表現上、他の動物や植物そして非生物などに比べて、複合名詞としてセテル羊など、セテル家畜の名がより安定している。これは、セテル現象を支える論理を生み出した牧畜という生業形態の特徴と密に関連しているからであ

ろう。けれども、言語表現よりむしろセテルをめぐる実践行為に、セテルの本質を読み取るべきであろう。セテル行為あるいは「セテルのような行為」は、人間、家畜、動物、植物、泉、原生林、人工林、旗、高台などの間を行き来し、ケシゲを追い求める運動の一形態である。牧畜という生業形態の変化に連動しながらセテルの現象形式にも、一定の「強弱」がみられるようになった。今後、形式上の変化に伴い、セテルのダイナミックスがより顕著にみられ、キーモリやオボーなど以外にも「セテルのようなもの」や「セテルのような行為」が多く現れるだろう。

　そこで、窺えるのは、生活環境が変わったとしても、「セテルのようなもの」に対する人の執着心はそう簡単に変わるものではないということである。このことと関連するような筆者個人の経験もある。イギリス滞在中の出来事であった。ある名門大学に所属する、内陸アジア出身のイギリス人研究者がいた。彼は同大学で十数年研究を進めている。ある機会に彼の自宅を訪ねることになった。その庭に入るや否やまず目に映ったのは、庭壁の内側一面に掲げられてあったキーモリだった。風に舞う彩のキーモリは筆者が調査地でみたそれと変わらない。筆者はどこか懐かしいものを感じた。無論筆者が彼の経験をすべて知ることができないと同じように、彼の庭で彼のキーモリをみたからといって、彼の願望をすべて掌握することもできないだろう。しかしながら、確かにいえるのは、そこに何かが託されているということである。どのような環境におかれても、人は自分の運気を向上させ、常に幸福を追い求めるものである。方法こそ異なっても、おそらく筆者も読者もその例外ではない。

参考文献

オルトナスト、ボルジギン
　2005　「モンゴルにおける祈りの旗に関する基礎的考察―オボー祭りにおけるヒーモリを事例に」『千葉大学ユーラシア言語文化論集』8: 87-118。

シンジルト
　2011　「牧畜民にとってのよいこと―セテル実践にみる新疆イリ=モンゴル地域の自然認識の動態」『中国21』34: 135-62。

HUMPHREY, Caroline and A. HÜRELBAATAR
　2012　Fortune in the Wind: An Impersonal Subjectivity. *Social Analysis* (in press).

Mende & Bayankešiɣ (emkidken nayiraɣulba)
2006 ögeled-ün jang ayali: ili-yin mongɣulküriy-e siyan-u ögeled-ün yoson yabudal, ündüsüten-ü kebel-ün qoriy-a.（メンディとバヤンヘシゲ〔収集・編集〕『ウールドの民俗―イリ・モンゴルクレー県におけるウールド人の諸慣習』民族出版社、2006年）

(**Endnotes**)

1 ── モンゴル・キルギスの人たちは塔城市周辺に、約400世帯2000人がいる。そのうち、20%はイスラム教徒で、80%は仏教徒とされる。ドルブルジン県には、約60世帯がおり、仏教とイスラム教徒の割合はタルバハタイとほぼ同じである。

2 ── ロースはこの世に来るときに泉、川、湖など清潔なところで休むのだ。休む日は旧暦の10月からの45日間である。この期間中、ロースを祭ってはいけないとされる。

3 ── 旧暦の9月は、ケシゲ・サル（月）と三地域でいわれる。ほかの月よりもよりケシゲの多いこの月には、結婚することはない。というのは、嫁側がいやがるからだ。自分たちの家のケシゲが、娘とともに婿側にもっていかれてしまう恐れがあるからだという。

4 ── 無論、キーモリは、ケシゲとまったく同じものであるというわけではない。慣習的に多くの地域では人間の幸運を指す場合、キーモリは男性に限定される［Humphrey and Hürelbaatar 2012: 5］。ただし、ある男性のキーモリが衰えたら、その男性の家庭もマイナスの影響を被るため、一家の主としての男性は妻にキーモリを取り戻すように促されるケースもしばしばある［オルトナスト 2005: 96］。よって、ここで言う男性限定はただちに女性排除を意味しない。さらには、キーモリという語の適応範囲は、前述した人間に限定されるボヤンに比べて、はるかに広い。人間（男性）以外に例えば、馬、火、気、星、干支、用具（帽子や帯など）［オルトナスト 2005: 93-8］、そして土地などにある幸運を指す場合もキーモリが用いられる。三者を比較した場合、語感的にケシゲとボヤンとの間にあるのが、キーモリであろう。

5 ── 2010年夏調査の際、本節冒頭に紹介したジャンガル関連の研究基地や育成センターなどはその姿を消し、その看板も自治県の博物館に保管されていた。漢語の強化を実質的に意味するバイリンガル教育改革の徹底に従い、村のモンゴル語学校自体がほかの学校に合併されたからである。

第3部 人と飼育動物

第5章

牛を喰い、牛と遊び、
妖怪牛にとり憑かれる

コモロにおける牛と人間の
「駆け引き」について

花渕 馨也

Ⅰ. 妖怪牛の恐怖

『セラヤニョンベは口から白い泡を吹き、太い声で「ヴォーッ、ヴォーッ」と咆吼しながら、椅子から立ち上がろうと暴れ出した。男たちは今にも弾き飛ばされそうになりながら、七人がかりで必死にその巨体を押さえつける。臭い煙の立ち上るアルミ盆をもってきた男が、セラヤニョンベの鼻先にそれを近づけ、「さぁ、出て行け！ ここはお前のいるところじゃない、山に帰れ！ 早く出て行け！」と怒鳴る。セラヤニョンベは「ヒィーーー！、ヒィーーー！」と高い叫び声を上げ、まるで角で突き上げるように頭をふり乱してもがき苦しむ。巨体をよじって逃げ出そうとするセラヤニョンベの手足にしがみつき、男たちは汗だくになりながら力一杯押さえ込もうとする。格闘はしばらく続いたが、やがてセラヤニョンベは急におとなしくなり、眠るように目を閉じ、椅子の上にだらりとのびてしまった。……』

これは、コモロ諸島のムワリ島のF村で1996年に行われた、セラヤニョンベにとり憑かれた女性の治療の様子をフィールドノートと録音テープから再現したものである。この場面では、霊媒師が自らの身体にセラヤニョンベをのり移らせ、さらに、その身体から臭い煙でもって追い出すという治療を行っている。

「セラヤニョンベ」とは、牛の姿をした妖怪のことである。ちょうど太陽が沈んだばかりの夕暮れ時、山の畠から帰る道すがら、暗がりの中にヌッと現れる、大きな角と、大きな背中のコブ、そして垂れ下がったノドの皮をもつ巨大な牛を目撃することがある。それが、セラヤニョンベだ。その姿を見ただけで、家に帰りついた途端に倒れ込んで病気になったり、突然亡くなってしまったりするのだと言われており、コモロの人々はセラヤニョンベを大変恐れている。セラヤニョンベを見たという噂が村に広まると、子供だけでなく大人も夜に出歩かなくなる。

セラヤニョンベについては後で詳しく述べるが、それは異形な牛の姿をし、牛のように鳴き、牛のような振る舞いをする、明らかに牛を模倣した、牛の形相と性質をもった妖怪である。しかし、コモロ社会において牛はとても身近な飼い慣らされた家畜であり、普段は

従順でおとなしい動物とみなされている。日常において人びとが牛を恐がる様子はなく、コモロでよく見かけるヤシの林の中で牛がのんびりと草をはむ風景からは凶暴な妖怪牛の姿は想像しがたい。コモロの生活において、人間に「飼い慣らされた家畜」としての牛と、「制御しがたい野生動物」のように人間を恐怖に陥れる妖怪牛とはどのように結びつくのであろうか？

　本章は、コモロ社会における牛と人との関係についての考察である。複数の実践を通じた牛と人の関係の生成について検討することで、すっかり飼い慣らされ、一見して「駆け引き」の対象とはならないように見える家畜としての牛と人の安定した関係が、外部性が露わとなるような不確かな駆け引きに開かれており、さらに、そうした関係の想像的拡張として妖怪牛への恐怖が生成されていることを明らかにしたい。

　本章における「駆け引き」という概念については但し書きをつけておきたい。「動物と人間の駆け引き」という本書のテーマは、動物に対する人間の一方的な制御や支配ではなく、動物の側からのアクションとのやり取りに焦点を当てようとするものであり、動物と人間がまるで対等に相互交渉し合うことをイメージさせる。しかし、私の考えでは、それを「駆け引き」として人間の行動の隠喩によって記述すること自体が、動物の行動を想像的に翻訳する作業による、人間の視点からのものである。狩猟動物との駆け引きであれ、家畜との駆け引きであれ、その相互行為を主として能動的に導くのは「狩る」主体であり、「飼い慣らす」主体である人間である。動物と人間の関係を対称的／非対称的、連続的／非連続的といった捉え方をするのも結局は人間であって、動物ではない。

　動物の行動を読み取り、動物の行動を制御しようとする人間の行為は、単に本能的な身体的反応なのではなく、人間の想像力によって媒介された認識と行為によるものだといえるだろう。動物と人間の関係を特徴づけるのは、その関係が人間の想像力によって媒介されるということに他ならない。動物は人間に狩られ、家畜化されるだけでなく、人間の思い込みにより、恣意的にさまざまに分類され、表象され、意味づけられ、関係づけられてきた。また、そうした想像力

の働きにより動物と人間の関係は見えない霊的世界へと拡張され、神格化された動物や、半人半獣や、動物を模した精霊や妖怪といった存在が人間の生きる現実世界の中に産み落とされてきた。

　動物の言葉を話せない限り、私が語りうるのはあくまで動物に対する人間による思い込みについてであり、本章が問題とするのは、動物と人間の駆け引きを媒介し、想像的なものを生み出す人間の想像力の働きについてである。

　全体の構成としては、まず次節において、コモロ社会における牛の牧畜についての基本的知識と、さまざまな語りの中に登場する牛表象の多様性について確認した後、牛と人とが関わり合う三つの実践について検討を行う。Ⅲ節ではシュングという社会制度における象徴財としての牛について、Ⅳ節ではンゴマヤニョンベという闘牛における闘いの相手としての牛について、そしてⅤ節では、実際の牛との関係の想像的拡張として生み出されるセラヤニョンベとの駆け引きについて検討する。Ⅵ節では本章の議論をより大きな「動物と人間の駆け引き」というテーマに結びつけるために若干の考察を行う。

II. 牧畜と牛表象

　ムワリ島は、東アフリカのモザンビーク海峡に浮かぶ四つの島からなるコモロ諸島に属している。コモロ諸島はンガジジャ島、ンズアニ島、ムワリ島、マオレ島の四つの島からなり、フランス領のマオレ島以外は、コモロ連合国に属している。ムワリ島は面積290㎢、人口は約38,000人［2006］の小さな島である。島の住民のほとんどはコモロ人（wakomoro）で、コモロ語のムワリ島方言を話し、スンニ派のイスラム教徒である。

　コモロ語で動物は「シニャマ（shinyama）」という。'nyama'は「肉」のことを意味し、'shi-'という接頭辞は種類や言語などの範疇を意味するので、そのまま訳せば「肉類」である。家畜は「家の動物（shinyama sha dahoni）」、野生動物は「野生の動物（shinyama nyeha）」と言われることもあるが、一般的には家畜も野生動物も区別されず

すべてシニャマである。

　海に隔てられたコモロ諸島の動物種はそれほど多くない。人間にとって脅威となる野生の大型哺乳類はおらず、牛が最も大きな陸上動物である。子供たちがトガリネズミや小鳥を捕まえておやつにするぐらいで動物の狩猟はしない。

　ムワリ島民のほとんどは、食用バナナ、キャッサバなどの農業と、小さなカヌーによる漁業を中心とした自給自足的生活をしている。家畜としては、鶏、山羊、羊、そして牛などがよく飼われているが、食用としての家畜の重要性はそれほど大きくはない。日常の食事では主に魚を食べることが多く、動物の肉を食べることは少ない。肉を食べるとしても輸入品の鶏や牛の冷凍肉を商店で購入することが多い。

　家畜を屠殺して食べるのは、一般にお祝いや祭宴などの行事があるときに限られる。家畜の中でも美味しく、肉量が多い牛は、他の鶏や山羊、羊などと比べて大きな価値をもっており、多くの世帯が自家消費や、繁殖させて売買するために1頭から数頭の牛を所有している[1]。牛は食用であり、使役用ではない。牛乳の利用は盛んでないが、発酵乳をご飯にかけて食べるのが好まれており、行事の御馳走には必ず用意される。

　コモロ諸島の牛は背中にコブのあるゼブ牛である。アフリカに広く分布するゼブ牛は4,000年前頃に導入され、北アフリカや東アフリカへのアラブ人の移住者とともに西暦700年頃に広範囲に広がったと推定されている。コモロ諸島やマダガスカルにいるゼブ牛もこの時期に導入され、8世紀にはコモロ諸島に、12世紀にはマダガスカルの広い地域に分布していたことが考古学的証拠によって明らかになっている［小山 2009: 198］。

　コモロ語で牛は「ニョンベ（*nyombe*）」と呼ばれる。去勢していない雄牛は「コンゾ（*kondzo*）」、去勢牛は「フレ（*fule*）」、子供を産まない雌牛は「ムタマナ（*mutamana*）」、子供を産んだ雌牛は「ニョンベ・イザナヨ（*nyombe idzanayo*）」、仔牛は「ムワナ・ニョンベ（*mwana nyombe*）」などの呼び方がある。そのほかに、色や大きさの形容詞をつけて区別することもある。

コモロの牧畜の方法は単純であり、あまり熱心に世話を焼くことはない。牛の世話は各世帯の青年や、村に何人かいる「牛飼い（*mutsunga*）」が行う。牛飼いは、牛の飼育や繁殖についての知識や技術をもつ専門家とみなされている。牛飼いには報酬としてお金のほか、牛乳を売る権利や雌牛が最初に産んだ子供をもらう権利が与えられる。牛飼いは、朝早くに山裾にある牧草地や水場に牛を連れて行き、杭に長い綱で繋いで放置する。夕方には村に連れて戻ることもあるが、山や村の近くに繋いだままにしておくことが多い[2]。

　コモロ人の牛のイメージは、まずニョンベという言葉の使い方に表れている。牛を表す'*nyombe*'に一般名詞化する'*u-*'をつけた'*unyombe*'は「愚かな、馬鹿な（*mujinga, daba, ulaba*）」、「のろまな（*upvole*）」といった「愚鈍」を意味する軽蔑語として用いられる。例えば、「そんなことも分からないのか、お前は牛だ！（*kusiyelewa iyo, wawe nyombe!*）」といった表現が使われる。

　さらに、'*nyombe*'は「凶暴（*muguguru*）」、「危険（*hatwari*）」、「強い（*uhodari*）」といった暴力的な性質を表すこともある。例えば、喧嘩をしている若者に対して使われる「お前たちはバカか。お前たちは牛だ（*Wanyu malaba. Wanyu nyombe.*）」といった非難の言葉は、暴力的な、愚かな行動に対する強い侮辱的表現となる。

　BLANCHY［1988: 74］は、コモロ諸島のマオレ島では、子供の頃にコーラン学校（*shioni*）に通い、コーランやアラビア文字を学習した人を'*mwana shioni*（コーラン学校の子供）'と呼ぶのに対し、コーラン学校を修了しない文盲の人を'*nyombe*'と呼ぶとし、それは慎みや自制、勉学や知識によって特徴づけられる「人間性」に対立する、「獣性（*bestialité*）」を象徴しているという。ABDEREMANE［2005］もまた、コモロの民話のなかでよく使われる「それは牛だ（*Iyo nyombe*）」という表現は、「どんな道徳や規範ももたず、放浪する」ような生き方を指しており、牛は「人間性や道徳性が欠如した動物性」の象徴として道徳的メッセージを伝えるための媒体になっているとしている。

　しかし、牛が単に愚かさや暴力性といったシニャマの「動物性（*animality*）」を象徴するだけの存在ではないことは、コモロのさまざまな口頭伝承や日常の語りにおける牛表象を検討すれば分かる。牛

と共に暮らすコモロ人は、牛を蔑むだけでなく、牛の行動をよく観察し、牛の行動から教訓を得たり、物語を発想したりといった豊かな関係をもっている。

　コモロの「諺（*djaka*）」には牛を人間に見立てたり、擬人化したものが多くある。例えば '*Nyombe amwambia mwanahe, ndzu yaho ina madzi.*'「牛が仔牛に言った。尻に糞がついているぞ（自分で自分の欠点は見えない）」という諺では、擬人化された牛が話している。また、'*Nyombe kaili nyombe.*'「牛は牛を食べない（同じ志をもつ者同士は互いに傷つけるべきではない）」という諺のように、牛の行動から人間への道徳的教訓を語るものもある。牛の喩えは日常会話や政治的語りの中でもよく使われている[3]。

　コモロの「民話（hale）」にも牛がしばしば重要な役で登場する。財産としての牛の取引をめぐるトラブルがよく物語のモチーフとされる[4]だけでなく、擬人化された牛が王様のライオンなどと活躍する物語[5]が多くあり、牛は人間のように話したり振る舞ったりする。また、民話の定型的な語り口の一つとして、'*Bo Nyombe*（なぁ、牛さんよ）'という、牛に語りかけるスタイルもある。

　牛を擬人化する隠喩的な語りは日常会話にもよく見られ、牛は「知性（*ankili*）」や「やさしい（*-ema*）」といった、コモロ語で言えば '*shimundru*（人らしさ）'、すなわち「人間性（humanity）」をもつ存在として語られることがある。例えば、「あの牛は、ヴァカンスの時期（牛が大量に屠殺される時期）になると、山の中で行方不明になるんだ。そして、ヴァカンスが終わったらきちんと帰ってくる。あいつは賢いよ」といった話のように牛の賢さについての語りはよく聞かれる。また、「あの母牛は自分の子供が屠殺される時にはモスクの前に言って膝をついて礼拝していたんだ。あの牛は敬虔なムスリムだ」という話のように、牛の行動に人のような道徳性を読み取る語りも聞かれる。

　牛の擬人化された表象はさらに「霊的（spiritual）」な人格的存在へと拡張されている。イスラム教の「悪魔（*shetwani*）」は牛のように巨体で、大きな角や蹄や尻尾をもつ姿のイメージとして語られることがある。また、人間にとり憑く「ジニ（*djini*）」という精霊は、普段

は目に見えないが、時々牛などの動物や人間の姿に変身して現れることがあり、その牛に遭遇することで精霊にとり憑かれてしまったという話や、牛飼いが牛の姿をした精霊と結婚して子牛が産まれたといった噂も聞かれる[6]。

　このような牛と精霊や悪魔などの霊的存在との結びつきは、牛が空間秩序の分類において境界的な存在であることと関係していると考えられる。コモロにおける空間秩序は、人間の住む村と、それを取り囲む精霊や妖怪が住む海や山からなる。牛は村で飼われるが、村の外の山にある牧草地につながれ、しばしば夜も山で過ごす。牛は家畜であるが、村と山の間を移動し、人間界とその外部との間の境界を越境する動物だともいえる。

　牛と山との結びつきは、牛飼いと牛と「ワナイサ（wanaisa）」との関係にも見て取れる。ワナイサとは山に住む小人の精霊である。全身が長い毛で覆われ、人間の膝ぐらいの背しかなく、森の中に集団で住み、山に来た人間にいたずらをする。牛を連れて山をよく歩く牛飼いの中にはワナイサと友達になり、好物のバナナと蜂蜜を贈る

写真1……木陰から顔を出すコブ牛

代わりに、ワナイサの能力で占いや呪術を行う者もいる。友達となったワナイサは牛飼いの代わりに、牛の背に乗って牧草地に連れて行ったり、牛泥棒から守ってくれたりと牛の面倒をみてくれるという。

このワナイサとの関係や、牛に変身した精霊の話などからも、コモロにおいて、牛は家畜として村の内の人間の領域に住む動物であるとともに、村の外部の野生動物や精霊やワナイサが住む世界とを往き来する、境界的な存在であるといえるだろう。

以上、さまざまな語りの中の牛表象について見てきたが、牛は単に「動物性」や「野蛮性」の象徴であるのではなく、「人間性」や「霊性」とも結びついた存在であり、「人間と動物」、「文化と自然」といった二元論には還元できない多義性をもつ存在だといえるだろう。では、牛表象の豊かな多義性は、牛と人とのとのような具体的な交渉により生成されているのだろうか？ 以下では、三つの実践領域における牛と人の異なる関係の位相について検討していく。

III. 牛肉と名誉

コモロでは、家畜の中でも牛の肉が最もおいしいという人が多い。牛肉は、塩や胡椒、大蒜などで味付けをして油で揚げたり、トマト味のソースで煮込んだりするムツジというスープにして食べられるのが一般的だ。しかし、日常的に家畜を屠殺して食べることはほとんどなく、大量の肉を獲得できる牛の屠殺は、年に何回かの大きな行事のときに限られている。その機会には、まずイスラムの年中行事である犠牲祭、断食明けの祝祭イード・アル・フィトル、予言者生誕祭マウリダなどがある。しかし、そうした宗教的行事で屠殺される牛はそれほど多くはない。

一年のうちで牛が最も大量に屠殺されるのは、結婚式における「シュング（*Shungu*）」と呼ばれる饗宴である。コモロ連合国内で年間に消費される牛は推定4,000〜5,000頭だが、結婚式が集中して開催される7月から8月にかけてのヴァカンスの時期には、牛の売買が活発に行われ、牛肉の供給が不足するほどに牛が消費される[7]。

最近はタンザニアやマダガスカルから冷凍牛肉や生きた牛が安

く輸入できることや、牛の病気の流行などにより、牧畜をしなくなった地域もある。しかし、シュングでは外国産の牛や冷凍肉よりもコモロ産の牛が好まれており、よい値段がつく。ちなみに、2010年に冷凍輸入肉は1kgで1,000〜1,500kmf（kmfはコモロフラン、1€＝約498kmf＝約130円）であったのに対し、生きた牛の肉は1,500〜2,000kmf。また、生きた仔牛の値段は75,000〜100,000kmf、成牛で350,000〜500,000kmf、大きな去勢牛だと600,000kmf以上であった。一人あたりのGNIが750米ドル［世銀2008年］で、ほとんど現金収入がないコモロ社会では、牛を購入するのはかなり大きな負担である。

　シュングとは、儀礼的な交換に基づく階梯制度のことであり、コモロ社会の重要な社会構造を構成する制度である[8]。シュングという言葉は組織としての集団とともに、行われる行事、あるいは制度を意味する。

　シュングに加入することができるのは、村の「ズウェ（*dzuwe*）」に属している人びとに限られる。ズウェとは、父方か母方の出自をたどる、親族集団のようなものであり、ズウェに属すには、父か母のどちらか一人でもズウェの成員でなければならない。子供は父か母のどちらかのズウェを選択して加入する。ズウェに属する者は村の正式な成員である「村の子供（*mwana mudji*）」の資格をもつ。例えば、N村のシュングを構成する成員は、シワジュ、フンゲ、ミラマニ、ムレジェレ、ンツンズの5つのズウェのどれかに属している者に限られ、「よそ者（*mdjeni*）」はどれだけ長く村に住んでいてもシュングへの参加資格は与えられない。さらに、N村のシュング組織は「同世代集団（*hirimu*）」ごとに12の下位グループに分けられている。

　シュングの起源は、毎年の収穫の後に村の親族集団ごとに各家庭が持ち回りで開いた祝宴であると言われており、その原則は「誰かのシュングを食べたなら、自分もその人にごちそうしなければならない」という互酬制である。シュングの成員は、子供の割礼や結婚式といった通過儀礼の節目において、他の成員に御馳走をふるまう義務を負う。シュングの宴を主催することを、「シュングを支払う（*ulipva shungu*）」と言い、それは他の成員の「シュングを食べた」者の義務であり、シュングの支払いを終えた者だけが正式に「一人前

の大人（*mundru mdzima*）」になったとみなされる。シュングの組織には、それぞれ誰が支払いを負え、誰が参加したかを記録するノートが保管されており、シュングが開催されるたびに記録が確認され、新たに書き込まれる。

　シュングは、ムワリ島民の地位と名誉に関わる重要な階梯制度である。コモロの結婚式は身内だけの「小結婚式（*ndola ntiti*）」で済まされることが多いが、シュングのメンバーは一生のうちに一度は村をあげた大結婚式を行う義務を負っている。シュングの開催は人生の重要な目標であり、「名誉（*sheo*）」の問題であり、それを果たせないことは「恥じ（*aibu*）」とされている[9]。また、シュングを行い「一人前の大人」と認められると、社会的地位が認められ、モスクの礼拝において上席が与えられ、村における政治的発言力が増す。

　シュングは、その日数や御馳走の規模によって四つのランクがある。最も下のランクは、子供の割礼の成功祈願のために行う「バディリ（*badiri*）」であり、祈禱の後に自分の属する世代グループの成員に山羊肉などの御馳走をふるまう。その上に結婚式の祝宴と結びついた三つのランクがある。牛を1頭以上屠殺し、3日間かけて祝う「ウシャヒディ・カラム（*ushahidi karamu*）」、3日から1週間かけて、牛を数頭屠殺してふるまう「コンベ（*kombe*）」、そして、10日間かけ、約牛50頭分もの肉をふるまう「ムフカテ（*mfukatre*）」がある。

　シュングにおける互酬性は、しばしば「肉を食ったら、肉を食わせろ」という表現で言われる。「シュングはけなし合いだ（*shungu iyo udea*）」ともよく言われ、シュングの祝宴の場で、既にシュングを行った者は未だ行っていない者たちを「シュングを支払わない奴は、肉を食うな！」、「あいつはシュングをやるつもりも無いのに、いつも肉を食べに来ているぞ！」などと公然と罵倒して相手に恥をかかす悪態が頻繁に見られる。

　この悪態で特に「肉」について言及されているように、シュングの御馳走において最も重要なのが牛の肉であり、生きた牛を何頭屠り、どのように分配したのかということが、人々の最大の関心である。人々は過去に開催されたシュングについて語るときに、必ず何頭の牛を屠ったのかということでその規模を示し、どれだけ肉を食べた

かということを満足げに語り、そして、肉を食べたくせにまだ義務を果たしていない者を批判するのだ。

牛の屠殺は村はずれで静かに行われる。コモロはイスラム社会であり、「ハラール」と呼ばれるイスラム法で認められた作法に基づいて屠殺し、処理された肉しか食べてはいけないことが原則となっている。コモロ語で牛を屠殺することは「牛を切る (*utsindza nyombe*)」という。牛の屠畜の場合、牛の頭をキブラ (メッカの方向) に向けて地面に寝かせ、"*Bismillah Allah-u-Akbar*"「アッラーの御名によって。アッラーは最も偉大なり」と唱えながら、頭を切り離さないように鋭利なナイフで喉のあたりを横に切り、気管、食道及び頸静脈を切断する。完全に血が抜けるまでそのままにし、死亡した後に解体を行う。

屠殺において、牛に対する憐憫や感情的高ぶりといったものは一切ないように見える。一般に感情を表に出すことを慎むイスラム教では、葬式などで激しく泣くことも抑制されているが、屠殺の場面で感情を抑えるべきだとする宗教的規範は特にない。しかし、食べるための牛に情けをかけるという考えはないようで、解体作業は静かに淡々と進められる。

ただし、屠殺を行う人にとっても初めての牛を殺す体験は、やはりかなり緊張と感情的高ぶりがあることも確かなようだ。解体のベテランに聞くと、解体は子供の頃から見ており慣れていたが、やはり最初に牛の喉に山刀を入れる時は「恐かった」と言う。しかし、二回目からは慣れたという人が多く、屠殺がなんらかの特定の感情を繰り返し経験するような行為ではないと言えるだろう。解体場には子供たちも集まってくる。まだ牛の解体を見慣れていない子供たちはやはり緊張した面持ちで、静かにおとなしく見ていることが多いが、子供たちの表情からは恐ろしさを感じているようではない。コモロでは成長の過程で解体場面を何度も目撃することで、屠殺に対し感情的反応を示さなくなるのかもしれない。

解体に慣れた男たちは淡々と食肉を切り分け、グループごとに分配する肉を分けていく。大きなアルミの盆に山盛りに盛られた牛肉が村の広場に並べられる光景はシュングの一つのクライマックスである。それを見ながら、人々は肉の量について語り合い、シュングの

主催者がどれだけの御馳走をふるまったのかを評価し合うのだ。

　シュングでの牛肉の分配では、牛肉のどの部分が、どれだけ、どの集団に分配されるかが規則により決められている。シュングの牛の解体を手伝い、肉を分配するのは、花婿と同じ世代集団の男たちであり、内臓はその同世代集団で分配される。頭はその牛を世話していた牛飼いに与えられる。コモロでは脳も食べられる。首と尻尾はまだシュングに加入していない若者や子供たちに与えられる。その他の部位の肉は、美味しいとされる背骨についた背肉やヒレ肉の部位などが長老世代の集団に多目に与えられるほかは、均等にシュングの世代集団へと分配される。

　Blanchy[1996]はンガジジャ島のアンダ（Anda）（ムワリ島のシュングと共通する制度だが、より規模が大きく複雑な制度）における牛肉の分配の仕方が社会構造と対応しており、その構造を再生産する働きをしているとし、コモロの牛は「社会化」された存在として社会的地位の象徴財としての意味をもつと論じている。

　また、Walker[2002]は、牛の社会的価値の歴史について一つの仮設を提示している。彼は、コモロの階梯制度において牛が大量に消費されるようになったのは19世紀以降だとする。19世紀までコモロ諸島は周辺地域への牛の輸出元であり、年間700頭あまりを、主にモザンビークに輸出していた［Walker 2002: 168］。ところが、1912年から1946年まで、コモロ諸島がフランス植民地であったマダガスカルの属領とされると、マダガスカルのフランス植民地行政局は、帆船による輸送の間の悪条件による損失を主な理由として、また、マダガスカルの要請に応えるために、コモロ諸島からの牛の輸出を禁止した。

　ンガジジャ島の牛の輸出禁止は、それまで繁殖による増加分の中から輸出されていた、およそ20％分の牛の余剰を生み出し、地域での消費量の増加をもたらした。さらに、植民地化への反動として、民族的伝統の中心的制度であるアンダが重要な表現方法となったこと［Chouzour 1994］や、アンダの社会階級から個人への拡張が起こり、奴隷の子孫や年少者もアンダを行うようになったといった社会的要因によって、その時代にアンダはより大きな重要性をもつよう

になり、より多くの牛が慣習的儀礼のために屠殺される運命となった。WALKER は、牛の大量消費と象徴的価値の高まりは、こうした歴史的背景において起こったと指摘する[10]。

　ムワリ島においても同様な歴史的経緯により、シュングの牛の消費が増え、象徴的価値が高まったと考えられる。将来自分や子供のシュングを行うために牛を所有すること、そして、シュングにおいて牛を屠り、その肉をふるまうことは、コモロ人にとって大きな価値をもつ。BLANCHY や WALKER が主張するように、牛は使用価値や交換価値をもつだけでなく、そのシュングにおける消費において象徴価値をもつものとして、社会関係を差別化する指標となる。単に大きな牛というだけでなく、輸入牛や輸入肉よりも、コモロの地元の生きた牛が好まれ、交換価値が高いのも、牛がもつ象徴価値によるものだといえよう。

　しかし、牛と社会構造とが深く結びつくアフリカの牧畜民によくみられるような、牛と人とが親密な関係にあり、人格的なつながりをもつといったことはコモロでは見られない。牛は象徴的価値をもつが、それは所有され、屠られ、分配され、食べられる「牛肉」としての価値であり、その関係は物質的、経済的なものであって、牛という動物に対する愛着や思い入れといってものではない。シュングにおける牛の存在とは、「おいしい大量の肉」であり、それが互酬的交換のシステムにおいて分配されるモノであるということである。この制度における牛と人との関係には、それ以上の相互的関係はほとんど無い。

IV. 牛との危険な遊戯

　シュングではただ食われる存在であった牛は、別な場面ではまったく異なる顔をもつ。シュングの一環としても催されるンゴマヤニョンベという闘牛では、牛と人の直接的な相互行為の場があえて作り出され、牛は駆け引きの相手となる。シュングの牛とは対照的に、ンゴマヤニョンベにおける牛は、自らの意志や考えをもち、その行動には予測し難い不確かさを含んだ、制御し難い危険な他者として、

人に対して強い情動的反応を引き起こす「生きもの」としての姿を見せるのだ。

「ンゴマ・ヤ・ニョンベ（*Ngoma ya nyombe*）」、訳すと「牛の太鼓祭り」は一種の「闘牛」あるいは「牛追い」である。その起源についてはポルトガル説がある。16世紀から17世紀にかけてインド洋交易の拠点として東アフリカに進出したポルトガル人は、ザンジバル、モンバサ、キルワ、コモロなどの海岸・島嶼部に住み着き、闘牛はその時代に広まったと言われている[11]。この説の真偽は不明だが、ンズアニ島の闘牛についての1769年の記録があり、かなり古くから行われていたことは確かだ。

ンゴマヤニョンベは結婚式や割礼などの祝祭の一つの行事として行われる男の「遊戯（*dangadzo*）」である。それ以外にも子供がバカロレアに合格したとき、留学していた息子が帰国したときなどにもお祝いとして行われる。主催者は牛の賃貸料や、会場を準備する「ムサダ（*musada*）」と呼ばれる相互扶助に参加する若者の食事などを負担する。

ンゴマヤニョンベの準備はまず会場作りから始まる。会場には村のまっすぐな広い通りが使わることが多く、一方に牛を繋ぐために、道をふさぐように枝で柵が作られる。柵の上に太鼓を叩く男たちが乗るための櫓が作られることもある。

使われる牛は、気性が荒く、巨体の立派な牛が選ばれる。去勢牛ではなく雄牛が選ばれる傾向があるが、雄雌についてのきまりは特にない。何人かの青年たちと大勢の子供たちが鞭で牛を急き立てながら大騒ぎしながら山から村に連れてくる。牛を村に入れるまでが、子供たちにとっては一つの興奮するイベントになっている。

牛が会場の柵につながれるといよいよンゴマヤニョンベが始まる。櫓に登った男たちが、大きさの異なる三種類の太鼓と、アルミのバケツを叩いて始まりを知らせる。太鼓は「シゴマ（*shigoma*）」と呼ばれる男性のダンス音楽で、伝統的には太鼓が使用されてきたが、近年では電気楽器の演奏をスピーカーで流して踊るというスタイルも行われるようになった。

会場から太鼓の音が聞こえると、観客と参加する男たちが集まっ

てくる。男たちはスーツなどで正装をして、「サンビ(sambi)」と呼ばれる長い布を首から下げ、その端を両手で広げるように持ち、ゆっくりとしたリズムで身体を揺らして踊る。そして、少しずつ前進しながら順に牛の前に進み出て、牛の目の前でサンビの端を振って挑発する。

　踊りがしばらく続いた後、男たちは牛の前に一直線に並び、両手でサンビを広げるように身構えたところで、牛を繋いでいた綱を解く。牛は男たちをめがけて突進し、男たちはサンビを翻して、向かってくる牛をすんでのところでかわす。観客は歓声をあげ、女性たちは祝福を示す「ジゲレゲレ」という高い震える声を出して、華麗にかわす男たちを喝采する。その後、牛は再びつながれ、日暮れまで同じことがくり返される。終わると、牛は屠殺されることはなく、再び山に帰される[12]。

　さて、このようなコモロの闘牛から、牛と人のどのような関係を読み取ることができるだろうか。スペインのアンダルシア地方の闘牛コリーダについてマーヴィンは、ギアツ流の解釈学的人類学の視点から、コリーダは「集団的なテキストであり、そのテキストは顕著な文化的テーマを把握し、それを、複雑に様式化され、感情のこめられた形式と舞台の中で、観客へ明かす」[マーヴィン 1990: 296]とし、コリーダという形式化された牛と人の闘いが、深い根源的な文化的テーマを反映しているとする。そして、マーヴィンによれば、まず闘牛が表すのは、自然界の存在である野生の牛と人間の文化を代表する男の対峙であり、自然に起こる恐怖をコントロールできる特別な男である闘牛士が、野生の牛を操り、劇的な勝利を収めるというドラマであるとする。

　また、マーヴィンによれば、人間が征服すべき野生や自然の象徴である闘牛の牛トロ・ブラボは、人間に抵抗するが最終的には支配され殺されるという役柄を演じる役者になるべく、人工的な交配と荒々しい野生性を失わないような飼育方法により、「野生牛」となるよう育成されるという。そして、闘牛用の牛は、人間に支配された家畜と人間の支配を受けない野生動物との間にある狩猟動物にあたり、闘牛は一種の狩猟として野生動物を狩る行為を模した演技と捉える

ことができ、家畜でありながら野生であるという曖昧な性質による、予見しがたく扱いにくい危険な牛と対峙する不確定性こそがコリーダの面白さを生み出しているという［ibid.: 147-9］。

これに対し、Thompson［2010］は、牛を自然や野生の象徴とし、闘牛に「文化と自然」、「人間と動物」の闘いといったテーマを見出すような解釈は西洋近代的の二元論的な問いの設定を前提としたものだと批判する。Thompsonによれば、従来の闘牛の解釈では、もっぱら牛の死というクライマックスに焦点が当てられ、人間の勝利と牛の敗北が二元論的なテーマのドラマとして理解されてきた。しかし、闘牛における牛と人との関係は、闘牛場における上演を含めた一連の過程の中にあり、それぞれの相互交渉の場面では、二元論に還元できない、境界が浸透し合うような牛と人の多様な関係が見出されるという。

コモロの闘牛についても、牛を野生や自然の象徴とし、その攻撃を人間がうまくかわしてコントロールすることで結局は人間が勝利する、自然に対する人間の勝利という二元論的ドラマとして解釈することもできるかもしれない。しかし、そうした牛と人との関係を表象レベルで捉える解釈は、牛と人とが緊張の中で対峙し、瞬間的な反応による身体的駆け引きを行う恐怖と快感を伴う交流についてほとんど語っていないだろう。

マーヴィンのいう闘牛の牛のもつ不確かさは何も人工的に作り出した「野生牛」だけがもつものではない。ンゴマヤニョンベの牛は、他の牛よりも荒々しい性格のものが選ばれるが、特に野性的になるよう育てられたわけではない。むしろ、トロ・ブラボのように人工的により強化される、人間が制御しがたい野生は、もともと牛に備わった性質を強化したものであり、コモロ人は飼い慣らした牛であっても凶暴性をもつことを知っているからこそ、遊戯の相手として選んでいるのだ。

そもそも、あらゆる「家畜化」とは完全に動物を支配することなどではなく、制御しがたい動物を「ある程度」コントロールできるようになり、動物と人間の安定した関係を維持するための知識や技能による飼い慣らしのプロセスだといえるのではないか。牛は巨体なわ

りにはおとなしい家畜だからといって、最初から人によって一方的に制御され、支配された存在なのではない。人が首尾よく牛を移動させたりできるのは、飼い慣らしの過程を経た上でのことである[13]。

例えば、馬を乗りこなすようになるまでの過程でも、人と馬の関係は一方的ではなく、馬を手懐けようとする人は、馬の反応、馬の性質に合わせて、自らの次の出方を調整しながら訓練を進めるだろう。また、馬の方でも、人の調教の仕方に合わせて、自らの反応を変化させていくだろう。つまり、両者は複雑な、アフォーダンス論的なプロセスとしての相互作用の中で、互いの駆け引きを通じて互いに変化することで、互いの関係を生成させているのだといえる［GAME 2001］。

同様に、牛と人の関係においても、その相互的な変化の過程を経て、安定した人間と家畜との関係が作られるのであり、それは、一旦成立したから終わりというものではなく、人と人との関係がそうであるように、継続した駆け引きに開かれているといえるだろう。そして関係の安定化の企ては、牛の暴走により常に予測不可能な、不確かな外部＝野生により失敗する可能性をもち、完全なる家畜化に至ることなどないだろう。

飼い馴らしえない、予測不可能な存在との交渉であることこそが、ある種の自律性をもつ動物と人間との関係の特性であるといえるだろう。また、そのような不確かさをもつ動物の性質があるからこそ、暴走する牛をうまく制御する技量を披露し、スリルを快感として味わう闘牛という遊戯が世界各地で生まれたといえるのではないだろうか。

ンゴマヤニョンベをその都度の牛と人の関係を生成する実践であり、予め用意された二元論的な筋書きによるドラマとしてではなく、予測不可能な駆け引きとして見るならば、そこで展開される身体的な相互行為は、より複雑な過程として理解できるだろう。

コモロの闘牛は、コリーダのように、洗練され、様式化され、思想化されてはおらず、それはコリーダに比べるとずいぶん粗野な遊びである。しかし、闘牛の様式美や、牛との闘いのドラマといったものは、コモロ人が闘牛に参加した時の振舞いや、それについて語ると

きの内容に見出すことができる。

　ンゴマヤニョンベは、村人たちにとって最も興奮する娯楽である。それは、参加する男性たちにとってだけでなく、観客である女性や子供、老人にとってもそうである。観客は、男たちの「かわす（utabusa）」テクニックの華麗さに魅了されて歓声をあげる。

　男たちのかわしの技芸は定型的なものではない。首から下げた布を大きく翻して、よりきわどいところで華麗な身のこなしでよけるのが巧いよけ方だとされる。うまくかわした男は、得意げな、いかにも余裕をもってかわしたという素振りで、サンビの両端をもって腕を高くあげて見せたり、その場でゆっくりと回ってみせたりする。村の中でも華麗なかわしをすると評判の男に聞くと、牛を巧くかわすには、ぎりぎりまで牛の目を見て動かず、牛の角が手の届くところまで来たところで、片方の腕でサンビを振るように残しながら、身体を横に向けてかわすのだという。サンビの裾が牛の顔にかかるほど近くでかわせられれば「先生（fundi）」になれるらしい。

　村の「かわし」の名人が言うには、牛を巧みに、華麗にかわせるようになるには、何度もンゴマヤニョンベに参加して、「牛が何を考えているか理解する（uono fikiri yahe）」ことが必要だ。

　村の男は、ンゴマヤニョンベの牛についてこのように語っている。「牛は頭がいいさ。奴はあっちの男を追いかけるとみせかけて、急に方向を変えてこっちに向かってきやがる。頭を低くして、振り上げて角で刺すんだ。ある男は太ももを刺されたまま引きずられて、向こうの通りまで運ばれていったこともある。それで、やつは俺たちに見せびらかすように、その男を振り回すんだ。…」。ンゴマヤニョンベにおける牛と人との関係は、遊びの「駆け引き」の中で、愚鈍な動物、獰猛で危険な獣、人間のように意志や思考をもち、人間の仲間として共に遊ぶ相手といった多様な相をゆれ動くのだ。

　言い替えるならば、そのような曖昧さが、ンゴマヤニョンベにおける牛と人間の駆け引きを、予測不可能な、不確かな出来事なものとし、それゆえに人々を興奮させるイベントとしているのだと言えるだろう。

　スペインのコリーダとは異なり、ンゴマヤニョンベでは牛が殺さ

れるというクライマックスがない。人々は、踊り、牛を放し、また踊り、牛を放しということを繰り返し、適当なところで切り上げる。原理的には、コモロの闘牛は結論のない、純粋な往復運動による遊びである。しかし、ンゴマヤニョンベに参加する男たちも、そして観客も期待するのは、華麗なかわしの成功だけでなく、ハプニングである。誰かが牛の角に突かれて大怪我をするといったハプニングによって、闘牛は一つの事件となる。

　ンゴマヤニョンベは相当な危険な遊戯でもあり、しばしば怪我人が出るだけでなく、時には死人も出る。村の老人たちは、昔に牛に突かれて受けた傷跡を見せながら、いかに自分が死にそうな目に合ったか、そして不幸にも牛によって殺された自分の友人について興奮して語る。そうした語りの中で、牛は、人を角で「突き刺し(*urunga*)」、「突き飛ばし(*usukuma*)」て、「怪我をさせ(*ukodza*)」、「殺す(*uuwa*)」、とても「危険(*hatwari*)」で、「屈強(*uhodari*)」で、「悪辣(*roho mbi*)」で、「恐ろしい(*uria*)」野獣として語られる。

　私の調査中には、調査対象としている村で死人が出たことはない。しかし、私の不在中に、観光客のイタリア人男性が不用意にも牛の写真を撮ろうとして道に出てしまい、牛の角に突き上げられて亡くなるという事件が起きたことがある。後日、村人にその事件について聞くと、いかにそれが巨大で獰猛な牛だったか、いかに牛がその男性を突き上げて振り回したか、そして、その男性の横腹からいかに内臓が飛び出したかといった凄惨な場面を、興奮しながら詳細に聞かせてくれた。このことからも、牛の凶暴さがこうした事件を通じて人びとに具体的な出来事として体験され、語り継がれていくということがわかる。

　また、牛に追いかけられる恐さは私も少しは体験として知っている。観察者として、対象について冷静なまなざしにより記述することと、当事者として、牛を目の前にし、その向かってくる巨体や、鼻息や、獣臭さを自らの身体によって感じ、経験することとは異なる。フィールドワーカーとしてンゴマヤニョンベも体験すべきだと甘く考えた私は、ある日、サンビを首にかけて闘牛に参加した。まだ繋がれている牛を挑発するところまでは余裕だったが、いよいよ牛を放す

写真2……観客を睨むンゴマヤニョンベの牛

時になり、列の中間あたりに立った私はすっかり怯え、牛がまだ5人前ぐらいのところに迫ったところで、私は横の家の囲いの中に駆け込んでしまった。しかもそのとき、あまりに慌てたせいで囲いの杭に胸をぶつけ、肋骨にヒビが入る始末だ。

　何も私の経験を持ち出すまでもなく、牛という巨体の、角をもった動物が迫ってくることは、理屈なく怖いということが間違いなくいえる。そして、コモロにおいて、ンゴマヤニョンベにおける牛は、恐ろしい動物として語られるだけでなく、身体的経験として恐ろしい存在なのである。ンゴマヤニョンベの開催を通じ、それは新たな感情として何度もくり返し経験され、牛の恐ろしさを証明する新たな出来事として語られ継がれていくのである。

　闘牛における牛の恐さは、牛一般の恐さでもなく、この個別の牛と対峙することの恐怖である。ンゴマヤニョンベに選ばれる牛は、ただ巨体であったり、角が大きかったりするだけでなく、普段から人間の指示にしたがわず、攻撃的で、すぐ暴れるような特別に荒々しい性格をもつ牛である。相手がいつも同じ牛ではなく、それぞれクセ

の異なる一個の牛であり、どんなにンゴマヤニョンベに慣れた男でも、対峙するのは窺い知れぬ性格をもった牛であるため、時には、牛が男を突き倒すこともあるのだ。ンゴマヤニョンベにおける牛への「恐怖」は、遊びという枠組の内であっても殺されかねないというその予測し難さにより、リアルな身体的感覚として経験されるといえるだろう。

　牛との直接的対峙、身体的な駆け引きにおいて、牛は人が非自己としての動物に投影する「自然」や「野生」の象徴として知覚されるものではなく、一個の生きものとして経験される「この牛」であり、その恐怖の対象なのだ。そして、そうした牛は殺人や傷害といった事件を引き起こすことによって、人びとに恐ろしい「あの牛」として記憶され、語られる存在となるのだ。

　牛に対する、このような恐怖の体験に基づく感情は、ある種の現実感覚を理解するために発動される牛による想像力を導くものとなるだろう。さて、いよいよ我々はその想像力が生み出した牛の怪物と組み合うことになる。

V. 妖怪牛を追い払う

　これまで、肉として消費される牛、闘牛の相手としての牛という、コモロにおける牛と人の関係の二つの実践について検討してきた。そこでの牛は、どちらも目に見え、触れることのできる、身体的に経験することができる対象としての牛であった。しかし、コモロでは人と牛との関係は、目に見える世界に留まらず、目に見えない想像的世界に拡張され、セラヤニョンベという妖怪牛と人との関係を生み出している。以下では、恐怖や不安の対象としてのセラヤニョンベのリアリティが、どのような共同的な実践を通じて生成されているのかを記述した後、実際の牛と人との関係がそうした実践とどのように結びついているのか考えてみたい。

　「セラ・ヤ・ニョンベ (*sera ya nyombe*)」は、訳すと「牛の妖怪」である。「セラ (*sera*)」とは日本語の妖怪や幽霊に近い意味をもつ語である。セラという語が複数形の「マセラ (*masera*)」になると「狂気」を

指す状態名詞として、「狂気にとらわれる (*usikwa na masera*)」、「狂人である (*uka na masera*)」、「狂人になる (*ungia masera*)」、「狂人 (*mwendza-masera*)」などと用いられる。

　イスラム教社会であるコモロでは、「シェトワニ (*Shetwani*)」と呼ばれる「悪魔」や、神が創造した「ジニ (*djini*)」という精霊についての信仰が広く存在するが、セラはしばしばこの悪魔やジニと同じ存在とされることもあれば、異なる存在とされることもある。Said Ahmed はセラをジニと分け、セラを悪魔 (*le diable*) だとしており、ジニには人間と同様にイスラム教徒もいるが、セラはイスラムに従わない悪い存在だという [Said Ahmed 2000: 57]。また、Chouzour は、ジニの下位カテゴリーとして、ムスリムである「ラウハニ (Rauhani)」と、ムスリムでないセラが含まれるとし、ラウハニがアラブ起源で、'*unguwana*(文明、高貴さ)'をもつのに対し、セラはアフリカ起源の野蛮で悪い精霊だと分類している [Chouzour 1994: 64-7]。

　しかし、筆者の調査によれば、ムワリ島におけるこれらの分類は曖昧で混乱しており明確に定義することはできない。セラはシェトワニの化身だとか手下だと言われることもあるが、むしろセラはセラとして、ジニ以外の幽霊や妖怪などよく正体の分からない、恐怖をもたらす邪悪な霊的存在を一般的に言うときに使われているようだ。例えば、欧米の映画に登場してくるモンスターやゴーストなどもセラと呼ばれる。

　セラの中でも唯一具体的なイメージをもち、最も恐れられているのがセラヤニョンベである。セラヤニョンベは、その姿においてまさに牛の化け物である。それは、とてつもなく大きな巨体の牛で、曲がった大きな角と大きなコブをもち、喉の皮が異様なほど垂れ下がっているという異形の姿をしている。色は真っ黒なことが多く、目が真っ赤に光っていただとか、尻尾が引きずられるほど長かったなどという目撃情報もある。

　セラヤニョンベは夕暮れ時に、山と村の中間あたりの道に現れたり、夜中に村へ降りてきたりするという。セラヤニョンベ同士で鳴き声を交わすのを聞いたという話や、日が暮れて間もない夕暮れ時に、道の暗がりの中に尋常ではない巨大な牛の姿を目撃したという話が

ときどき村の中で噂される。セラヤニョンベのリアリティは、まずそうした目撃譚の語り合いの中で生成され、そして、誰かの病気や不幸といった出来事と結びつくことでその正体が具体化されていく。

セラヤニョンベを目撃したことにより急に病気に陥ったり、意識を失ったり、時には死んでしまったりすると言われている。そうした場合、イスラムの祈禱や呪術師の処方する呪薬などにより治療が行われる。また、村で立て続けに原因がよく分からない死人が出た時に誰かがセラヤニョンベを見たという噂が広まった場合などには、村全体で祈禱が行われたり、精霊が住むとされる場所に行き、精霊にセラヤニョンベの退治を祈願するために山羊を「供犠（*masadaka*）」することもある。

セラヤニョンベは、呪術師（*mugangi*）によって攻撃対象に送られ、人にとり憑くこともある[14]。そうした場合の一つの治療方法として、患者の身体からセラヤニョンベを「追い払う（*utoa sera ya nyombe*）」という施術が行われる。ここでは一つの事例を取り上げ、セラヤニョンベと人間との駆け引きについて検討する。

B村に住む20代の青年ダウドは、両親が離婚したため、母親と祖母と暮らす真面目な独身男性であった。ダウドは幼い頃からイスラム学校にきちんと通う近所でも評判の敬虔なムスリムであり、将来はイスラム神学者となることを夢見ていた。ところが、リセ（高校）を卒業する頃から少しずつ行動がおかしくなり、幻覚を見たり、意味不明なことを叫んだりするようになった。いつでもサングラスをかけるようになったのもその頃からだ。

母親と祖母は、ダウドの病気を治そうとあちこちの占い師や治療師を訪ね歩き、最後にマヘジャという霊媒師の女性に行きついた。マヘジャは、自分がもつダダという名前のジニに憑依されて占いを行い、ダウドの病気の原因がとり憑いたセラヤニョンベであると告げた。マヘジャに憑依したダダが語るには、同じイスラム学校に通っていた同世代の男が、ダウドが優等生でいつも先生にほめられることを妬み、呪術師のところへ行き、セラヤニョンベをダウドに送るように依頼したというのだ。

それからしばらくして、ダウドの身体からセラヤニョンベを追い

払う施術が行われた。以下はそのときの施術の様子をフィールドノートと録音資料から短くまとめたものである。

　参加者は、マヘジャと助手の男が六名、マヘジャの娘が二名、それにダウドの母親と祖母であった。施術は部屋の中で行われ、入り口に向かって茣蓙が敷かれ、その四隅に赤いヤシの実を2個ずつ、赤い珊瑚石を2個ずつ、白い綿、カンザという強い香りの薬草、赤い布を裂いた切れ端がそれぞれ置かれた。これらの呪具はセラヤニョンベの力を封印するためのものである。

　会場の準備ができると、マヘジャはお香を焚いて自らの身体にダダを憑依させる。施術はマヘジャ自身ではなく、彼女に憑依したダダがとり行う。ダダは参加者たちと挨拶を交わした後、ダウドを茣蓙に座らせ、ムフレの木の実を燃やしたひどく臭い煙の出るアルミ盆を片手にもち、それをダウドの頭の上で七度回し、つぎに、「アロッ！　セドゥア！　セデッ、セデッ、セデッ！」という呪文を唱えながら、足の爪先から頭まで何度かぐるりと回した。そのうち、突然ダダは「ウヒィーッ」という鋭く長いうなり声をあげ、目を白目にし

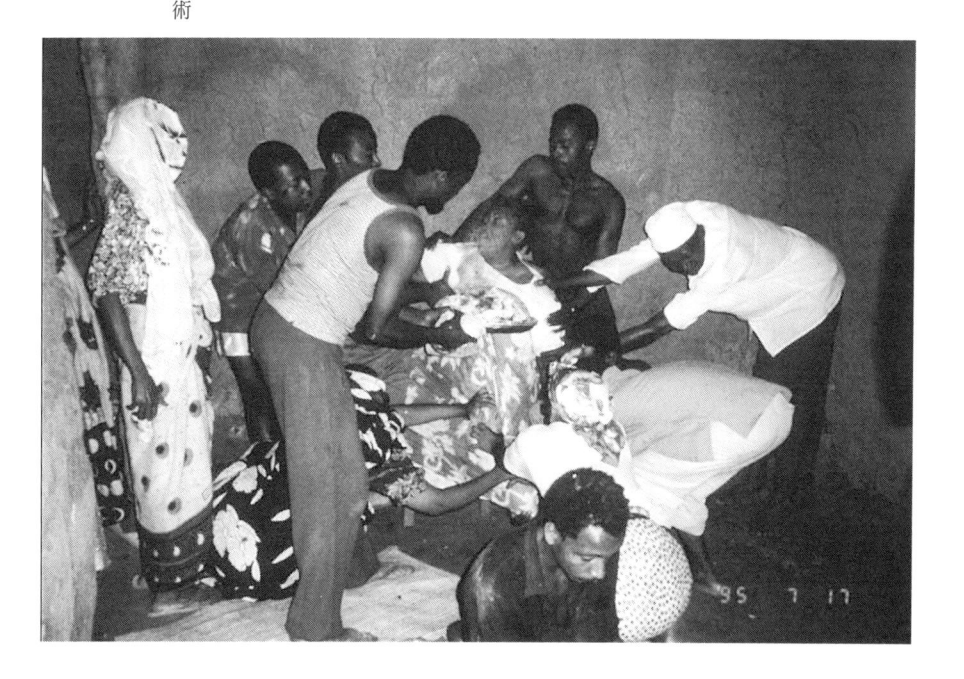

写真3……セラヤニョンベを追い払う施術

第5章　牛を喰い、牛と遊び、妖怪牛にとり憑かれる　　　　193

ながら後ろに倒れ込んだ。その瞬間、六人の男たちがいっせいにマヘジャの身体に組みつき、その身体を椅子に座らせて押さえ込んだ。このとき、ダウドの身体にとり憑いていたセラヤニョンベがマヘジャの身体にのり移ったのだ。

　マヘジャの身体に憑依したセラヤニョンベは、目をつむったまま唸り声をあげ、もの凄い力で暴れて逃れようとする。男たちはセラヤニョンベの手足を必死になって押さえつけるが、その力に引きずられそうになる。セラヤニョンベは男たちにつばを吐きかけ、「ヴォー、ヴォー！」とうなるように咆哮した。口からは白い泡が垂れている。

　助手の男が臭い煙の出るアルミ盆をもってきて、神への祈りを唱えたあと、それをセラヤニョンベの鼻先に近づけ、「こいつはとんでもない牛だ！　性悪の牛め！　早く出て行け！　ここはお前のいる所でない。山へ帰れ！」と脅すように叫んだ。セラヤニョンベは煙から顔をそむけ、鋭い金切り声をあげ、逃れようとさらにもがく。

　助手の男は、セラヤニョンベに出て行くように脅かす一方で、セラヤニョンベに送ったのは誰かを聞き出そうとして語りかける。セラヤニョンベは人間の言葉を理解すると考えられているのだ。「雄牛よ、誰が送ったのだ？　誰がお前に山羊の血を与えたのだ？（セラヤニョンベを送る呪術では山羊の血を使うと考えられている）言えば放してやるぞ！」。セラヤニョンベは頭をふりながら「もう帰る、もう帰る！」と叫び、それに答えようとしない。そこで、助手の男がまた煙を近づけて、「早く言え！　誰がお前を送ったのだ？　そいつはどこの村にいるのだ？」と質問をくり返す。

　そうしているうちに、セラヤニョンベは急に暴れるのを止めておとなしくなり、全身から力が抜けてだらりとなり、身体から去ってしまった。しかし、安心はできない。セラヤニョンベはこうして人を騙すことがよくある。このときも、押さえつける男たちが少し力を抜くと、急にまた暴れ出し、「もう帰る、もう帰る！　わしはここがきらいだ！」と叫んだ。

　そのようなやり取りがしばらく続いた後、やがてセラヤニョンベは観念したかのように、「ゼーッ、ゼーッ」と肩であえぎながら、「送ったのはＴ村のサイディだ。サイディが墓に行き、わしは山羊の血と、

赤い鶏をもらったのだ」と呪術師の名前と、ダウドにとり憑く代わりに与えられた供物を明かした。

　それを聞くと、助手の男は「よし、もう話はすべて聞いた。ダダよこの牛を連れて行ってくれ。さっさと追い出してくれ！」と言いながら、臭い煙をまたセラヤニョンベにかがせた。マヘジャの身体の中で、ダダとセラヤニョンベが闘っており、最後はダダが身体からセラヤニョンベを追い出すことで施術が終わるのだ。セラヤニョンベは、まだしばらく抵抗を続けたが、やがて急に暴れるのをやめ、だらりと椅子の上でのびてしまう。マヘジャの身体からセラヤニョンベが追い出されたのだ。

　その後、ダダが最後の仕上げとして、ダウドを部屋の入り口に立たせ、助手が入り口でヤシの実を割るのと同時に、肩を押して外へ出した。これで、後は使用したヤシの実や珊瑚石などの呪具を、人目につかないように海に投げ捨てたらすべての施術が終わりである。

　以上が、セラヤニョンベを追い払う施術のやり方である。実際の牛と人との関係とは異なり、目に見えない妖怪牛との関係は、それがリアルな恐怖をもたらす存在となるには、共同的にそれを知覚し、承認していく独自な相互行為のプロセスが必要となる。以下では、セラヤニョンベの恐怖が生成されるプロセスを考えてみたい。

　まず、セラヤニョンベは目撃譚によって人々の言説空間に登場する。しかし、人々はセラヤニョンベを実際に見たのだろうか？　もし、セラヤニョンベが実際にはいないとすると、考えられるのは人々が村はずれの木に繋がれた牛や、村の中を徘徊する綱の外れた牛を夜の暗がりの中で目撃したのをセラヤニョンベに見間違えたり、セラヤニョンベ「らしい」牛を見たという話をしているうちに、対話が現実を作り出し、現実が物語化される中で、不安や恐怖を具現化するものとして妖怪牛が実体化され、実際に見たり襲われたという話になるということだろう。そして、人々の噂の広まりの中で、セラヤニョンベは実際に「いた」という共同的な知覚として実在性をもつようになるのではないか。

　さらに、たまたま何らかの病気や災いがそうした経験と結びついたときに、セラヤニョンベが不幸の原因として物語に登場し、セラヤ

ニョンベを追い払う施術における人々の語りと相互行為の連鎖により共同的な現実として構成されることになる。

　牛と人間がその生身の身体で直接的に対峙するンゴマヤニョンベとは異なり、セラヤニョンベの牛は目に見えない妖怪である。セラヤニョンベを追い払う施術は、まずその「想像された牛」を可視化するため、霊媒師の身体において受肉化することから始まる。

　しかも、それはただの牛ではなく、目撃情報の語りの連鎖と蓄積の中で想像が膨らんだ、尋常ではない、「異形の牛」である。人々の目撃譚によるセラヤニョンベの姿は、それだけで圧倒的な感覚をもたらす牛の巨体、角の大きさ、背中のコブ、見にくく垂れ下がった喉の皮などをより誇張したものである。

　しかし、セラヤニョンベが憑依する霊媒師の身体といえば、かなり太目で大柄の女性とはいえ、いつもはやさしい中年女性の身体であって見栄えがしない。そのため、セラヤニョンベらしい姿を表すために、憑依された身体は、太い声でうなり、奇声をあげ、頭をふり乱し、つばを吐き散らし、あらん限りの力で暴れ回るのだ。その暴力的身体を男たちが押さえ込むという相互的な身体関係において、セラヤニョンベの脅威は共同的な知覚となり、恐ろしさの感情を生み出すことになるのだ。霊媒師の身体的、模倣的振る舞いによって可視化される獰猛性は、ンゴマヤニョンベで経験された牛の外部性をより強力に誇張したものとして想像されるといえるだろう。そのような隠喩的拡張によって「尋常でない異形の牛」となったセラヤニョンベは、恐怖や不安の化身として「存在自体の不気味さ」をもつ化けものとなるのだ。

　ところが、牛とは異なり、セラヤニョンベは対話する存在でもある。セラヤニョンベは呪術師から供物を受け取り、依頼を承諾して誰かを攻撃すると考えられている。ンゴマヤニョンベの牛が隠喩的に擬人化されて語られるのとは異なり、セラヤニョンベは意思や考えをもち、人の言葉を理解し、言葉を話す存在だとされる。ただし、上記の対話場面にも見て取れるように、セラヤニョンベは、図体は大きいが、愚かで、性悪な存在だとみなされており、人間がセラヤニョンベに命令し、従わせるような駆け引きにより施術が進められる。霊

媒師の助手は、臭い煙をかがせるという暴力的手段を使う一方で、まるで言うことを聞かない牛を躾けるかのようにセラヤニョンベに命令したり、呪術師の正体を白状させたりという言語的な駆け引きを行うのだ。そして、セラヤニョンベは身体から追い払われ、山に帰ることで施術は終了する。闘牛における牛が外部性をもちながらも、最終的には家畜として山に帰されるように、セラヤニョンベもまた強力な外部性の権化でありながら、最終的には、強制的にではあるが山に帰される存在なのだ。ンゴマヤニョンベは遊戯であり、牛と人間との駆け引きのスリルを反復して楽しむこと自体が目的であるが、セラヤニョンベの場合には、その脅威が人間の日常から消え去ることで一つの結末がもたらされる。セラヤニョンベは、人の理解や制御を超え出た、不安や恐怖の化身である一方で、他方では、治療の施術において人によって鎮められ、制御される家畜的存在とならなければならないのだ。

　恐ろしい妖怪牛と従順な家畜としての牛が、こうして結びつく。セラヤニョンベは、コモロにおける人と牛との多層的な関係から生成する多義的な意味領域から隠喩的拡張によって想像的に生み出され、さらに、ンゴマヤニョンベでの恐怖の身体的記憶と結びつくことで、恐怖や不安の化身となるのだ。ただし、これはセラヤニョンベの起源についての話ではなく、現在のセラヤニョンベの恐怖のリアリティが、このような文脈において生成され、成り立っているのではないかという話である。身近な家畜でありながら、野生性を備えた牛は、まさにそうした役割に適切な隠喩となりうる存在なのである。

VI. 馴化と他性、そして恐怖

　最後に、本章の議論をより広い「動物と人間の駆け引き」という本書の主題に結び付けてみたい。そのためにも、まず本章の議論を「動物と人間」として語ることの問題点について確認しておくことが必要となるだろう。本章では、牛と人との直接的な駆け引きの実践から生成する関係を捉えようとしてきたが、そうした関係は牛と人との一般的関係として語りうるものとは異なるし、他の種の動物と人

との関係とも大きく異なる。人間とほとんど接触をもたないオオコウモリとの関係や、子供がおやつとして捕獲するトガリネズミとの関係を、同じ「動物と人間」との関係として語るには相当な開きがある。同じ家畜でも牛と人との関係は、山羊や鶏との関係、あるいは犬や猫との関係と同じではない。

　多くの「動物と人間」に関する議論は、民族誌的多様性について語る場合であっても、そうした個別種の関係の違いを無視したまま一般化して「動物」や「家畜」について語る傾向にある。しかし、「動物と人間」との関係について語るには、個別種と人間との関係についての民族誌的検討に基づき、「動物とはなにか？」（そして「人間とはなにか？」）という根本的な問いを慎重に考慮する必要があるだろう [INGOLD 1988; BIRNBAUM 2010]。

　ここでは、あらゆる動物を対象とするようなこの問いに十分に答えることはできないが、本章の「家畜化とその外部性」という議論をより一般的な「動物と人間」の関係として語るための準備として、その関係の根底にあると思われる動物の馴化と他性、そして恐怖の問題について考えてみたい。

　CLUTTON-BROCKは、家畜動物を「食料供給や活動範囲や繁殖について完全に支配する人間の共同体において、人間の生存や利益のために、捕らわれた状態で飼育される」[CLUTTON-BROCK 1994: 26] 動物と定義している。しかし、「家畜化」概念については1980年代からさまざまな議論があるように、それが意味する牧畜、飼育、繁殖、馴化といった動物と人間の相互関係は多様であり、その定義は困難である。SIGAUT [1988] は、「家畜」という概念には、法的、経済的、文化的、倫理的といったさまざまな異なる分野の論理が混在しており、多様な「動物と人間」の関係を捉えるには不適切な概念であると指摘している。また、レステル [2009: 225-8] も、「家畜化」という概念から動物と人間との諸関係を再考する必要を指摘し、人類学が民族誌的に明らかにしてきた動物と人間のハイブリッドな親和的関係を挙げて「家畜化と野性」の対立の再考を促している。

　人間に完全に支配された動物など存在しないだろう。人間の思い通りに行動する動物はもはや動物ではなく、機械やロボットであっ

て「生きもの」ではない。物や植物と異なり、生きものである動物は自律的な「動き」をみせることに最大の特徴がある。動物の動きに直面するとき、人は身体的に身構えるとともに、その動きに合わせて、自らの身体の動きを調整する一方で、さらに、人は動物の動きに意図を読み取り、行動を予測しようとする認知的働きによって自らの行動を方向づける。それに対し動物もまた、人間の動きに反応して自らの動きを調整し、行動を変化させ、さらに、動物の動きに対応して人間も自らの動きを調整するというように、「動き」を調整し合う相互行為の連鎖によって動物と人間の関係が生成されると捉えることができるだろう。

　家畜化とは、このような相互行為に基づく動物の行動パターンの馴化であり、それにより、人間は動物の動きを安定的に予測し、制御できるようになる。ところが、動物が独自の自律的主体である限り、飼い馴らしは常に駆け引きのプロセスの途上であり、「飼い慣らし得ない」外部性に開かれている。動物の心を読み、その動きを完璧に制御することは困難であり、人は勝手に動物の意図を推測し、宥めたり、強制的に従わせようとするが、その試みは常に失敗する可能性をもつ。約8,000年前に家畜化された牛でも、時には主人をつき飛ばし、暴走して逃げ出すこともある。動物の行動特性を抑制し、制御する知識や技術を習得することで人間は家畜化を行ってきたが、動物とは思いがけない動きをする、人間の意のままにならない他性を本質的に備えた存在だといえるだろう。

　このような視点を取るならば、「家畜」とはカテゴリーの名詞ではなく、たえざる家畜化の過程、動物と人間が、非人間と人間が、非自己と自己が「相互的に」馴化する継続する過程のことである。コモロの牛は、一方では、すっかり馴化され、所有され消費される単なる「肉」として扱われながら、他方では、馴化し難い「野生」の牛として人間を攻撃する存在でもあるのだ。動物と人間の関係は駆け引きによりゆれ動くのであり、二元論的な分類によっては捉えることのできない関係の生成と変化へと本質的に「開かれ」ている。

　だからこそ、動物との駆け引きは情動的関係を生成させるのではないか。いつもは従順な牛が思い通りに動かないとき、あるいは自

分に向かってきたとき、人は声を荒げ、顔をひきつらせ、瞳孔が開き、心臓がどきどきし、汗が噴き出し、反射的に逃げ出したり、身がすくんで動けなくなったり……そうした身体的反応としての感情を喚起されるだろう。恐怖というものを対象の他性に対する情動的反応の一つ［山根 2007］と考えるならば、動物はそうした他性を強くもつ存在であり、特に攻撃されなくとも、人間は強い情動的反応を見せる。子供が動物を怖がるのは理屈ではなく身体的反応である。

　ただし、すべての動物が強い恐怖の対象となるわけではなく、ライオンは誰もが恐怖するが、ウサギはそうでもないだろう。つまり、動物といっても種の姿形や性質の特性によって、人に対する他性の現れ方が異なる。ある身体的、性格的特徴をもった動物がより恐怖の対象となるだろう。人間よりかなり大きく重たい巨体であり、鈍重であるが力が強く、頭には大きな角が生えている。そのような牛の姿は、人間に直感的に脅威をもたらすといえるだろう。また、牛は普段はとても従順だが、一旦暴れ出すと凶暴となり制御するのが困難だという性質をもつ。牛を家畜化し始めて以来、人間は牛の攻撃性を抑制する方法を学び、おとなしい牛に品種改良してきたが、牛の暴力性を消し去ることはできず、牛は潜在的に脅威であり続けてきたといえるだろう。

　このような牛の姿形や性格に由来する恐怖は、コモロでは競技や遊戯においてスペクタクル化されることで、人々に経験され、より一層強烈な恐怖のイメージを付与されてきた。闘牛における、牛の中でも特別に選ばれた荒ぶる牛と人間との対峙は、非人間としての牛の他性を際立たせ、その野性の恐怖を実際に体験する機会となり、牛の恐怖を身体的記憶とするとともに、その恐ろしさについての語りによる情報を増幅させてきただろう。

　牛に対する恐怖は、さらに人間の想像力を喚起し、牛の他性を膨張させることで、おぞましい異形と、強い暴力性、そして道徳的な悪の性質をもつ化けものをコモロの地に生み出した。それは、実際の牛以上に強い他性、非人間性を拡張させた悪魔的存在であり、不安や恐怖の化身として、人々の日常に侵入する災いや不幸という秩序の外部について理解し、対処するための具象化されたイメージとな

っている。

　動物に対する恐怖が様々な文化的想像力の源泉となることは、人類史において広く見られる現象だと言えるのではないか。Mundkur［1988］は、動物に対する本質的な恐怖が、人間の恐怖のイメージの源泉となり、それは超自然的な存在に対する宗教的畏怖の起源であると主張する。旧石器時代から世界中に見られる宗教的な動物表象を見ても、非人間であり、人間を超えた能力をもつ動物は、人間の情動を刺激し、日常や常識を超越した現象について理解するための隠喩的想像力を強く喚起する存在となってきたといえるだろう。

　対面する動物に対し何らかの情動や思いを抱かずにはいられないということ、そして、それにより想像力が喚起されるということ、そのような人間の想像力の働きと媒介こそが、動物と人間の関係における最も重要な特性だといえるのではないだろうか。牛への恐怖、そして妖怪牛への恐怖はそうした想像力から生まれる。

　ただし、それが実際の牛であれ妖怪牛であれ、対象に対する恐怖とは、想像力に媒介されながらも、あくまで状況的な身体的反応であるということを強調しておきたい。牛に対して恐怖を感じるのは、普段はおとなしい「この牛」が、急に暴れ出し、その強い力に圧倒され、制御できなくなったときである。そうした経験は、表象に還元される「牛」一般の経験ではないし、牛の「恐怖」一般でもない。従順な牛が思わぬ他性を露わにし、恐怖の対象となるのは、一回性の具体的な出来事として、一個の牛と一個の人が対峙する駆け引きにおいてである。動物に対する本当の恐怖とは、非自己として認識され、動物に投影される「飼い馴らされた野生」などではなく、動物と人間の駆け引きにおいて偶発的に立ち現れる他性への直接的な情動的反応だといえるだろう。そして、コモロでは、人間が牛にときどき突き殺されることで、飼い慣らし得ない牛の他性を繰り返し確認させられるのである。

　　付記：本章は、1994〜97年、および2002〜10年に実施したのべ約3年間の
　　　　コモロ諸島での現地調査に基づく。調査資金の提供を受けた関係諸機関
　　　　に改めて感謝の意を表する。

参考文献

バラテ、エリック＆アルドゥアン＝フュジエ、エリザベト
　1998　『闘牛への招待』管啓次郎訳、文庫クセジュ、白水社。

花渕 馨也
　2005　『精霊の子供：コモロ諸島における憑依の民族誌』春風社。

小山 直樹
　2009　『マダガスカル島：西インド洋地域研究入門』東海大学出版会。

レステル、ドミニク
　2009　「ハイブリッドな共同体」大橋完太郎訳、『現代思想（特集　人間／動物の分割線）』37(8): 216-39、青土社。

マーヴィン、ギャリー
　1990　『闘牛：スペイン文化の華』村上孝之訳、平凡社。

山根 一郎
　2007　「恐怖の現象学的心理学」、『椙山女学園大学人間関係学研究』5号：113-29。

ABDEREMANE, Said Mohamed Wadjih
　2005　Dynamique énonciative dans les contes des Comores : Le dire un conte. *ya mkope nos* 12-13 – Décembre 2005 : 115-32.

BIRNBAUM, Jean(ed.)
　2010　*Qui sont les animaux?*. Gallimard.

BLANCHY, Sophie
　1988　*La vie quotidienne à Mayotte(Comores): essai d'anthoropologie comprehensive*. Thèse de doctorat, Université de La Réunion.
　1996　Le partage des boeufs dans le mariage coutumier de la Grande Comore. *Journal des africanistes*, tome 66 fascicule 1-2, pp. 169-202.

CASSIDY, Rebecca & MULLIN, Molly
　2007　*Where the wild things are now ?: Domestication reconsidered*. Berg.

CHOUZOUR, Sultan
　1994　*Le Pouvoir de l'honneur : Tradition et Contestation en Grande Comore*. L'Harmattan.

CLUTTON-BROCK, Juliet
　1994　The Unnatural World: Behavioural aspects of humans and animals in the process of domestication. Aubrey Manning & James Serpell(eds.) *Animals and Human Society*. pp. 23-35, Routledge.

DESCOLA, Philippe & PÁLSSON, Gísli(eds.)
　1996　*Nature and Society: Anthropological perspectives*. Routledge

GAME, Ann
　2001　Riding : Embodying the Centaur. *Body & Society* 7(4) : 1-12.

HATUBOU, Salim(ed.)
　2004　*Aux origins du monde: Contes et legends des Comores*. Files France.

HAUDRICOURT, André Georges et DIBIE, Pascal(eds.)

1988　Que Savons-nous des animaux domestiques ?. *L'Homme* 28(108) : 72-83.
INGOLD, Tim(ed.)
　　　1988　*What is an Animal ?*. Routledge.
MUNDKUR, Balaji
　　　1988　Human animality, the mental imagery of fear, and religiosity. Tim Ingold(ed.) *What is an Animal ?*. pp. 141-84, Routledge.
RUSSELL, Nerissa
　　　2002　The Wild Side of Animal Domestication. *Society & Animal* 3(3) : 285-302.
SAID AHMED, Moussa
　　　2000　*Guerriers, Princes et Poètes aux Comores*. L'Harmattan.
SIGAUT, François
　　　1988　Critique de la notion de domestication. *L'Homme* 28(108) : 59-71.
THOMPSON, Kirrilly
　　　2010　Binaries, Boundaries and Bullfighting: Multiple and Alternative Human-Animal Relations in the Spanish Mounted Bullfight. *Anthrozoos* 23(4) : 317-36(20).
WALKER, Iain
　　　2002　Les aspects économiques du grand mariage de Ngazidja(Comores). *Autrepart*(23): 157-71.

(Endnotes)

1 ── WALKER［2002］の推計によれば、コモロ諸島で飼育される牛の数は約23,000頭である。
2 ── 一般にコモロでは、動物に対するタブーのようなものはなく、牛の飼育に関するタブーのようなものも聞いたことはない。
3 ── 例えば、1975年のコモロ独立時、四つの島全島の独立が阻まれ、マオレ島だけが仏領に残されたことを受け、一本の足を欠いた「三本足の牛 (*Nyombe mindru miraru*)」というアブダラ初代大統領が用いた表現がコモロ国家を表すのによく使われてきた。
4 ── 例えば、民話によく登場するブワナワシという知恵者が、悪いスルタンに奪われたおばあさんの牛を、知恵を使って取り戻すといった話［SAID AHMED 2000: 176-8］などがある。
5 ── ライオンの王様の娘の結婚式に行くことを渋る牛の代わりに、友達のアリが牛と身体を交換し、そのまま元に戻れなくなったという話［HATUBOU 2004: 32-5］などがある。
6 ── コモロ島民の起源伝承として、島に最初に住んでいたのはジニで、後からやって来た人間とジニが結婚して生まれたのがコモロ人の祖先だという話がある。
7 ── この時期の牛肉の供給は国民的関心事であり、毎年といってよいほど政治問題としてコモロ国内のニュースで取り上げられる。牛の病気の流行などにより牛が十分に供給できない場合などには、牛の値段が高騰し、

国が価格調整に乗り出すこともある。
8 ──シュングには男のシュングと女のシュングがあるが、ここでは村全体が関わる男のシュングについてのみ述べる。コモロ諸島の島ごとに階梯制度は少しずつ異なっており、ンズアニ島とマオレ島にはムワリ島と類似したシュングが存在するが、ンガジジャ島では、「アンダ（*anda*）」と呼ばれるより複雑な階梯制度が存在している。
9 ──昔はズウェに属する男性のほとんどがシュングに加入していたが、現在では、シュングの多額の負担を望まない者は加入しないことも多い。またシュングにかかる費用は年々高額になっており、実際には全員がシュングの義務を果たすことができるわけではない。
10 ──シュングにおける牛の消費に関係する歴史として、1975年から78年にかけて行われたアリ・ソワリヒ大統領による社会主義革命期において、社会の発展を阻害する悪しき慣習としてシュングが禁止されたことがある［CHOUZOUR 1994］。
11 ──闘牛がポルトガル起源かどうかは確かではない。東アフリカのペンバ島でもポルトガル起源の伝承をもつ、コモロとよく似た闘牛が行われている。マダガスカルにも中央高地のベツィレオ族のサヴィカ（*Savika*）という闘牛などが広くみられる。
12 ──ンガジジャ島にはムワリ島のような闘牛はなく、牛囲いの中に男が入り、牛に組み付いて引き倒すという、マダガスカルの闘牛と類似した闘牛が一部地域にある。
13 ──'Domestication'と'Taming（飼い慣らし）'を区別する議論もあるが、ここでは人間が動物の行動を制御し、支配するという広い意味で「家畜化」という語を用いる。
14 ──セラヤニョンベを追い払う施術の詳細については花渕［2005］を参照。

第 **6** 章

ウシの名を呼ぶ

南部エチオピアの牧畜社会ボラナにおける
人と家畜の駆け引き

田川　玄

I. 人と家畜との相互行為

　これまで狩猟民の民族誌的研究では、狩猟者が獲物となる動物と共感的に一体化することを報告しており、例えば寺嶋は、グンターのブッシュマン研究 [GUENTHER 1988: 192] に参照されている19世紀のフォークロアを引用した後、「ブッシュマンは動物が感ずるように感じ、動物が行動するように行動する。動物はブッシュマンの中に生き、ブッシュマンの身体は動物に変わる」[寺嶋 2007: 18] と述べる。それは生存のための狩猟という目的のもとに獲物を対象とした一方向的な認識過程から得られた知識であると同時に、主体的な動物とのあいだの共感や間主観性という双方向的な認識にもとづくものである [寺嶋 2007: 16-9]。

　こうした狩猟過程における動物と人との関係は、例えば、動物の鳴き声を真似ておびき寄せるなどにみられるように、動物の模倣を通した対象の理解と働きかけとそれに対する応答である。そう考えると寺嶋 [2007: 16-9] の述べるように獲物と狩猟者の関係はまさに相互浸透的であり、両者は共感的に一体化する。しかし、この一体化は獲物となる動物が狩猟者によって狩られることによってこそ継続する関係であろう。さらに、狩猟という行為は谷が「みえかくれするゲーム」[谷1987: 149] と表現し、奥野 [2010] が獲物となる動物との「近接の禁止」を語るように、動物と人のあいだでも、特定の個体同士に取り結ばれる持続的な関係ではない。

　狩猟と同じく生業活動である牧畜では、偶発的で不確実さを含む狩猟とは異なり、家畜と人の関係は継続的で安定的であることが前提となるように思われる。しかし、谷 [2010: 36-7] は、人が家畜に対して常に継続的に介入することによってはじめて、動物が家畜としての行動特性をもちつづけると述べる。つまり、人と家畜との関係は決して安定的であるとは限らないし、さまざまな家畜の反応によって人の対応も変化するはずであるというのだ。

　具体的には人から家畜への介入行為とは、主に身体を用いるものであり、牧人による家畜群への呼びかけとそれに対する家畜の反応によって維持される群の放牧過程、出産後の母子の相互認知のイン

プリンティングのための介入や授乳・哺乳の介助、種ウシをわずかに残しほとんどのオスを去勢するといった数々の介入行為である［谷 1987、2010］。こうした介入行為について、家畜のなかでもヤギやヒツジを対象として生態人類学的な多くの実証的な成果が発表されている［谷 1987; 太田 1987a, b, c, 1995; 鹿野 1999 など］。

　そこで、本書のキーワードである「駆け引き」をこうした牧畜という生業活動の文脈のなかで捉えるとすると、家畜への働きかけとそれに応答する家畜の行動という双方の「すり合わせ的出来事の連鎖」［谷 2010: 35］によって成立する人と家畜の間身体的な関係であるといいうるのではないだろうか。繰り返し述べるが、それは決して安定的ではなく、絶え間なく続けなければならない相互行為である。

　さて、生業活動という経済的な観点だけでなく社会文化的な視野も含むと、アフリカの牧畜社会の研究では、人と家畜の関係のなかでもウシが最も注目されてきた。古典的な民族誌『ヌアー族』［エヴァンズ＝プリチャード 1971］では、エヴァンズ＝プリチャードはヌアーとウシとの関係を互いに寄生する共生関係と表現している。ウシは花嫁代償、血償、犠牲獣となり、人と同じであるとされるだけでなく、人を拡張した存在である［cf. Hutchinson 1996］。こうしたウシと人との同一視は狩猟における獲物との一体化とは異なるうえに、ウシは男性の社会化や社会の生成に根底から係わっている。

　本章が記述の対象とする、エチオピア南部から北部ケニアにかけて広がる牧畜社会であるボラナもまた、ウシに最も高い価値をおいており、他のウシ牧畜社会と同様にウシの乳を食生活に用い、花嫁代償として交換し、儀礼においては供犠し解体して喰らい、ウシと人を重ねあわせて表現する[1)2)]。このボラナの人びとと家畜であるウシとの相互関係を、生業活動にとどまらず社会文化的な領域も視野に入れて、人と家畜の駆け引きの民族誌を提示することが本章の目的である。特に本章では、生業活動のなかで行われるウシの名づけという行為に注目し、それによってどのような人と家畜との関係が成り立っているのかを示す。また、ウシへの名づけ行為が社会的宗教的な領域でどのような関係となるのか、名づけをとおした人と家畜の相互行為について示していく。

II. ボラナ社会と家畜

1. ボラナ社会

　ボラナは南部エチオピアから北部ケニアの年間降水量が500mmほどの半乾燥地帯に住む人々である。季節は大雨季（3月から5月）、小乾季（6月から8月）、小雨季（9月から11月）、大乾季（12月から2月）に分かれる。気候変動が激しく、小雨季に降雨が見られないこともある。

　社会構造としては外婚半族があり、半族はそれぞれいくつかの父系クランから構成されている。父系クランは二次クランに分節する。クランは領域化しておらず、どのクランの成員もすべての地域に居住ができる。また、井戸はクランに所有されているが、すべての人が使うことができる。

　ガダ体系として知られる世代組と階梯からなるガダ（*gadaa*）と呼ばれる年齢体系とハリヤ（*hariya*）という年齢組体系がある[3]。宗教については、ワーカ（*Waaqa*）という神／天を信仰する伝統宗教であるが、近年になりケニアやその国境地域ではイスラームが浸透しているという。ボラナによれば、すべてはワーカが創ったものであり、幸・不幸ともにすべての出来事の究極的な原因はワーカである神／天に帰せられる。

　ボラナの集落は半定住的であり、数戸から数十戸の世帯によって成り立つ。集落は家屋と円形のウシ囲いから構成されており、とげのある木枝を並べた柵によって囲われている。集落や世帯が移動した際にはじめに、男性がウシ囲いとなる場所で火起こし棒で火を起こし「コーヒー豆の供犠（*buna qalu*）」を行い、その火をウシ囲いを共有する家屋の炉に移す[4]。

　家屋は、ウシ囲いに戸口を向けるようにして作られることが多い。もっぱら男性がウシ囲いを建てるのに対して、主に女性が家屋を建てる作業に従事する。独身者は母親の家屋に寝起きする。息子が結婚すると少し間を置いて独立した家屋を建てるが、父親や既婚の息子、既婚の兄弟は一つのウシ囲いを共有し、放牧もいっしょに行う。

　ウシ囲いの内部には仔ウシ囲いを作るが、一部の仔ウシを家屋に

入れることもある。このほか、ヤギとヒツジはいっしょに集落内に作られる小家畜囲いに入れる。一方、ラクダ囲いは集落から離れた場所に設けることが多い。

男性と女性の領域は明確に分かれている。ウシの放牧は少年が受けもつことが多いが、小家畜や仔ウシの放牧には少女が関わることもある。一般には、料理や搾乳、水汲み、薪ひろい、家屋の掃除は女性の仕事であり、放牧、放牧先の選定、家畜に水を飲ませるために井戸から水を汲み上げる仕事は男性が行う。

現在、多くのボラナは牧畜だけでなく農耕も行い、主にトウモロコシなどを作っているが、過去においてボラナは土地を耕すことを嫌悪し、ほとんどの人々は牧畜を中心とした生活を送っていた。現在は農耕可能な土地であれば、ほとんどの世帯が農地をもち耕作に従事しているといってよいであろう。耕作ではウシに鋤を引かせて土を起こすが、これは男性が行う。それ以外のすべての畑仕事は男女とも参加する。

写真1……小乾季におけるボラナの集落

2. 家畜

　ボラナの家畜は、ウシ、ヤギ、ヒツジ、ラクダ、ウマ、ラバ、ロバである[5)6)7)]。このなかでウシ、ヤギ、ヒツジがボラナの一般的な家畜であるが、ヤギに比べてヒツジの数は少なく、ラクダ、ウマ、ロバ、ラバはさらに少ない。特にウマやロバ、ラバは所有していない世帯が大多数である。ボラナの所有するほとんどのウシは、ボラナゼブといわれる東アフリカ短角ゼブ（Bos indicus）である［HELLAND 1980: 8-9］。

　搾乳する家畜はウシ、ヤギ、ラクダであるが、ヤギの乳は主に子どものために搾乳される。ヒツジは乳量が少ないため搾乳しないという。搾乳は主に女性の仕事であるが、人手が足りないときやラクダの搾乳は男性も行う。ウシの乳はキリンやウシの皮で作ったミルクバケツに搾られてのち、エルガムサ（*ergamsa*）という植物の繊維を編んで女性が作るミルク容器に保管される[8)]。ミルク容器は既婚女性、特に子宮を象徴しており、女性はミルク容器を携えて結婚し、さまざまな儀礼に妻としてミルク容器をもち参加する[9)]。

　ボラナはウシの乳をそのまま生乳として飲んだり、ミルク容器に保管して発酵させて酸乳にしたりする。また、ゆすって生乳から脂肪分を取り出すが、その脂肪分を「コーヒー豆の供犠」で殻つきのコーヒー豆を炒めるために使ったり、炒った大麦と和えて特別な料理の食材にするほかに、祝福やおしゃれのために頭髪や体に塗布する[10)]。

　肉として食べるのは、ウシ、ヤギ、ヒツジ、ラクダである。若者が血を飲むこともあるが、すべての人が血を好むわけではない。また、カッル（*qallu*）と呼ばれる世襲の宗教的役職者のクランをはじめラクダの乳と肉をタブーとしているクランもある。

　供犠獣となるのは、ウシ、ヤギ、ヒツジに限られ、ウマ、ロバ、ラバおよびラクダを犠牲にすることはない。客人を歓迎したり産後の女性のために家畜を屠殺する際も、神／天であるワーカに対して祈願し、一連の儀礼的な行為を伴う。屠殺では、男性がナイフを使い家畜の喉を切り失血死させる[11)]。

　ウシの皮はなめしたのち、寝台に敷く寝具として使ったり、家の奥の壁に吊り下げられるほか、儀礼具として加工されることもある。

ヤギの皮は女性の儀礼ドレスとして加工されるか、家畜の糞やごみを捨てる際の運搬用具としても用いられる。最近は町で換金することもある。

　ウマとラバは専ら乗用であり、荷物を運ぶためには使われない[12]。一方、ロバは荷駄に使われるが人が乗ることはない。ラクダでは雄のみが荷駄用であり、世帯が移動する際に家財道具を運ぶほか、儀礼や乾季に近場の水場が干上がったときに遠方の水場から水を運んだり、袋につめた作物を運ぶために使われる。

　ボラナでは日帰り放牧が行われる。ヤギやヒツジといった小家畜、成熟ウシ、仔ウシ、ラクダというように、家畜種、性別、年齢によって分割した家畜群ごとに放牧する。仔ウシや小家畜は、集落から比較的離れていない牧草地に放牧する。

　年間を通じて多くの期間は定住的な集落からの日帰り放牧である。乾季に集落の周囲から十分な牧草地がなくなれば、主に青年男子が定住的な集落を離れ牧草が十分ある地域に牛群を連れて放牧キャンプで暮らす。この放牧キャンプをフォーラ（*foora*）と呼ぶ。このとき、遊動生活を耐えられないような仔ウシとその母ウシは集落に残す。集落の周囲に餌がなくなればラクダも同様に放牧キャンプに連れ出されるが、ヤギとヒツジという小家畜をフォーラに出すことはない。

　家畜はすべて家長（*abba warra*）が所有する。家長に複数の妻がいると、それぞれの妻に乳ウシを分ける。長男が家畜の多くを相続するが、父親はそのほかの子どもたちにも分け与える。父親が死亡するまでは名目的には家畜はすべて父親の所有であるが、父親が衰えると、息子たちの意向が強く働き父親の思うようには処分できなくなる。老父が客人のために家畜を供犠しようとしても、息子が反対してそれができないというようなことはしばしば耳にする。

　原則としては、個人ではなく彼の属するクランが家畜、特にウシを所有する。本来は個人が勝手にウシを売り払うことはできないことになるが、日常的にはクランの会合にその処分をはかるようなことはしない。ただし、例えば夫が妻子の面倒を全く見ることなく生活を破綻させてしまった場合、夫のクランと妻の出身クランとが合意すれば、妻子を夫とは違う集落で生活させ、家畜も妻子のために分

写真2……朝、ウシ囲いから牧草地に向かうウシたち

割することが行われる。また、クランの会合が決定すれば、さまざまな理由で生活が非常に困難になったクラン成員の援助のために、比較的裕福な成員の家畜の一部を接収することもある。

Ⅲ. ウシと人との関係

1. 色・模様で分ける

　牧畜民がその主たる関心の対象である家畜の色・模様や形状について、さまざまな語彙をもっていることはよく知られている。エヴァンズ＝プリチャード［1978: 63-72］によれば、ヌアーのウシは単色だけでなく、大体二色の組み合わせになる。斑点や縞のつき方や大きさなどとの配色によって、色・模様の組み合わせが数百にもおよぶだけでなく、他の生物と結びついた言葉ともなり、語彙数は膨大となる。角の形、性別や年齢を表す接頭辞によって、ウシを呼び示す名前はさらに増えていく［エヴァンズ＝プリチャード 1978: 63-72］。

　ボラナのウシの色・模様の語彙はヌアーほど膨大ではないが、色や

配色を組み合わせてウシを指示する点については同じ原理にもとづいている。全体の毛色だけでなく、どの部位にどのような色がついているのか、配色・模様でも濃淡のあり方や柄の大小によって名前が異なる。例えば、はっきりした大きな斑点はホーレ（*hoole*）という模様であるが、その斑点がより小さければバッリチャ（*barricha*）という模様になる。さらに、細かな斑点によって全体に薄暗い色合いであればブレ（*bulee*）という模様となる。また、色・模様について主に言及される部位は、こぶ、肝臓のある場所、頭部であり、肝臓の部分が白ければ白い（*adii*）と肝臓（*kalee*）がひとつの語彙となり、カラアディー（*kalaadii*）と呼ばれる。色・模様を表すときは、このなかの一つまたは二つの語彙を組み合わせる。全体で薄茶色のウシであれば、一つの毛色だけの言及でダーラッチャ（*daalacha*）である。また、薄茶色であるが、背中に白い毛色があれば、色・模様が組み合わさりダーラッチャ・アリールティッチャ（*daalacha arriirticha*）となる。もし、肝臓の部分が白ければ、全体の面積に見られる薄茶色と白い肝臓でダーラッチャ・カラアディーとなる。

　また、ボラナは性別や年齢によってウシを次のように分けている。ウシは集合的にローン（*looni*）というが、それは仔ウシ（ヤッビ *yabbi*）、種ウシ（コルマ *korma*）、若い未去勢ウシ（ジビッチャ *jibicha*）、雌ウシ（サイ *sai*）、若い未経産ウシ（ラーダ *raada*）、ラーダよりも成熟している未経産ウシ（ゴロムサ *goromsa*）、経産ウシ（アウィッチャ *awwicha*）、老いた経産ウシ（ドゥラッチャ *dullacha*）、去勢ウシ（サンガ *sanga*）に分けられる。ただし、これらの語彙はすべてウシにのみ使われるわけではなく、例えばラクダにもコルマ、ジビッチャ、ゴロムサ、サンガなどが使われるように、他の家畜、人やものに対しても用いる。

　ウシの色・模様については多くの研究者が報告している。エチオピアのボディを調査した福井［1991: 132-6］は、毛色、性・年齢にもとづく命名を、ウシの個別名の特性をもとにした記述的な類別的名称であると指摘している。つまり、性別、年齢、色・模様の組み合わせによって特定のウシを指示する技法は、分類を積み重ねることによって個別性を表すものである[13]。

人びとは、こうした語彙の組み合わせによって特定の個体を指示する。例えば、そのウシのいない場所で第三者と話すときや、放牧中に行方不明になったウシを尋ねて村々を回るときに用いられるものである。

2.　称えて歌う
　ウシの記述的類別名称は、管理のためにだけに用いられるわけではない。例えば、ヌアーでは、色・模様によって成り立つウシの名前は彼らの作る詩に登場し、男女ともさまざまな機会にウシを称える歌を歌う［エヴァンズ＝プリチャード 1978: 63-72］。ボラナにおいても、儀礼などで男たちは娯楽としてウェッドゥ（*weddu*）というウシを称える歌を車座になって交代で歌う。その際、ボラナはウシの色・模様によって特定のウシについて朗唱する[14]。

　　　ウシよ、角がなく鼻梁が鍬の幅くらいに張っている。
　　　ウシよ、赤土の土地で草がまばらに生えている。
　　　ウシよ、鼻梁が鍬くらい。
　　　余暇を楽しむ、トゥーラ・ガルガロ（人名）の赤いウシ
　　　わたしの茶色いウシ　角がなく鼻が出っ張っている。
　　　わたしの茶色いウシ　赤土の土地で草がまばらに生えている。
　　　バッダ（人名）の白いウシ　彼の父親はダッダッチャ（人名）
　　（中略）
　　　仔ウシのために駆けもどってくる母ウシは肥えている。
　　　仔ウシのために駆けもどってくる母ウシがゆっくり走ってくる。
　　　仔ウシのために駆けもどってくる母ウシは灰色。
　　　（乳で張っていて）乳房の大きい灰色のわたしのウシ
　　　（後略）

　このような歌詞が韻を踏むために付け加えられる単語や接尾辞とともに、延々と続いていく。
　ヌアーをはじめ東アフリカ牧畜社会では歌われるのは、去勢ウシ

であることが多い。去勢ウシと男性とのあいだに独特の結びつきが知られているが、歌を歌うことはこの結びつきを深める一つの行為である。

　ヌアーでは、年齢組のイニシエーションのときに父親からもらったウシの色・模様やその後自分が気に入ったウシの色・模様にちなんだ去勢ウシの名前を名乗り、その名前で挨拶をしあったり、歌に歌ったりする［エヴァンズ＝プリチャード 1978: 63-72］。また、福井［1991: 171-84］の調査したボディでは、子どもは名づけ儀礼で名づけ親のもつウシの色と模様にちなんだ名前をつけられる。名づけられた子どもは、自分の名前の色のビーズの首飾りを身につけ、両親が作った自分の色・模様が比喩的に表現された歌を聞きながら育つ。そして、その子どもが男性として成長すると、自分の名前の色と模様のウシを手にいれ去勢し慈しみ育て、その去勢ウシを称える詩をつくる［福井 1991: 171-84］。

　これらの牧畜社会では、去勢ウシが色・模様にちなんだ名前をもつだけでなく、所有する男性がその去勢ウシとの強い結びつきをもつ［cf. エヴァンズ＝プリチャード 1978; 福井 1991; HUTCHINSON 1996; LIENHARDT 2003 など］。色・模様はウシの弁別指標というよりも、ウシそのものを指す名前であり、男性がウシの世話をするだけでなく、その名前を名乗ったり歌ったりすることにより、男性とウシとのあいだに強い一体感が醸成される。まさに、男性とウシとの相互浸透的な関係が成立している[15]。

　ところが、ボラナでは一般的に種ウシが男性に、雌ウシが女性に重ねあわされることはあるが、特定の去勢ウシに男性が特別な一体感をもつというようなことはない。また、サンガ（去勢オス）と呼ばれることはボラナでは性的な不能を意味し、大変な侮辱になってしまう。そもそもウェッドゥ（ウシの歌）で歌われるのは去勢ウシではなく子どもをもつ雌ウシであり、一般的な母ウシに特徴的な行動も描写される。また、上記の歌詞では、色・模様や顔の形を示す語彙によってウシの個別の特徴を表現しているが、実際にはここで使われている語彙よりも多くの色・模様や形態の語彙がある。

　ウシの色・模様の指示が詳しく語られないのは、一つにはただ単

に歌のリズムに合った短い表現になったというだけかもしれない。また、歌い手が入れ替わっていくうえに、歌う対象となるウシは歌い手の身近にいるものとは限らず、他人のウシも歌詞のなかに登場している。たとえ、同じ集落であっても、共同で牛群を放牧させることをしなければ、他の世帯の、つまり他のウシ囲いのウシについて十分に知っているとは限らない。こうしたことから、さまざまな歌い手たちが、相互に了解可能な最低限の色・模様にのみ限定することによって、歌う場を形成しているともいいうる。

3. 名づける

太田 [1987b: 807] は、家畜の個体名が使用される場面には、名前が命名対象に発せられる呼称である場合と、個体名をもつものを第三者とのあいだで言及する場合のふたつがあると整理している。この整理によれば、上に述べてきた記述的な類別的名称とは、第三者とのあいだでのコミュニケーションを前提とした個体名に当てはまる。

多くの牧畜社会では、家畜の色・模様の豊富な語彙があるだけでなく、その語彙にちなんだ名前が家畜の名前となる [cf. 梅棹 1987; 福井 1991 など]。ボラナにおいてもヒツジ、ラクダ、ロバ、ラバには家畜個体の色と模様にちなんだ名前がつけられる。また、母と仔は同じ名前でありその名前は次の世代に引き継がれる。例えば、母親が白い毛色であるために「しろ」と呼ばれると、たとえ異なる毛色であったとしても、その子どもも母親と同じ「しろ」と呼ばれることになる。このため、ボラナでは色・模様にちなんだ名前と個体の実際の色・模様が、必ずしも一致しない[16]。したがって、記述的な類別的名称という側面があったとしても、命名対象に呼びかけるための個体名という側面が原則となれば、実際の色・模様と名前のあいだに容易にずれが生じてくる。

ボラナのヤギ、ウマ、ウシの名前は、他の家畜同様に色・模様にちなんだものをつけることもあるが、すべてがそうではない。ウシに関していえば性格や形態などにちなんで名前がつけられることもあり、例えば、片脚を引きずっているウシはそれを意味する言葉である「オ

ッコラ（*okkola*）」と呼ばれる［Leus 2006: 426］。

　もう一つのボラナのウシの名前の特徴は、雌ウシ以外の個体にも名前をつけるということである。これは牧畜社会によって異なり、タンザニアのウシ牧畜民ダトーガではボラナと同様に雄ウシにも名前をつけるが［梅棹1987］、北ケニアのトゥルカナでは、ウシの名前は経産ウシにのみつけられ、命名もそのウシを搾乳する女性と子どもによって行われる［太田1987b: 789］。どちらにせよ、ウシの名前が呼ばれるのは搾乳のために母か仔のどちらかの家畜を呼び寄せるためである[17]。

　ウシの名前について尋ねると、ボラナが必ず語るのは誰から譲渡されたのかやどのような機会に手に入れたのかというウシの入手のあり方によって決まった名前のつけ方である。

　ボラナにおいてウシがどのように命名されるのか、具体的に説明しよう。

　例えば、兄から譲られたウシは兄弟という語彙「オッボレーサ（*obboleesa*）」に由来する「オッボレ（*obbole*）」と名づけられる。同様に父親から譲られたウシは父という言葉である「アッバ（*abba*）」と名づけられ、姻族から譲渡されたウシの名前は姻族を意味する「ソッダ（*sodda*）」と呼ばれる。母方のおじは一般的に親しい間柄とされ、母方おじが姉妹の子どもに援助したり、ウシを贈与することもある。そうしたウシは、母親の出身クランを意味する「ヘースマ（*heesuma*）」という言葉にちなんで呼ばれる。

　また、儀礼にちなんだ名づけもある。割礼はウシ囲いのなかで行われていたが、このとき切り取った包皮を母親が雌ウシの背に載せる。このウシは割礼を受けた子の母に与えられるが、その名前は口づけを意味する「ドゥンガ（*dhunga*）」にちなみ「ドゥンゴ（*dhungo*）」と呼ばれる。「アヌナ（*anuna*）」と呼ばれるウシは、妻の母に与えるウシである。結婚後に新郎は新婦の母を招き、新婦の母親は葉タバコと塩を入れた生乳を飲む。新郎は妻の母にウシを贈るが、このウシは「アヌナ」と呼ばれる。この儀礼を経ない限り、新婦の母親は娘の夫のウシの乳を飲むことはできない。

　また、儀礼のほかにも、ボラナはウシを手に入れた経緯にちなん

で名づける。他民族から略奪したのであれば、「復讐（haalo）」という言葉がつけられる。ボラナにいわせれば、戦いとは復讐をとげるための行為であり、略奪もまた復讐のための戦いに含まれるという。このほか、同様に略奪によって手に入れたウシにつけられる名前である「デーブ（dheebu）」は喉の渇きを意味するが、これは道中に水がなく喉が渇いたという経験にちなんでいる。何かのお礼としてもらったウシは、感謝という言葉にちなみ「ガラタ（galata）」である。

　すでに示したものを含め、ボラナで名付けられるウシの名前は次の通りである。

　　父親（アッバ abba）から譲られたウシ：アッバ（abba）
　　兄弟（オッボレーサ obboleesa）から譲られたウシ：オッボレ（obbole）
　　母方おじ（アッブイヤ abbuyya）から譲られたウシ：ヘースミ（heesumi）
　　姻族（ソッダ sodda）から譲られたウシ：ソッダ（sodda）
　　祖母（アッコ akko）からもらったウシ：アッカヨ（akkayo）
　　愛人（ジャーラ jaala）からもらったウシ：ジャーリ（jaali）
　　「生殖理論上」の父（アッベーラ abbeera）からもらったウシ：アッベーリ（abbeerii）[18]
　　婚資（qarata）としてもらったウシ：カラティ（qarati）
　　娘（ドゥブラ dubra）への求婚のために贈られたウシ：ドゥブレ（dubare）
　　他の民族から略奪したウシ：ハーロ（「復讐する」haalo）、デーブ（「渇き」dheebu）など
　　少人数で他民族から略奪したウシ：ブタ（「略奪する」buta）
　　ウシを売った金で買ったウシ：ジッジリ（「交換する」jijjiri）
　　結婚後に夫が妻の母を招くがその際に妻の母に贈るウシ：アヌナ（anuna）
　　身内を亡くした人へ贈るウシ：ジッバータ（「忌む」jibbaata）
　　感謝されてもらったウシ：ガラタ（「感謝する」galata）
　　名づけ儀礼のときにもらったウシ：ハンドゥーラ（handhuura）

割礼において与えられたウシ：ドゥンゴ（「口づけ」*dhungo*）

　上記のボラナにおけるウシの名前をみると、ごく大雑把に、譲渡したものとの関係性と獲得した出来事や儀礼という二つカテゴリーに分けることができる。こうしたウシの名前によって、その持ち主の個人史や社会関係が示される。

　すでに述べたが、母仔は同じ名前であるので、雌の仔ウシが成長して出産すれば、同じ名前が仔ウシにつけられることになり、名前は母系に継承される。しかし、ボラナではウシを他の人に譲渡するとウシの名前も変わる。例えば、兄弟からもらった「オッボレ」という雌ウシをもつ男性が、そのウシが産んだ仔ウシを彼の婚出した娘に与えると「アッバ」という父親という語にちなんだ新しい名前で持ち主から呼ばれることになる。さらに、新しい持ち主がその「アッバ」を世話になった人物に贈れば、感謝という意味の「ガラタ」という名前で貰われた先で呼ばれる。このため、ウシは贈与される度に、新しい所有者によって名前がつけなおされる。

　このような命名方法であれば、名前の数も限られてくるため、同じ牛群に母仔のペア以外に同一の名前をもつウシがいることもある。例えば、ひとつのウシ囲いのなかに感謝という意味のガラタというウシが4、5頭いてもおかしくはない。このため、この命名方法は弁別指標としては機能的ではないように思われる。

　すでに述べたが、ボラナは放牧中に行方不明になった家畜を探す際には、性・年齢、色・模様、角の形などその他の形状を伝えるため、ウシに上記のような名前をつけるのは第三者とのコミュニケーションを目的としたものではなく、命名対象であるウシに呼びかけるための名前であると考えられる。

4.　呼びかけ／応える

　母ウシと仔ウシの名前は同じであり、人びとは朝夕の搾乳の際にそれらの名前を連呼し家畜を呼び寄せる。日々行われる生業活動のひとつである。ボラナは、家畜は自分の名前を理解してその名前を呼ぶとやってくると述べる。例えば、仔ウシは放牧する母ウシとは

分けられて仔ウシ囲いに留め置かれるが、搾乳のために数頭いる仔ウシ囲いのなかから1頭だけを呼び出すときに名前を連呼するとその仔ウシだけがのこのこと出てくる。あるいは逆に、仔ウシを仔ウシ囲いから先に出して放牧から帰っている母ウシを呼ぶこともある。名前を呼んでも当の個体がやって来ず、他の個体が現れ邪険にされる姿も見かけることもある。複数同じ名前のウシがいるなかで呼ばれたときに、一体どの個体が呼ばれたのかウシが混乱するのではないかと思うが、そうした質問に対してボラナは、たとえ同じ名前の個体が複数いたとしても、そのなかでウシはどの個体が呼ばれたのかを理解すると語る。

　家畜が自分に付けられた名前を学び、牧人の呼びかけに反応することは、人類学者自身の実感として数多く報告されている［eg.梅棹 1987; 小川 1987 など］。このように述べると人と家畜がコミュニケーションを行っているかのように受け取ることができる。太田［1987b: 799-801］はヤギが固有名に反応することについて、家畜が搾乳される状況と人が発する個体名である音を連関させて学習した結果なのではないかと述べる。しかし一方で、彼自身の調査したトゥルカナについては呼ばれた個体が明確に反応してはいないとも指摘しており、これを牧人の認識上のことなのか実体であるのか判断することは難しい［太田 1987b: 799］。少なくともここでいいうるのは、人びとの認識のうえでは家畜は名前を呼ばれたことが分かるということである。

　ボラナでは、前述のように交換や贈与のたびごとに、家畜は意図的に名づけなおされ固有名を与えられる。そして、搾乳に際して人びとはその名前を連呼しウシを呼び寄せる。わたしの調査の手伝いをしてくれた男性によれば、名づけの儀礼で贈るウシも雌が好まれるという。それは、その雌ウシがたくさんの子どもを産み、搾乳時にウシの名前が連呼され、ウシを得た儀礼や贈り主のことを思い出すからだという。

　また、誰からそのウシを得たのかによって、ウシに対する働きかけも想起のあり方も変わると思われる。例えば、既婚女性が彼女の愛人から贈られたウシは、愛人という名詞にちなんだ名前であるジャ

ーリと呼ばれる。既婚女性は他のウシよりも、このジャーリをかわいがるという［Leus 2006: 426］。それは、愛人とのあいだに生まれた子どもを、他の子どもよりもかわいがることと同じであり、ジャーリというウシの名前を連呼することは「あのおとこ」を想いつづける行為であることはいうまでもないだろう。

　誰からとのようにという、一回性の出来事にちなんだ名づけにもとづいた家畜の名前を呼び、同じ名前の個体が複数存在するなかで、呼ばれている特定の個体のみが呼応する。これは、相互に代替不可能な母ウシと仔ウシの日々の出会いである。母ウシと仔ウシは分けられて管理され、両者が出会うのは朝夕の搾乳の時間だけであり、（逆説的ではあるが）それを人が媒介する。こうしたウシの母子関係は、前述したウシの歌でも母ウシが「仔ウシのために駆け戻ってくる」と歌われるように、人の情動を喚起している。

　太田［2002: 247-51, cf. 1987b: 807-8］によれば、東アフリカの牧畜社会トゥルカナでは、人間と同じように家畜はほかの個体とは置き換えができない――それは多くの牧畜社会で見られる、家畜を「数えない」という態度とも重なる――固有性（太田の用語では「個体性」）によって、個々それぞれがそのものとして「あれ」「これ」と認知されている。それは弁別的な指標を使った識別方法によるものではないという[19]。家畜は、代替不可能な「他ならぬこの」という単独性［柄谷 1994: 10-23］を有する存在ともいいかえることもできる。こうした代替不可能な「個体性」をもつ家畜の交換は、その交換や贈与そのものを「彼／彼女」と「わたし」とのあいだで行われた出来事を独自のものにし、家畜個体の記憶とともに人びとに語られ続けるという［太田 2002: 247-51, cf. 太田 1987c］。

　ボラナにおいては、太田のいう「個体性」をもつ家畜が関わる一回性の出来事が、家畜の名前として名づけなおされている。そして、家畜の名前を連呼すること（そして、それを聞くこと）、家畜がそれに呼応して現れることは、家畜それ自体の「個体性」を示すだけでなく、唯一無二の「あの」人や「あの」出来事それ自体の「個体性」をも再現することになる。

　以上、牧畜という生業活動のなかに本来的に備わっている人と家

畜の相互行為としての駆け引きについて、名づけと呼応という事柄に焦点を当てて記述してきたが、こうした人とウシの駆け引きの展開は、生業活動のなかでのみ語ることはできない。一回性の出来事にちなんで名づけるという行為をみれば、それは少なくとも社会的な行為でもある。それでは、ウシはどのようにボラナ社会のなかに埋め込まれ、そのなかには駆け引きともいいうる関係は見出せるのであろうか。次の章では、儀礼という文脈においてウシがどのように扱われているのかについて記述していく。

IV.「へその緒」の結びつき

1. 名づけ儀礼

　ボラナは、結婚の目的とは男性が男児をうることによって「名前が失われることを防ぐ」ことであると明言する［田川 2005］。ボラナの男性の名前は、自分の名前のつぎに父親の名前を名乗り、さらにその次に祖父の名前と続くが、これをさらにたずねていくと十数世代までにわたる父方の系譜となる［田川 2005］。子どもがいなければ、その人物の名前が失われるということであり、これは大変によくないこととされる。男児ができれば、子どもの名前の次に彼の名前が結びつき、父親の名前は失われることはなくなる［田川 2005］。

　それは子どもの誕生そのものよりも、重要なのは名づけであることを意味する。名づけ前の子どもには「死んだ」という言葉を使わず「もどった」といい、名づけ前の子どもの埋葬には儀礼もなく、子どもを出産した母親の家屋のなかに女性たちによって埋められるだけである。

　名づけ前の子どもの宇宙論的な位置づけは、ガダ体系におけるダッバレ（*dabbale*）という第一階梯をみると分かりやすい。ダッバレ階梯の子どもは、ラーバ階梯（*raaba*）とガダ階梯（*gadaa*）にいる男性が父親である男児であり、彼らは第二階梯のガンメ階梯（*gamme*）まで名づけられない。男児であるが「彼女」と呼ばれ、頭髪を伸ばし樹脂で固めタカラ貝をつける。さらにダッバレは、以前は狩猟集団であるワータ（*Waata*）に預けられ育てられたといわれる[20]。このよう

に名づけられていないダッバレは、両義的な存在というだけでなく、社会外部にある他者性を付与される。ダッバレと同じく名づけ前の子どもはすべてこうした性質をもつといいうるであろう。

このため、名づけとは子どもの社会的な誕生を意味する。命名儀礼は、長男に対するグッビサ（*gubbisa*）とそれ以外の子どもたちに対するモッガーティ（*moggaati*）の二つに分けられる。きょうだいの年齢が比較的近ければ、まとめて名づけることもある。

長男の命名儀礼には、年齢体系における子どもの儀礼的な地位にしたがって2日間あるいは3日間かけて儀礼家屋を建設するなど複雑で細かい手順があり、多くの人々を招き盛大に行う。名づけによって、長男が父方の系譜に組み込まれ、父親は「名前が失われる」ことはなくなる。それに対して長男以外の子どもたちへの名づけ儀礼は形式において男女の差異はなく、儀礼家屋を建てることも家畜の供犠もしない。長男の名づけ儀礼と比べて、小規模で費用の負担もずいぶんと軽くすむ。

モッガーティは、名づけのための必要最低限の行為によって構成されているともいいうるであろう。具体的にはモッガーティは次のとおりの手順によって名づけが行われる。

　　第1日目
　（1）「牛糞掃除（*fodu arani*）」儀礼。（2）コーティ儀礼枝（*qooti*）の伐採。（3）コーヒー豆の供犠。（4）父親による子どもの剃髪。（5）命名。（6）祝福と儀礼歌。（7）娯楽としての歌唱。
　　第2日目
　（8）「へその緒」のウシ

剃髪はボラナの他の人生儀礼にもみられる行為であり、旧い地位からの分離であり象徴的な死である。ウシが放牧から帰った後、家屋内で父親が剃刀を使い子どもの頭を剃り、その頭髪の一部は小さな木の器に入れられる。そのために、特定の種類の木をくりぬいて木の器が作られる。

剃髪後、男児であれば子どもに名づけた名前とその後に父親の名前を、女児であれば子どもの名前の後に母親の名前をつけて朗唱する。例えば、アラケという名前の父親が男児にガルマという名前

をつけるとすると「ガルマ・アラケといえ、いえ（*Galma Araqe jedha jedha*）」と朗唱する。はじめに父親が朗唱し次に母親も同じように子どもの名前を述べる。女児に対しては、母親がエレマであり子どもにローベという名前をつけるとすると「ローベ・エレマといえ、いえ（*Roobe Elema jedha jedha*）」となる。未婚女性の名前は母親の後に父親の名前が続き父親の系譜に組みまれ、結婚後は女性の名前のあとに夫の名前が続き、夫の系譜に組み込まれることになる［田川 2005］。

　この後、祝福と儀礼歌が歌われ、さらにウシの歌などさまざまな歌が一晩中歌われる。翌朝ウシの放牧前に両親と子どもがウシ囲いに出向き、昨夕に剃った子どもの頭髪の一部とへその緒を入れた木の器を一頭のウシの背に載せる。木の器はそのままウシの背から転がり落ちていく。これ以降、このウシは「へその緒」と呼ばれるようになる。次にウシ囲いの出入り口が開けられ、両親と子どもは木枝を使い「へその緒」のウシを追い、ウシ囲いの扉となっている木枝を回りウシ囲いにもどすことを二度行い、三度目に放牧する。

　以上が名づけ儀礼のごく大まかな手順であるが、命名という行為はすでに述べたとおり父親の系譜に子どもを組み込むことである。この命名という儀礼的行為には単に名前を与えるだけでなく、子どもの剃髪、剃った頭髪の一部と一緒にへその緒をウシの背に置くこと、そして、そのウシが子どもに与えられることによって成り立っている。

　へその緒は子どもと母親との身体的な結びつきを象徴しており、母親は命名儀礼まで子どものへその緒を自分の衣服に結びつけているか、家屋の奥に保管している。ところが、子どもが命名されると、へその緒は父親によって剃られた子どもの頭髪の一部とともに、ウシ囲いにおいてウシの背中に置かれ、転がり落ちて捨て去られる。捨て去られたへその緒は見向きもされない。そして、父親はそのウシを子どもに与える。

　「へその緒」は、父親が子どもに与えたウシだけでなく、命名儀礼で親族や姻族などさまざまな人びとから贈られたウシとヤギのすべてにつけられる名前でもある。「へその緒」のウシは雌ウシであることが好まれ、そのウシを母親が搾乳し子どもの身体を形作っていくが、

子どもに与えたとはいえそのウシの所有者は父親であり出自集団である。「へその緒」のウシは換喩的な想像力により母親との関係を象徴しているが、実はそれによって母親と子どもとの直接的な関係は切断されるともいえる。なぜならば、子どもの母親との一体的な関係が否定され、名づけによって父親と名前によって結びつき、名実ともに父系出自集団の成員となることによって、へその緒は捨て去られるだけでなく、ウシの名前になるからである。それは、身体的な母子関係が父親および父系出自集団が所有するウシという身体を介した社会的な関係に変換された、とも言い換えることができる。ボラナではウシが、他者性をもった名前のない子どもを社会に組み入れる媒介となっている[21]。

2. 供犠する

供犠は、家畜を犠牲にすることによって神／天との交流を図る方法である。ボラナは日常的にも、手のひらを上に向けて神／天へ呼びかけ祈願や許しを請う。天と地に双方に対して行うことも多く、そ

写真3……長男の名づけ儀礼にて「へその緒」のウシを放牧する

の場合は天に手のひらを向け、次に地面に手のひらをつける。また、儀礼において崇敬の対象である木や岩などに対してタバコ、コーヒー豆、ミルク、岩塩などを捧げ祈願する。

　祈願の際には、崇敬の対象となる木や岩などにその固有名を呼びかける。神／天との媒介となる特別な木はカッリッチャ (*qallicha*) と呼ばれるが、それらの木はそれぞれ特定の名前をつけられており、祈願の際にはその固有名で呼びかける。例えば、人名にもあるドッヨという名前をもつドッヨのカッリッチャ (*qallicha Doyyo*) に、「ドッヨのカッリッチャよ、あなたのすね（幹）にすがっています。あなたもわたしをかばってください」と祈願する。また、特定のカッリッチャと呼ばれる木でなくても、儀礼において任意の木に供物を捧げて崇敬の対象 (*wayyu*) として祈願を行うことができる。それらは、神／天の媒介として考えられている。

　ボラナは家畜のなかでウシ、ヤギ、ヒツジを供犠する。儀礼によって犠牲獣の種類が決まっており、長男に対する名づけ儀礼では去勢ウシを供犠するし、結婚に際しては必ず雌ヒツジを供犠しなくてはならない。夫が死亡すると妻はさまざまなタブーに服する期間を過ごし、それを終えるときに「冷やす」ウシ (*qabbaneesa*) を供犠する。客人を歓待するために家畜を屠殺する場合も、必ず神／天への祈願を行うなど一連の儀礼的行為を行う。たとえ食べることが主な目的であっても家畜を屠殺することは、供犠することである。ただし、ラクダの屠殺においては祈願などの儀礼的な行為を伴わないので、供犠とはいえない[22]。

　儀礼によって相違はあるが、供犠には共通した一定のやり方がある。まず犠牲獣の頭を東に向ける。殺害する前に、供犠の参加者は順番に、儀礼杖や自分の衣のすそなどをもち直接手を触れずに、犠牲獣の背中を頭から尾に向かって滑らせながら、「安寧を私たちに満たせよ、私たちを長生きさせよ、私たちを豊かにさせよ」などといった言葉を犠牲獣に対して直接に呼びかけ、祈願する。しかし、このとき家畜に固有名で呼びかけることはない。わたしが録音した祈願のなかには、「このカライユ・クランの去勢ウシよ」と呼びかけているものもあった。

アイエ（かけ声）、安寧がわたしを満たしますよう
　　カライユ・クランでありますよう
　　たくさんのウシを放牧する人でありますよう
　　ボル（人名）の父でありますよう
　　ボルの父という名前でいつもありますよう
　　長男も末子もわたしを長生きさせますよう
　　安寧がわたしを満たしますよう

　犠牲獣の頭は東に向けたまま、男性たちが犠牲獣の右半身を下にして倒し押さえつける。東と右は、西と左に対して優位とされている。供犠執行者が刃で犠牲獣の頚動脈を切断し失血死させる。大きなウシが屠殺される際には、切断された気管から空気が吐き出され断末魔の音となるが、これをボラナは嫌い、気管の切り口を道具で塞ぐ。ウシは息が絶えた後も、四肢の痙攣が続くことが多い。女性が直接に犠牲獣を殺害することはないが、人びとが祈願を行う際に、供犠執行者の妻が犠牲獣の耳をつかむといった儀礼的な役割を負うこともある[23]。

　供犠の執行者が喉を切り殺害した後、供犠獣の生殖器を含む部位を切り取り、手首に通すための切り込みを入れてブレスレットのように左腕につける。この生殖器のブレスレットを「へその緒」と呼ぶ。次に、脚の部分の皮を細長く切り取り、上部に切込みを入れて参加者に配る。受け取った人々は、この皮片を左手首にブレスレットのようにつける。これをメーディッチャ（*meedhicha*）というが、参加者はこのメーディッチャを強く求める。かかとの部分にある副蹄とともに切り取った8本の皮のブレスレットは、コロンチョ（*koroncho*）と呼ばれ、特に敬意を示す相手に与えられる。捨てることなく、何本もこうした皮ブレスレットを腕にしている人も見かけることもある。

　供犠は特定の場所で行われる。集落ではウシ囲いのなかで供犠する。ただし、客人の歓待や食べる目的でヤギを屠殺するのであれば、家屋のなかで行う。集落で供犠した場合は、女性が肉を煮て調理する。剥がされたウシの皮は、儀礼によって、なめして寝る際の敷物に

写真4……ガダ体系の儀礼で種ウシを供犠する前に背をウマの鞭でなでながら祈願をする

　使う場合もあれば、細長く切り裂いて搾乳のためにウシの後足を縛る皮ひもに加工することもある。
　一方、ガダ体系あるいは年齢組の儀礼において集落外で種オスを供犠する場合は、男性のみが参加し女性は関わらない。肉は集落にもち帰ることは禁止されており、その場で火にあぶって食べ、残った骨や皮などをすべて焼き尽くさねばならない。
　供犠の手順を見る限り、ボラナは祈願の言葉を犠牲獣に向けて語りかけており、単純には供犠主催者と犠牲獣を同一視することはできない［cf. ドゥ・ウーシュ 1998］。とはいうものの、家畜、特にウシは、婚資となり父系出自集団間で女性と交換されたり、傷害や死亡に対する補償として支払われたり、男性あるいは父系出自集団の所有物であるため、犠牲獣となる家畜はその持ち主の人格を拡張した一部である。儀礼主催者は、「へその緒」と呼ばれる生殖器を切り取った部位をブレスレットのように腕につけるが、これも犠牲獣とのつながりを示すものである[24)25)]。
　現在は、ウシは商品として市場で売買されるが、花嫁代償として

[228]　　第3部　人と飼育動物

ウシは交換されたり贈与されるのでなければ、儀礼で供犠されてきた。なかでも、たくさんの子どもを産んだ年老いた雌ウシは、最後にウシ囲いで感謝とともに供犠することが望まれる[26]。家畜を介した社会関係は、最終的には供犠によって神／天との関係へと向かう。

V.「ウシの名を呼ぶ」とは

　人は動物を家畜化することによって、常に彼らの行動に介入しつづけなくてならなくなった。それは主体であるところの人間が、客体としての家畜を把握し管理する技術としてのみ語ることはできない。一方の人間の全般的な生活行動にも変容をもたらし、常に家畜の行動に対応しなくてはらない。まさに家畜と人の双方に変容をもたらすものである。しかし、この相互関係は身体を用いた不断の働きかけの積み重ねによって成り立っており、決して安定的であるとはいえないものである。本章では、こうした人と家畜とのあいだの身体的な相互行為を「駆け引き」として捉えた。

　ボラナにおけるウシへの名づけは、他の牧畜社会に見られるような色・模様にもとづくものもあるが、それよりも強調されるのは、誰からもらったのか、どのように得たのかといった一回性の出来事にちなんだ名づけである。そのうえで、本章が駆け引きとして注目した人と家畜の相互行為は、そうした名前によって特定の個体へ呼びかけるという行為である。日々ウシは呼びかけられ、ウシもそれに呼応してやってくるという間身体的な相互関係が成り立っている。それはまた、かつてあった一回性の出来事を不断に想起させる。

　一方、ウシは婚姻や儀礼などさまざまな機会において、贈与されたり交換されたりして社会内部を循環することによって、社会そのものが生成する。交換されるウシは他者性を帯びており、その他者であるウシに名づけを行うことによって、自らの領域に取り込むことが可能となる。ウシの贈与と交換のさまざまな機会のなかで、本章が取り上げたのは名づけ儀礼である。名づけ儀礼では社会内部の他者ともいえる名づけ前の子どもが、名づけの際に父親からウシを与えられ社会に組み入れられる。それはまた同時に、ウシを「へその

緒」と名づけ、呼びかける行為でもある。

　もちろん、交換や贈与という文脈では、ウシは単に操作される対象である。しかし、それは名づけをともなう行為であり、贈与や交換という社会的な出来事は再び日々の呼びかけとそれへの呼応に代表される人と家畜の駆け引きとしての相互行為に回収される。ウシは新たに、「あの」一回性の出来事が重なり合った代替不可能な「他でもないこれ」になるのである。

　社会を生成する社会内部での交換を放棄した行為として家畜は供犠され［cf. ドゥ・ウーシュ 1998: 283］、社会外部の他者である神／天との交流が図られる。人びとは、一方的に祈願という形で神／天に呼びかけ、供犠において同じく犠牲獣にも呼びかけを行う。神／天という絶対的な他者との駆け引きにおいて、ウシは人の拡張した存在として供犠され、神／天との媒体として殺害されるのだが、そのウシとの結びつきを示すために供犠主催者は犠牲獣の生殖器の部分を切り取り、「へその緒」と呼び自らの左腕につける。贈与されたり交換されたりするのでなければ、家畜はこのように供犠されることが望まれる。それは個別の家畜と人との最後の関係である。

　絶え間なく続けられる家畜への介入行為としての特定の家畜個体への呼びかけは、家畜が社会内部で贈与・交換され、またそれにもとづいて家畜が名づけられるがゆえに、社会的な行為となる。それはまた、牧畜民による家畜の個体の認識のあり方である類と個の関係ではない単独性をもった「これ」が、さらに一回性の出来事によって名づけられ固有名を与えられることによって、社会的な関係における代替不可能な「あの」出来事やその家畜を与えてくれた「あの」人と重なり合うことを意味する。そして、それは日々行われる家畜への呼びかけのなかで、絶え間なく想起されるのであるが、最終的には「この」個体を供犠にすることによって、家畜への呼びかけは神／天への呼びかけと転化するのである。

参考文献
ドゥ・ウーシュ、リュック
　1998　『アフリカの供犠』浜本満、浜本まり子訳、みすず書房。

エヴァンズ＝プリチャード
- 1978 『ヌアー族―ナイル系一民族の生業形態と政治制度の調査記録』向井元子訳、岩波書店。
- 1982 『ヌアー族の宗教』向井元子訳、岩波書店。

福井 勝義
- 1991 『認識と文化―色と模様の民族誌』東京大学出版会。

鹿野 一厚
- 1999 「人間と家畜との相互作用からみた日帰り放牧の成立機構―北ケニアの牧畜民サンブルにおけるヤギ放牧の事例から」『民族学研究』64(1):58-75。

柄谷 行人
- 1994 『探求Ⅱ』講談社。

小川 了
- 1987 『サヘルに暮らす―西アフリカ・フルベ民族誌』日本放送出版協会。

太田 至
- 1987a 「牧畜民による家畜群の構造的把握法―北ケニアのトゥルカナ族の事例より」和田正平編『アフリカ―民族学的研究』pp. 771-86、同朋社。
- 1987b 「家畜の個体名はいかに付与されるか―北ケニアの牧畜民トゥルカナ族の事例より」和田正平編『アフリカ―民族学的研究』pp. 787-816、同朋社。
- 1987c 「家畜の「個体性」の認知、およびその意味についての試論」和田正平編『アフリカ―民族学的研究』pp. 817-28、同朋社。
- 1995 「家畜の群れ管理における「自然」と「文化」の接点」福井勝義編『講座 地球に生きる4 自然と人間の共生』pp. 193-224、雄山閣。
- 2002 「家畜と貨幣―牧畜民トゥルカナ社会における家畜交換」佐藤俊編『講座・生態人類学4 遊牧民の世界』pp. 223-66、京都大学学術出版会。

奥野 克巳
- 2010 「ボルネオ島プナンの「雷複合」の民族誌―動物と人間の近接の禁止とその関係性」中野麻衣子＋深田淳太郎編『人＝間の人類学―内的な関心の発展と誤読』pp. 125-42、はる書房。

田川 玄
- 2001 「「生れる」世代組と「消える」年齢組―南エチオピアのオロモ語系社会ボラナの二つの年齢体系」『民族学研究』66(2):157-77。
- 2005 「家族」奥野克巳、花渕馨也編『文化人類学のレッスン―フィールドからの出発』pp. 51-79、学陽書房。

谷 泰
- 1987 「西南ユーラシアにおける放牧羊群の管理」福井勝義、谷泰編『牧畜文化の原像―生態・社会・歴史』pp. 147-206、日本放送出版会。
- 2010 『牧夫の誕生』岩波書店。

寺嶋 秀明
- 2007 「鳥のお告げと獣の問いかけ―人と自然の相互交渉」河合香吏編『生き

る場の人類学──土地と自然の認識・実践・表象過程』pp. 3-24、京都大学学術出版会。

梅棹 忠夫
 1987 「Datoga牧畜社会における家族と家畜群」福井勝義、谷泰編『牧畜文化の原像──生態・社会・歴史』pp. 423-70、日本放送出版会。

BAXTER, P. T. W.
 1978 Boran Age-Sets and Generation Sets: Gada, a Puzzle or a Maze?. P. T. W. Baxter and Uri Almagor (eds.) *Age, Generation and Time: Some Features of East African Age Organization.* pp.183-206, Hurst.

BEIDELMAN, T. O.
 1966 The Ox and Nuer Sacrifice: Some Freudian Hypotheses. *Man*(N.S.) 1:453-67.

DAHL, G.
 1990 Mats and Milk Pots: The Domain of Borana Women. Anita Jacobson-Widding and Walter van Beek(eds.) *The Creative Communion: African Folk Models of Fertility and the Regeneration of Life.* pp.129-36, Acta Universitatis Upsaliensis.

GOURLAY, K. A.
 1972 The Ox and Identification. *Man* 7(2):244-54..

GUENTHER, M.
 1988 Animals in Bushman Thought, Myth and Art. Tim Ingold, David Riches, and James Woodburn(eds.) *Hunter and Gatherers 2 Property, Power and Ideology.* pp. 192-202, Berg.

HELLAND, J.
 1980 Social Organization and Water Control among the Borana of Southern Ethiopia. *ILCA Kenya Working Document*, International Livestock Center for African, Nairobi Kenya.

HUTCHINSON, S.E.
 1996 *Nuer Dilemmas: Coping with Money, War, and the State.* University of California Press.

LEGESSE, A.
 1973 *Gada: Three Approaches to the Study of African Society.* Free Press.

LEUS, Ton
 2006 *Aadaa Boraanaa: A Dictionary of Borana Culure.* Shama Books.

LIENHARDT, G.
 2003(1961) *Divinity and Experience: The Religion of the Dinka.* Clarendon Paperbacks.

(Endnotes)
1──本章ではボラナを牧畜民と述べるが、現在ではほとんどの人びとが農耕に関わっていると考えてよく、農牧民といったほうが正確である。しかし、

過去においてボラナは土地を耕すことを嫌悪しており、農耕にもほとんど従事していなかった。本章が焦点をあてる家畜との関係は、彼らが農耕を行っていなかった時代に養われたエートスであるため、ここでは牧畜民として扱うことにする。

2 ──エチオピアにおけるボラナの人口は正確には不明だが、大体20万人から30万人程度と思われる。本章のもとになったフィールドワークはエチオピアにおいて行っている。

3 ──ガダ体系は、第一階梯ダッバレ16年（以前は8年）、第二階梯ガッメ16年、第三階梯クーサ8年、第四階梯ラーバ8年、第五階梯ドーリ5年、第六階梯ガダ8年、第七階梯ユーバ27年、第八階梯ガダモッジ8年、合計96年を8年ごとに開かれる世代組が移行する。ハリヤ体系は8年ごとにイニシエーションが行われる年齢組である。詳細は［Legesse 1973; Baxter 1978; 田川 2001］を参照のこと。

4 ──「コーヒー豆の供犠」は既婚女性によって調理される。バターを使い、殻つきのコーヒー豆を炒めた後にミルクを入れ、それをコップに分けてみなで飲むという儀礼的な共食である。

5 ──大昔、ボラナはウシとヒツジだけを飼っており、ヤギはソマリから導入されたといわれている［Leus 2006: 556］。儀礼的にヒツジはヤギよりも価値が高く、ウシの代替となる家畜である。

6 ──ボラナは最近までラクダを飼育しておらず、ウシと交換でソマリやガブラから手に入れていた［Leus 2006: 233-4］。

7 ──このほか、ニワトリ、イヌ、ネコを飼っていることもある。ボラナはニワトリの肉も卵も食べない。ネコは穀物を荒らすネズミ対策としてごく最近になり飼いはじめた。

8 ──エルガムサは野生のアスパラガス（Asparagus africanus）の根である［Leus 2006: 199］。

9 ──ミルクは精液をミルク容器は子宮を意味しており、ミルク容器は既婚女性の象徴である［Dahl 1990］。これはボラナの民族生殖理論と一致していると思われる。

10 ──殻つきコーヒー豆は町の市場や店で買い求める。ルースは、もともとはコンソから運ばれてきたのではないかと推測している［Leus 2006: 86］。

11 ──儀礼によっては槍の穂先を用いて家畜の喉を切り裂く。

12 ──ウマは「人と同じである」といわれるようにボラナにおいて価値が高い。ラバは北方の農耕民ゲデオから買い入れる。ウマ、ロバ、ラバは同じ範疇の家畜として扱われるが、荷駄用であるロバは低い価値を与えられている。

13 ──このほかの弁別指標として、耳に切れ込みをいれたり、胴に焼きごてで印をつける場合もある。

14 ──逐語訳すると冗長になるので、意訳している。

15 ──東アフリカ牧畜民社会にみられる去勢ウシと男性とのアイデンティフィケーションについてはさまざまな議論が行われてきた［cf. Lienhardt

1961; BEIDELMAN 1966; GOURLAY 1972など］。

16 ──梅棹［1987］は、タンザニアのウシ牧畜民ダトーガのウシの名前について同様のことを報告している。

17 ──梅棹［1987］は母子同名を「割符」として捉えている。これは名前を機能的に捉えたものである。

18 ──アッベーラとは、子どもと彼／彼女の妊娠・出産に直接に関わったと思われる母親の愛人の関係である。双方ともアッベーラと呼びあう。

19 ──谷［2010: 112-4］は、牧人が群を構成している個々の家畜を群全体を「ながめつつ、記憶野に印字された個体情報と対応付けるスキャニングが、意識レベル以前の過程で」行われており、その際、個々の個体の身体的特徴を弁別する基準にしたがった固有の名称群によって識別が容易になっていると述べている。太田の見解とは異なる。

20 ──ボラナ社会には少数のワータという狩猟を行う内婚集団がいる。彼らは同じ集落に居住しており、自らワータであるとは名乗らない。レイヨウ類のほか、ボラナが食べないハリネズミやノブタ、イノシシ、カメなども狩猟して食べる。彼らはダチョウを狩猟してその羽をもたらすなど、儀礼的な役割を負っていた。わたしが調査している地域でワータはいくらかの家畜を飼い農耕を行っているが、ときどき猟にも行くようである。

21 ──父親が十分なウシをもっていなければ、頭髪とへその緒を置いたウシが実際に子どもに与えられるとは限らず、儀礼として特定のウシの背にへその緒を置くこともある。さらに、子どもが小さいうちに「へその緒」のウシが父親によって他人に譲渡されたり売られたりすることもある。

22 ──放牧キャンプなど集落の外で家畜を屠殺するときは祈願を行わない［LEUS 2006 : 314-15］。

23 ──ヒツジの屠殺方法は喉を切り裂くのではなく、ナイフで突き通して殺害する。

24 ──ボラナではエヴァンズ=プリチャード［1982］のいうところの「個人的な供犠」はあまり行われず、多くは「集団的な供犠」が儀礼の一部として遂行され、その方法と犠牲獣の種類も儀礼によって、去勢ウシ、種ウシ、未経産ウシ、経産ウシ、種ヤギ、雌ヒツジなどと異なる。

25 ──ただし、バチバチのヒツジ（*hoola bacibaci*）と呼ばれるヒツジの供犠に関しては、それによって自分の罪（*cubbu*）を洗い流すとボラナは語る。

26 ──こうした雌ウシはアブラーサ月（*Abraaasa*）にチョーニ供犠（*Cooni Qalani*）として犠牲にされる［LEUS 2006: 157］。ボラナは太陰暦を使っている。アブラーサ月はだいたい1月くらいに当たる。

第4部

人と実験動物

第7章

エピクロスの末裔たち
実験動物と研究者の「駆け引き」について

池田光穂

──さて、諸部分は感覚的に［われわれの感官にうったえてしらべて］見れば、不明瞭ではないけれども、順序をいい加減にせず、感覚的理解とともに、知的判断を得るために、まず器官的部分［異質部分］を述べ、次に等質部分を述べなければならない。［アリストテレス『動物誌』（ベッカー版, 491a）島崎三郎訳］

I．自然科学者の生理学

　私は、人間と動物の関係について、基礎生物学から医薬品製造科学まで、近代社会の安心・安全を成り立たせていると思われる動物実験における両者の関係について論じてみる。それについて日本の大学における、主にネコやサルを使って動物実験を行う神経科学の研究室を事例に取り上げ検討したい。人間と実験動物のあいだの関係の最大の特徴は、その成果を享受する近代社会を生きる我々は、動物実験についての具体像について何も知らないことである。現在では、「動物の権利保護」を主張する市民運動家──多くの場合その活動はペットを殺処分から救済することである──が市街地の催会場などで劣情を催す写真と文言（キャプション）で実験の非人道（非動物道？）性について世人に訴えるというプロパガンダなどで垣間見ることがある。しかし、彼らが実際に入手している情報そのものが貧困であるために、断片的でかなり偏向的なものになっている。後述するように動物愛護に関する法律やそれに準拠した実験施設の倫理規則等によって動物は密室で管理せざるを得ないために、このことは実験反対派の妄想をさらにかき立て、研究者とのディスコミュニケーションの溝は当分埋まりそうにない。

　本章で私は「人間と動物は駆け引きをする」という命題についても、他の論者と共に十分考慮するつもりである。しかしながら、熱帯雨林の密林における状況と異なり、動物と人間の関係のように狩る＝狩られるという意味の相互交渉が生起するわけではなく、動物の身体そのものは人間により完全に管理されており、ここでの実験状況とは、〈動物自身と、動物を科学する学者が使う装置が織りなすハイブリッド状態〉な状態と人間との相互作用を意味する。それに

加えて、私は人間同士の駆け引きもまた実験動物の民族誌的研究において含まれることも考慮する。なぜなら、人間もまた動物の一種（＝同じ類的存在）であり、動物と機械のハイブリッドと人間との関係以上に、動物の属性をもつ異質な人間同士もさまざまな「駆け引き」[1]をするからである。

　さて私たちの常識的理解では、自然科学者は（数々の研究倫理上の問題をクリアしつつ）実験動物をモノのように扱い、実験器具を介在してそこから数々の数値という研究資料（データ）を取り出し、それを計算式に当てはめ、分析し、データの振る舞いの予測をたて、さらに仮説検証するという科学上の手続きを繰り返して「科学上の真理（scientific truth）」に到達するという気の長い仕事をしていると考えられている。たしかに、私がある神経生理学の研究室に出入りするようになり、動物の飼育や実験、あるいは出てきたデータの検討とそれにもとづく論文作成、さらには最新の研究動向を収集し、研究チームが集中して行っている極めて狭い領域の実験手法や分析の方法を学ぶための輪読会――「ジャーナルクラブ」と称されていた――に参加するという一連の観察と、折々のインタビューを通しても、仰々しい真理探究を肩肘張って行っているという心証は受けず、ただ淡々と日常的業務（ルーティンワーク）をこなしているという印象しか受けなかった。しかしながら、仰々しい真理探究者としての自然科学者のイメージは、考えてみれば私たちが子供のときから、著名な科学者の伝記――『キュリー夫人』や『野口英世』など――の読書を通して、洗脳されてきたものである。実際の自然科学者の生活や人生の現実がつましいことは、最近よく報道されるようになった日本人ノーベル賞受賞者の日常生活のドキュメンタリーなどによって人口に膾炙されるに至って、このような偏見はかなり軽減されてきているのではなかろうか。

　私がポパーの科学の反証可能性の議論や、クーンのパラダイム論にある程度は馴染んだとしても、私が彼らの実験室での態度を観察しているときに、新しいデータとそれに適合的な理論の登場により古い理論が棄却された話を聞いたときに「ああ、そのときに科学的真理が担保されたのだ」という感慨に耽ったこともないし、彼らが同

一の認識論的枠組みとしてのパラダイムを共有しており、その知的枠組みが提供するなかで必死に真理探究のゲームをしているようにも見えなかった。つまり、見聞きした科学者の営為について、すでに先行して述べられているような科学論によって大きく常識を覆すような事象に出会ったことはないし、また、絵に描いたような革命的な真理の発見の現場に遭遇したこともなかった。私が調査を始める以前から、今日に至るまで持ち続けている真理探究の物語は、細かい日々の実践のなかで、間違いや失敗をおこさないように最新の努力を積み重ねている通常の姿であり、ありていに言えば「真理は科学者の実践の日常の細部に宿る」とも言うべきものであった。

　今日の自然科学者の多くがとる立場、自然主義（naturalism）のそれ［DESCOLA 2006: 8］を持ち続けている私にとって「人間と動物は駆け引きをするという命題」について人類学の研究のメンバーから聞かされたとき、それはふだんの常識では考えられないこと、つまり、オカルト・ファンタジー以外の何ものでもないように思われた。そもそも駆け引きとは、人間と動物が抜き差しならない関係——例えば喰うものと喰われる関係——におかれたときに、それぞれの相手の行動を読みながら、ある意味で対等な関係や、お互いに相互作用する存在者どうしの関係を表現するものとして扱われているように思われたからである。つまり実験動物を脳の生物学的物質＝生理性（biological physicality）の観点から理解する自然主義の考え方からみれば、「人間と動物の駆け引き」とは、動物を人間の側に「引き上げること」——なぜなら人間は万物の霊長であるから——あるいは、より客観的に表現すれば「人間として動物を扱い、かつエージェントしてその振る舞い（＝内面の表象）を理解すること」すなわち擬人化（anthropomorphism）——動物の側からみると人間に変身すること[2]——に他ならないからである。

　だからといって自然科学者は、実験動物を完全に物質＝モノとして取り扱っているわけではない。実験動物は（人間との相互作用が不可欠な）飼育と管理が必要であり、また「動物に必要以上の苦痛を与える」ことは研究倫理上禁止されているゆえに、動物に生命倫理上の価値もまた認めている。つまり、実際の実験動物を使って研究

をする現場においては「人間と動物の間の関係が完全に切れている」というわけではない。このことは「駆け引き」という用語の定義の変更という作業を伴えば、自然主義という「存在論」や「同一化のモード」［DESCOLA 2006: 2, 8］の中にも、その用語と概念を導入することができ、かつ動物実験を伴う自然科学の営為についてこれまでとは異なった、つまり反省的で生産的な新しい解釈をもたらすことができるのではないかと私は考える。人類史において、有史以前の長い間の人間と動物の付き合いのほとんどは、狩猟という「狩る者」と「狩られる物」との関係であり、農耕がはじまってようやく畜力を利用しつつ、また肉や乳あるいは皮革などを提供してくれる家畜化を経験し、近年になってようやく愛玩動物のペットという新たなカテゴリーがその人類史のレパートリーに入った。その中で実験動物は、我々の日常生活にはほとんどお目にかからないものの、医学や薬学あるいは生物学という生命科学の技術と知識という必要不可欠な存在になっている、言わば〈不在の必需品＝動物〉という特色があることを述べておきたい。

この不思議な存在について知るためには、参与観察による実験室の民族誌研究が不可欠になる。そのため、まず観察者である人類学者と、被観察でありまたインタビューや参与観察において「重要な他者」になりうる神経生理学者の、複雑な実態の理解と解明が必要である。本章では、科学という営為に関与する人類学に関する考察（II節）、神経生理学の研究室というフィールド（III～V節）、論文作成に代表される知識の生産（VI節）、そして、論文の中には表現されない実験者と実験動物の一体感とそれに関わる「自己への配慮」の（VII節）という四つの諸相について、記述と考察を加えていきたい。

II. 神経生理学と文化人類学

近年の神経生理学は、隣接領域である行動科学の成果を果敢に取り込みながら大きく変貌している。またバイオインフォマティクスの影響を受けながらその実験室における研究者が利用する機材のみならず概念装置もまた大きく変化している。私の研究のもっぱらの

関心は「科学が生まれる場所で生起するさまざまな人々の行動」すなわち彼らの社会実践であったが、人間の行動は各人の個々の生き方や倫理が色濃く投影されるものでもある。したがってここで言う社会実践とは、人間（この場合は科学者）の生き方そのものに他ならない。

　この研究において、文化人類学に貼り付けられる古典的なステレオタイプすなわち「文化人類学者は未開社会に出かけてエキゾチックなデータを収集し、その社会に関する記述（＝民族誌）を通して文明社会である我々の社会のあり方への反省材料にする」という社会像にも私は抵抗を感じている。したがって、この人類学者の古典的社会像にも、幾多の人類学者が試みてきたことではあるが、私も自分なりの挑戦をしている。

　ここで最初に登場する神経生理学者は、文化人類学者とは生活経験をかなり異にするが、大学という社会的制度のなかにある研究者のコミュニティのメンバーである。また、登場人物たちは、その社会の文化的なパターンを表象するエージェントとして焦点化されていない。人々の動きは、我々の隣人そのものであり、そこにエキゾチズムが入り込む余地はない（あるいは、そのような表象化を拒絶する）。この研究は分節・分業化した同じ社会の同胞についての研究に他ならない。そして、調査が済んだからといって関係が終わりになるような研究でもない。私と研究対象の人たちは、他の文化人類学者の調査と同様に、研究をはじめる前から研究以外のさまざまな人間的な関係を持ち続けており、むしろその延長上にこの研究が構想されてきた。ここでの重要なアイディアは、文化人類学という「他者の生き方に関する科学」が「隣人あるいは自己自身の生き方についての科学」であり、それは無味乾燥な科学ではなく「血の通った」人間主義的な、それゆえにさまざまな誤謬を犯す危険性もある「科学」であることを、その正統的な調査手続きを通して示すことにある。以上のような異端的関わり方と理解にもとづく「現場の読み方」なくしては、この民族誌は著者の意図したようには理解することができない。しかし、そのような読み方を読者に強要する権利を著者（たち）は主張しているわけでもない。科学は仮に現実には存在しないにしても人

間の想像が生み出した「自由」な活動だからである。

　本章における「社会実践」とは、どのような実験室状況においても参与者の社会性が投影されるという科学社会学上のテーゼを反映させたものである。この研究の当初の動機は、我が国における実験室の科学研究に関する民族誌調査がほとんど皆無であること、1980年代に華開く欧米の民族誌研究以降の科学論研究の展開、特に1990年代中葉に始まり1998年に終焉したサイエンス・ウォーズ以降 [SOKAL and BRICMONT 1998] の科学論研究の成果を反映した「新しい科学者の社会的イメージ」が、科学者コミュニティと社会との良好な関係が模索される現在において、まさに求められている、という点に集約されている。

　その具体的な手続きとは、神経生理学 [佐藤 2004a, 2004b; KIDA et al. 2005; OZEKI et al. 2004] の実験室を対象にして、フィードワークと民族誌の作成を行うことである。科学の民族誌研究が欧米で盛んに行われた1980年代以降に人類学者のフィールドのイメージに変化があったように、人類学研究における民族誌の学問的位置づけもまた変化した。この研究では過去20年間の科学論と人類学理論の成果を盛り込んだ形での記述を試みているために、神経生理学の実験室を、ある種の文化的エートス [BATESON 1958] が保持され再生産されるような閉じたコミュニティとしては考えていない。むしろ科学者集団内で流通する知的権威や知識の水準の確立過程には動態的かつ偶発的要素が介入することが経験的研究から指摘されてきた [LATOUR and WOOLGAR 1979[1986]: 75]。この事実を明らかにするためには、よりミクロでダイナミックな行為者の相互作用の研究が必要とされる。

　科学者たちの営為を理解するためには、社会文化的場（環境）において彼／彼女らがどのように発話し、考察し、行為しているのかが具体的に明らかにされなければならない。しかしながら我が国における科学とりわけ自然科学の民族誌調査は、二、三の外国人研究者のもの [TRAWEEK 1988; COLEMAN 1999] を除いて僅少である。我が国の科学論研究の多くは久しく文系の科学史・科学哲学に分類され、社会実証的な文化人類学と接点をもちにくかったこと、また日

本の文化人類学者の多くは海外の異民族研究に勤しみ、本邦の科学者コミュニティに関心をもたなかったために、この研究は等閑視されてきた分野になっている。欧米ではラトゥールやクノール＝セティナらが実験室の民族誌研究の火蓋を切り、エスノメソドロジー研究や社会構築主義の豊富な実証例、同じくラトゥールやカロンらのアクターネットワーク理論等の科学論的成果に繋がる貢献をしている [LATOUR and WOOLGAR 1979[1986]; KNORR-CETINA 1981; CALLON 1986]。本章もその先行研究に理論的に多くを負っている。他方、本邦では科学論の平川秀幸［2002］らによる秀逸なレビューはあるものの、本格的な民族誌調査を行われてこなかった。

　私自身は1980年頃に約半年のあいだ脳の代謝生化学研究室において実験室でラットを中心とした動物実験に従事しつつ、本研究の対象者の一人が所属する神経生理学教室においても、その実験を見学する機会を数度得ている。その後、私は国際医療協力の人類学的研究に従事し、かつ生物多様性や熱帯生態学に関する社会分析の研究業績［池田 1998、2000、2002］を重ねている。2005年5月に研究対象者の主催する市民向けの脳神経生理学のD教授の講演会に私が参加して以降、本章の構想について（人類学者の私と神経生理学者のDさんの）二人は対話を重ねてきた。科学者の営為を理解するためには、彼／彼女らが社会文化的場（環境）においてどのように発話し、考察し、行為しているのかが具体的に明らかにされなければならないというのがその時点での合意であり、現在に至るまで、この対話的関係は続いている。

III. 大学制度における神経生理学研究室

　研究対象になった神経生理学研究は日本の国立大学にある施設である。この研究室は、教授、准教授、助教と博士号取得後の常勤職のない研究員（ポストドクターから「ポスドク」と言われる）、所属する大学院生からなる。このような研究室の規模は、制度的にはかつて通称「小講座」と呼ばれる成員編制に相当するが、これを規定していた文部科学省省令の大学院設置基準が2006年度末に廃止され

た。しかしながら、この研究室はその旧制度の呼称慣習にもとづき「〇〇研」（〇〇には教授の姓が入る）と呼ばれている。この研究室は、1995年当時、それまでこの大学の医学部の医学研究教育センターの講師から同じ大学の学内教育組織の教授（以下文脈に応じ、D教授あるいはDさんと呼ぶ）が就任したときにはじまる[3]。調査当時の准教授（N准教授あるいはNさん）はその前年に教授の赴任した組織に助手として先に就任しており、現在の助教（A助教あるいはAさん）とともに研究室の常勤スタッフとして働いている。この研究室発足の10年後、すなわち大学院設置基準が廃止された2006年度末にこの学内教育組織は廃止され、この研究の構成メンバーとともに医学大学院に配属替えになり、この研究室は大学院の認知行動科学研究室と名称変更されている。2008年4月1日現在この三人のスタッフを含めて、一名のポスドク研究員ならびにD教授が兼任する二つの大学院研究科からそれぞれ二名が配属された四名の大学院生がいる（なお他の研究室と同様ジェンダーバランスは男性のほうに偏っており調査開始当時八名のスタッフのうち女性は一名であった）。

　2007（平成19）年度よりこれまで研究教育の補佐の職級であった「助手」は、大学教育に正式に従事することができるようになった「助教」と、研究教育の補佐業務に従事する「助手（新助手）」に分類され振り分けられることになった。この時期に同時に「助教授」の名称が「准教授」と変わった。日本学術振興会（学振）は日本最大の科学研究費補助金（科研費）を交付する文部科学省所掌の政府系特殊法人である。学振による有給の研究員制度には博士課程を修了したポストドクター研究員（PD）と、博士課程あるいは博士課程（後期）に人件費と研究費が支給されるドクターコース研究員（DC）がある。この認知行動科学研究室は、医学の研究科とは別の基礎生命科学の研究科との協力講座の関係を提携しているために、この大学の連合大学院の一つであるこの研究科の大学院生を受け入れることができる。基礎生命科学の研究科は修士課程（修学期間2年）相当のものを博士課程前期とし、博士課程（修学期間3年）相当のものを博士課程後期と呼んでいる。医学の研究科の大学院生のうち医学士（修学期間6年の医師免許取得のコース）の卒業生は、修士取得と同等レベ

ルのものと判断されて、博士課程（ただし修学期間4年）への入学を許可されている。

　抄読会とは、研究に関連する学術雑誌論文を読解しその要約を発表し、批評的コメントを交換しながら研究上のアイディアを学習してゆく定期的なセミナー形式の集まりであるが、冒頭に述べたように「ジャーナルクラブ」と研究室内では呼び習わせている。この研究室では当時毎週金曜日の午後5時（現在は土曜日の午前10時）から開催されていた。大学院生の正式メンバーには授業単位として認定され、また学会発表の予行演習の機会にも使われるので、研究室の学術活動にとっては重要なイベントである。調査研究時、研究室では、学部生向けの輪読会——2007年はRobert Snowdenらの"Basic Vision," Oxford UP, 2006. が読まれていた——が水曜の6時から開催されていた。学術セミナーは、内外の研究者が行う学術講演会で、招待した研究室が主催して関連する教室や研究者——視覚の神経生理学関連の研究室や近隣の大学の研究者など——に広報される。著名研究者の場合は多数の参加があるが、同時に懇親会などが催されるので、関連研究者にとって「刺激ある」情報交換の場になる。

　この研究室の正式な構成メンバーと活動は以上であるが、準構成員のような存在がいる。例えば、工学部の学部生2年生のMさんは、この大学に入学した志望動機そのものが人工視覚のデバイスの開発にあり、そのための基礎を学ぶために、この研究室に出入りするようになっている。学生や大学院生が研究室に出入りするようになるルートは、研究室に属する教員が行う授業、ジャーナルクラブ、輪読会、および不定期に行われる学術セミナーなどで「一本釣り」されたり、また大学外からは教員の論文や学術発表などの機会に触れ「直接飛び込んで」きたりした学生などである。研究室にとってはリクルートの現場になり、また当該研究室の研究内容に関心のある学生や院生には、将来のメンター（指導教官）になる可能性のある人に関する情報収集のよい機会になるこれらの勉強会の社会的意味は重要である。実際にこの研究室でも。このような経験をもっている人には、当時のスタッフである助教が、別の国立大学の大学院生の時からこの研究室に出入りし、ポスドクは学部の4年生時から、当時の大学院生のL

さんは同学部の2年生からこの研究室の行事に関わってきた。2008年に入学したOさんは先に述べたMさんと同様、学部の1年生のときからこの研究室に関わっている。集中的な調査後の後でのフォローアップをすると、本章の執筆時には、ポスドクは国内の基礎研究機関への「武者修行」に出かけ、修士課程終了後に製薬会社などの専門職に就職したり、外国からの留学生が研究に加わったりと、教員以外のスタッフは多様に入れ替わっていた。

　準構成員になる最初のステップはジャーナルクラブへの出入りであるが、より重要なことは、この研究室の論文生産にとって最も重要なイベントである、動物実験に立ち会うことである。この研究室の教員メンバーは通常時には大学の授業担当があり、学期の期間は十分に実験に専念することができない。動物実験は、動物に行動訓練などをさせて行う慢性的に繰り返し行うものと、一定の処置を行った後に麻酔のもとで動物から電気記録を集中的に収集する急性的なものがある。急性実験は、実験の手続きに入ると昼夜を問わず連続して実験データの収集を行う必要があるので、まとまった時間が必要になる。したがって、春(その期間にできる大型連休を含む)、夏、冬のまとまった休暇の時期がこの研究室にとっての「データのかきいれ時」になる。このような実験に立ち会う経験は、その後のジャーナルクラブでの論文の読解にとって大いに役立ち、また研究室の活動に「参加している意識」を高めることに大いに貢献することは言うまでもない。

　このようなこの研究室の有りさまは、まさにレイブとウェンガー[1993]の言う実践コミュニティ(community of practice)そのものである。実践コミュニティとは、徒弟制にもとづく伝統的職場、近代社会制度としての職場や学校などでみられる、集団への参与を通して知識と技巧の修得――これを状況的学習(situated learning)と呼ぶ――が可能になる社会的実践がくりひろげられる場のことである。状況的学習において、実践コミュニティに参与することを通して学ばれる知識と技能の初期のプロセスのことを、正統的周辺参加(Legitimate Peripheral Participation, LPP)という。実践コミュニティへの参加は、状況的学習の深度によりLPPから十全参加(full participation）に移行すると、モデル化されている。すなわち状況的学習とは、外部表象化された〈知識や技能〉を学習者の内部に取り込むというメタファーで語ったり理解したりすることのできる学習である。

IV. 場と知識

　私は、この研究室のD教授が学んだ大学院の課程の同窓であり彼の旧来の友人である。研究期間中から現在（2011年6月25日）に至るまで我々の同じ職場である大学には同学年の同窓生の教授[4]は彼と私以外に存在しなかった。私が本章の構想を披瀝した際に、D教授は私の研究の趣旨について容易に理解してくれ、かつ共同研究者として承諾し教室での自由な調査を保証してくれた。このことは他のリサーチデザインのもとでの実験室の民族誌的研究とは異なるユニークさがあった。他のタイプの入り方とは異なる研究には、それぞれ利点と欠点があるように思われる。まず利点としては、研究者と研究対象のラポール（信頼性構築）の大きさである。従来、研究の公開性や透明性が重要とは言われているものの、制約された時間と資金のもとで効率よく実験に励もうとする自然科学の研究の現場では、文化人類学というよそ者がその実験の内容に介在することは、その研究の効率性を下げるために一般的に好まれない。あるいは、足手まといにならなくても、直接の研究成果には結び付かない人類学者の介入は、迷惑がられることはあっても歓迎されることはないだろう。他人の生活に闖入し根掘り葉掘り聞き倒す文化人類学者は、共同体のメンバーにとって必ずしも嫌悪されるわけではないが好奇の眼でみられると同時に不審がられる。それらを払拭して調査者と被調査者の関係を超えたもの――例えば、親友――になるには、ただひたすら時と付き合いを重ねる必要がある。私が以前コスタリカの熱帯研究機関（OTS）で生態学者を調査した時には、非常に好奇な関心を持たれるか、完全に無視されるかのどちらかであった［池田1998］。

　このように述べれば、ラポールのとれた研究者との文化人類学的

共同研究がもつ欠陥について想像することはそれほど困難ではない。それは私と共同研究者のこの教授との利害が衝突しないために、調査者自身の我田引水的な研究になり、文化人類学的研究らしいとしばしば言われる対象との「客観的距離」を取ることに失敗するのではないかということである。利害の衝突がないと言っても私が調査データを得る「片利共生」――異なる生物の共生のパターンで、片方の生物にとって生存に有利になるが、他方には害を与えない程度の共生の様式――というものである。もちろん対象への深いラポールや被調査者への共感をもつことと、科学的客観性が保てなくなるという主張は、文化人類学の領域ではそれほど問題視されてはいない。また、客観性の確保と研究対象への共感がトレードオフになるという主張もそれほど根拠をもたない――文化人類学で伝統的に主張されてきたのは、むしろ客観性の確保と研究対象への「偏見や予断」がトレードオフの関係になるという経験的事実である。

　以上のことを踏まえてもし仮に、研究対象となる被調査者との共同研究を行うことのメリットとデメリットを秤にかければ、私はメリットのほうが大いに貢献するはずだと思う。日本の自然科学の現場を対象にした参与観察にもとづくような研究はいくつかあるが［TRAWEEK 1988; COLEMAN 1999］、それらの研究上の問題は何からの形――たとえばリフレクシブに自分たちの姿を客体化すること――を通して研究の結果が、調査された当事者の自己意識の変革に繋がることができたかということである。これらの研究は、いまだ比較文化論的資料のレベルに終わっている。ただし、その問題は研究成果に内在するものではなく、その成果をどのように被調査者の社会的プレゼンスを高めるだけではなく、どのような形で研究者の生き方の改善に繋がっていくのか、また調査者が被調査者と社会の一般の人々とのどのようなコミュニケーションデザインを提案していくのかという次世代の科学論の社会貢献の新しいモードへと――マイケル・ギボンズ［1997］に倣って科学研究を観想の対象にする科学論もまた「モード2」にシフトアップすることへと――議論を踏み出していないことが挙げられる。「モード2」の研究とは、従来型の研究対象を客体化し観想の対象とし論文生産をはじめとして学問の世界

にのみ関わることを「モード1」とすれば、成果の社会的還元や、研究成果を通した社会的関与とりわけ政策的関与など、研究の倫理や実践性を意識した科学的営為を想定したもののことである。

　それでは、本研究のフィールドになったこの研究室ではいったいどのような実験と研究が行われているのか。この研究室の四つのプロジェクトは当時次のようなものであった。

1. 第一次視覚野の刺激特徴抽出性とその形成メカニズム：大脳皮質一次視覚野の特徴選択性がどのように形成されているのかについて調べていたこと。これには、ヒューベルとウィーゼル、ならびにリビングストンのモデルに方位コラムを修正したオリジナルの作図（チャート）行為が含まれる［福田・佐藤 2002: 198］。
2. 第一次視覚野ニューロン活動の刺激文脈依存的調節：視野全体の情報が局所視覚情報処理にどのような影響を及ぼすのか、どのような神経ネットワークが関与しているのかについて調べていたこと［福田・佐藤 2002: 218-27］。
3. ボトムアップとトップダウン情報処理：視覚情報処理において、網膜から大脳皮質に向かう順行性の情報処理と、大脳皮質から視床に向かう逆行性の情報処理の役割について調べていたこと。
4. 体性感覚野の情報表現とそのメカニズム：体性感覚野の情報表現について、視覚野との比較も行いながら検討していたこと。

ラトゥールとウールガーの研究［LATOUR and WOOLGAR 1979 [1986]: 52-3］に登場する内分泌学の研究室同様、神経生理学の研究もまた文献の読解（研究者はさらに投稿のための論文の執筆）に多くの時間と労力が割かれている。教室の指導にあたる教員は、自分の論文の執筆の他に、研究員や大学院生さらには同僚の論文へのコメントや加筆修正も求められることになる。

　この研究室における社会実践は、他の大学の研究室と同様、1.教育、2.研究、3.管理、という三つの業務がある。これらの活動の区分は、これまでの大学における教員の仕事の分類と同じように思える。すなわちこの教員の三分類に4.社会連携（社学連携や産［官］学連携など）を加えれば、現代の大学教員が行うことが期待されている業務の四分類ができあがる。

しかしながら、研究室を動かし研究と教育を行ってゆく、先の三分類の中身は必ずしも完全に切り離せるものではない。例えば、若手の研究員や大学院生を国際学会で発表させるために、発表論文を投稿するための事前の校閲やコメントなどは、外面的には教育活動そのものである。しかしながら、論文を共著で発表する神経生理学のようなこの研究室では、このような事前校閲やコメントを行うことは、研究の公開への直接的な活動の一部であるし、また、大学の管理当局からの研究教育指導という観点からは、研究の管理という学内の行政的な業務の一つにもなっている。また、実験動物を購入し、維持し、それを実験に供することは純然たる管理のように見えるが、実験動物のケアに熟達することは、研究データを効率よく得ることに繋がる。あるいは、飼育、実験、データ整理、論文執筆、研究成果報告という一連の流れの最初の重要な活動になり、若い研究者をそのような環境に慣らしてゆくのは、大変重要な教育となる。

V. 歴史的実在としての神経生理学と　その研究室

　トーマス・クーン［1971］の指摘によればノーマルサイエンスの内部において、それぞれの研究者はパズル解きに専念する。またノーマルサイエンス内の科学者が行うパズル解きに関する科学的方法論は、それぞれの科学者集団が実験室内で継承すると思われる「流派」のそれに依拠すると思われる。したがってこの歴史社会学的展開に沿えば、パズル解きの技法は歴史的に継承されてゆくはずである。また、そのパズル解きに関する個々の課題を提供するより大きなパラダイム――この私の研究課題では「視覚に関する神経生理学」がそれに相当する――の内部で共有されている科学上の革新（刷新）たる理論の新たな展開は、それぞれのパズル解きの技法にさまざまな影響を与えるだろう。
　それゆえ神経生理学の実験室は、歴史的継承性という性格を有することになる。そのような歴史的実在は、個々の研究者の学問的成長――場合によっては人間的成長をも含む――の中で具現化され

る。この研究の共同研究者であり、かつまた研究対象であるD教授——私は長年来彼をさん付けなしの姓名でそのまま呼ぶ——という研究者もまた、ボーヴォワール『第二の性』の響きに倣えば、最初から神経生理学者なのではなく、学問的修練の過程のなかで神経生理学者になってきたのである。そして「科学の進歩」を担う歴史的主体も、一個人が成し遂げる科学的発見から成り立つという西洋近代の主体主義から自由になれば、近年の科学社会学あるいは実験室の民族誌研究が明らかにしたように、研究室（ラボ）という小集団、学派（school）と呼ばれる目的意識を共有した研究者の集団、さらには学界そのもの、ひとつの大きな〈研究主体〉[5]となりうるだろう。

　私は、視覚を中心とした研究テーマを追究する神経生理学者であるD教授を育てた主たる場所は、1961年から1987まで続いた大阪大学医学部附属高次神経研究施設という研究施設であり、そこで視覚の神経生理学を研究教育した指導教官（メンター）を含む研究スタッフとその関係者が織りなす社会空間であったと考える。神経生理学者は、メンターのもとで、実験動物の飼育について習得し、実験方法について学び、共著者として論文の書き方について学び、ジャーナルクラブ（抄読会）において関連する研究者の方法論について知りかつまた理論上の修練を重ねるからである。実験室での新参者は、実践コミュニティへの参加の様式である正統的周辺参加（LPP）の形式をとりながら、やがて中核メンバーとなり十全参加が行えるようになる。

　以下の説明は、おそらく岩間吉也（いわま・きつや、1919–2010）の執筆になると思われる『大阪大学醫学伝習史（基礎講座・研究施設編）』［大阪大学 1978: 289–94］の記述、笠松卓爾［KASAMATSU 1985］による岩間教授記念文集 "From Neurophysiology to Neuroscience" の序文、Dさんへの私のインタビュー、ワシントン大学ナイジェル・ドゥ教授に関する受賞に関する研究者紹介などウェブページなどから、本章にとって最低限の情報を収集し、再構成かつ要約したものである。

　大阪大学では1953年頃から脳研究に関する研究所の設置の要望を文部省（当時）に対して行っていた。この要望の実質的推進者は

解剖学第三講座教授の黒津敏行であった。研究施設は1961年になってようやく認められ、黒津教授がその定年1年前に、医学部附属高次神経研究施設の施設長ならびに同研究施設神経生理学部の教授に就任した。62年の黒津教授の退官に伴い二代目の教授に就任したのが当時金沢大学の岩間吉也である。岩間は1919年生まれで1954年には35歳で金沢大学の教授に就任していた。彼は東北帝国大学医学部出身であり、東北時代の岩間のメンターは、生理学第二講座教授であった本川弘一（もとかわ・こういち、1903–1971）であった。岩間が大阪大学を定年退官したときに、恩師の本川先生について次のように述べている。

> 「本川先生は教室のなかでは歯切れのよい限られた言葉で複雑なことを説明する言語能力に卓越されており、それが当時の学生たちを魅了した。先生はいつも私たちに現在研究中の新しいアイディアについて話してくださった。先生の実験室では若い研究者に対して元気づけるよう魅力に溢れていた。本川先生は簡潔なこと（simplicity）をたいへん好まれていた。」［KASAMATSU 1985: i］

岩間は金沢大学時代に睡眠に関する脳波研究を行っていたが、大阪大学に赴任するようになるころから、ネコの賦活睡眠について埋め込み電極技法による、外側膝状体シナプス前抑制の研究に着手することになった。外側膝状体は、網膜から視交叉を経て最初に視神経の投射を受ける部位であり、大脳視覚野への中継部位でもある。そのため岩間研究室は、外側膝状体を中心とした脳内の神経経路とくに視覚野などとの関係についての神経生理学研究が行われるようになる。

この研究室のD教授が大学院医学研究科修士課程の院生として入学するのは1980年で、岩間教授が61歳のときである。彼（＝Dさん）は東京の私立大学の文学部心理学専攻を卒業し、神経生理学の岩間教授の門を叩いたのである。当時、中国地方の国立大学医学部を卒業し、麻酔科医として研修を終えた後に助手として採用されて

いたYさんが、大学院生時代の面倒をみるシニア研究者となった。YさんとDさんは、日本生理学会の英文誌にラットの上丘（superior colliculus）での記録をとった研究を出版（Jpn J Physiol 1982: 32(6): 1011-4）するが、これは共著ではあるが、初めてDさんの名が英文学術誌に掲載された論文である。

　Dさんは岩間の定年退官の前年に、岩間教授の前の職場であり関係のあった金沢大学医学部の助手に就任することになる。Dさんはその2年後の1984年に再び大阪大学の高次研の助手として戻ってくることになる。このとき、岩間教授の後を継いでいたのが、Xさんである。Xさんは1987年の高次研の廃止ならびにそれを継承したバイオメディカル教育研究センター高次神経医学部門の教授として2005年まで務めた。Xさんはその後、日本で有数の著名な研究所の研究ユニット長として現在（2011年5月）まで至っている。高次研が1987年に廃止されたとき、Dさんは米国ミズーリー州セントルイスにあるワシントン大学の著名な視覚生理学者ナイジェル・ドウ教授の研究室に3年間留学する。

　ドウは1933年ロンドンに生まれ、ケンブリッジ大学トリニティカレッジにおいて1956年に学士を、1961年に修士号をともに数学で取得している。1958年から63年までポラロイドの研究所で研究員として過ごした。ポラロイドには視覚研究者のE. H. Land が在籍していた。Land は共同研究者のEdward F. MacNichol, Jr. とともに、ドウをウッズ・ホールのMBLすなわち海洋生物実験室（Marine Biological Laboratory）で研究に従事させた。ここで彼らは金魚の網膜神経節の研究をはじめるのであるが、ドウは実験室にやってきたときには、その研究に関する完璧な文献リストを用意しており、彼は金属の微小電極を用いて刺激応答から金魚の色覚に関する神経節の配列について発見したいと述べて、Landらを驚かせたという。ドウは1962年にワシントン大学に就職し1992年にエール大学に転職するまで30年間在職することになる。ドウの研究関心は、網膜神経節が色とパターンをどのように情報処理を行うのかということであり、ネコ、ウサギおよびサルをつかって実験を行った。この間1967年に生物物理学のPh. Dをジョンズ・ホプキンス大学大学で取得後、

1967年から69年までハーバード大学でポスドクの資格で研究を行う。ハーバード大学は言うまでもなく1981年にノーベル医学・生理学賞を受賞することになるデイビッド・ヒューベルとトルステン・ウィーゼルの視覚生理学研究の牙城であった。ドウは、A. L. Pearlmanと共同して哺乳動物の視覚システムの学習機会の研究を行ったが、有名なものは、色覚がないといわれていたネコに関する研究であった。彼によると、反対色とよばれる色の組み合わせの合成による色覚理論を外側膝状体の細胞で証明することに成功し、訓練したネコがそれを利用して色を区別していることを発見した。1970年以降のワシントン大学時代のドウは、一方向に光のパターンが動く環境に育てられた動物の視覚比較や、さまざまな発達段階で眼球を摘出したものとの比較研究に従事することになる。

　DさんはワシントンDC大学のドウ教授のそのような研究室の門を叩き、視覚の神経生理学者としての修練を2年間国外で積むことになる。この年（1987）の7月にDさんは大阪大学から医学博士号を取得しているため、ワシントン大学での彼の受け入れ身分はポスドク研究員であった。Dさんは1989年にX教授が主宰する医学研究教育センターの高次神経医学部門に戻り、翌90年に同じ職場で講師に昇進した（34歳）。他方、1992年ドウ教授は、古巣のワシントン大学からエール大学医学校の眼科学と視覚科学学科に転職する。D教授の研究室のN准教授は、エール大学のドウ研究室に訪問し短期の実験を行うが、それはドウ教授の着任の9年後のことであった。Nさんは1994年関東地方の国立大学大学院医学研究科を修了し医学博士号を取得するが、同年、現在の職場の改組前の組織に助手として就職する。Nさんは教育学部出身で、さらに別の国立大学大学院修士課程に進学し、スポーツ科学を修了した柔道家でもある。母校の医学研究科に戻り医学博士号を取得するが、その当時の専門は筋肉および骨系の生理学研究にあった。

　Nさんが現在の大学にやってきた翌年に、Dさんが教授として就任した。二人の属する研究室は、教員が外部から選考される場合には、医学部がその人材————「人事ポスト」という————を募集する決まりになっていた。このときに初めてDさんはNさんの上司

になったのである。Dさんが就任した翌1996年にNさんは講師に昇進した。D教授とN講師の新しいコンビの結成は、Nさんの研究テーマを視覚の神経生理学への転向を生み、その3年後にはNさんの主著でDさんが共著の論文（J. Neurosci., 1999: 19(22): 10154）が公刊されている。

　Dさんは1995年に現在の職場の保健体育部という新天地に赴任し、また部下であるNさんの専門も異なることから、これまでの実験のインフラストラクチャーがあった環境から、彼自身のまさに一国一城の研究室づくりのための更地に降り立ったことは想像に難くない。D教授の以前の職場での経験の遺産を継承していると思われる論文が彼の赴任後の2年間のあいだに公刊されたものの、1997年と98年の2年間は論文の生産が停滞している。もちろん論文の生産が停滞する理由には、投稿を行うことが困難になった以外に、査読から採択までのプロセスがスムースにいかないことも考えられるが、この研究室究室のその後の論文生産性のペースから推測するに、この空白は、研究室をゼロベースから立ち上げる準備期間であったと考えるほうが妥当である。他方、この時期は国立大学全体にとっても大学院の重点化——旧帝大や研究中心の国立大学などが教員の帰属組織を学部から大学院研究科に移行させること——がはじまった時期で、大学間あるいは大学内での組織間の権力格差が生まれる原因となった。この大学では1997年に医学部は医学研究科になり、翌年に保健学専攻を取り込んで医学系研究科に改組された。Dさんが配属した組織は大学院重点化の7年後の2005年に組織としてはリストラされて、その一部であるこの研究室究室は医学系研究科に組み込まれることになる。

　新生のこの研究室究室が創設期の産みの苦しみを脱してようやく安定期に入るのが2001年である。この年の2月に、Dさんが留学時代に学恩のあるナイジェル・ドウ教授（エール大学医学校）が短期間ではあるが来日した。この研究室究室においてもドウ教授はセミナーを行った。このことが契機になり、同年7月にNさんがドウ教授のもとで研究論文が生まれる実験が行われる。私はNさんの著述になるある一本の論文が生まれるに至るまでの学術的な系譜関係の概略

について説明した。ここで私が強調したいことは次のようなことである。研究者や研究者の研究（＝実験）の質を保証するものと言われている論文のインキュベーター（孵卵器）は、研究室（＝実験室）にあると。Ｎさんという研究者がある論文を作成するルーツを遡っていくと、Ｄさんのメンターであった岩間先生が、70年以上前に東北大学で日本における神経生理学の創始者の一人である本川先生の講義に感動するところまで遡れるということなのである。もちろん、本川先生や岩間先生はＮさん論文の直接のルーツとは言い難い。にもかかわらず、歴史的事実としての神経生理学とその実験室が、時空間をこえて発展継承するというビジョンを心に抱くものは、そのような偶然の繋がりの中に歴史の必然性を見るものなのである。

VI. 動物実験と科学的検証手続き

　本章が対象にする視覚情報の脳の神経学的処理機構というテーマについての門外漢ならびに動物実験における「人間と動物のあいだの駆け引き」について議論をてっとり早く知りたい読者にとっては、ここまでの記述は苦痛を強いるものであったかもしれない。しかしながら実験動物への取り扱いは、明らかにしたい科学的検証手続きと地続きであり、その手続きは人間の福利に貢献するという目的のために、ある種の公正な手続きを踏めば、動物実験という手段が正当化されているという現在の科学の状況を理解し、納得するためには、これまで述べてきた論述は必要かつ不可欠であると私は信じる。以下の論述では、実験動物と言うときには、ほ乳類でとりわけ視覚情報処理においては霊長類と同様に優れていると言われ、かつその知見が豊富に蓄積されているネコを中心に話をすすめる。動物実験が正当化されるのは、最終的にその神経的生理基盤（neurological physicality）は人間と同様と考えられ、人間への臨床応用、すなわち視覚情報処理に関する正常と異常なプロセスの類似点と相違点を明らかにし、さまざまな視覚の問題を抱える人たちの治療やリハビリテーションに役立てようと目論まれているという点においてである。この目論見を理解できないと、動物実験は対象（object）に苦痛

を与えるゆえにすべて全廃すべきであるという過激な動物の権利擁護派（radical animal rights activists）の主張への人びとの盲信に途を拓くことになる。もちろん私とて動物に命を全うする権利が全くないと主張しているわけではない。しかしながら、それを認めるためには、動物と人間が「駆け引き」する存在を保証するための共通の内面性（interiority）や〈交通〉すなわちコミュニケーションのありようについての詳細な解明と得られたデータの洗練した解釈が必要だと私は考えるものである。

　2機のジェット機の突入により、ニューヨークの貿易センターの双子のタワーが崩落した2001年9月11日に、そのグラウンド・ゼロの地点からおよそ110km北東にある大学においてNさんは2003年に公刊されることになる論文「サイクリックAMP依存プロテインキナーゼの阻害作用はネコの視覚皮質における逆眼球優位を防ぐことができない」に結実することになる動物実験を行っていた［Shimegi et al. 2003］。先に述べたように開頭手術を行い最終的に安楽死させるまでの実験データを取り続ける急性実験においては、神経細胞（ニューロン）の記録やそれを取るためにさまざまな化学的あるいは電気的刺激操作を、複数あるニューロンの性質に応じてあれこれ試しながら試行錯誤を繰り返すために、実験者は実質的に不眠不休の態勢にならざるを得ない。Nさんは9.11テロ事件が起こる前から実験を開始していたからである。動物実験は、全身麻酔をかけるために人工呼吸管理が必要であり、かつ視覚情報処理のデータを神経細胞から採集するために、動物の眼は開眼させておき、かつ「意識」状態は「覚醒」――麻酔がかかり動物に痛みはないが同時に意識はあるというポイントは操作的にその都度定義される――でなければならないという手の込んだことが試みられる。急性実験でも慢性実験であっても実験動物は最終的に安楽死させられて、解剖に付され、また実験データの解剖学的根拠と照合させられるために遺体および遺体の一部は丁重に取り扱われる。また実験動物は、その生物学的に均質であることが求められるために、［ペットショップで売られるよりも］遥かに高価であり、病気などに罹らないように栄養学的に管理され、また檻（ケージ）で飼うことに伴うストレスなどの悪影響が出

ていないか詳細にチェックされる。さらに、実験の前に薬を投与し、あるいは障害を人工的に作る手術が行われることがあるが、確実に手術後に障害が発生しているかどうかを、行動的に観察するなど生理学実験の前に行動観察などが組み込まれることがある。

　これらのことを要約すると、実験動物は実験者によって詳細に監視、観察されるだけでなく、条件が統制された理想的で良質な実験に供するために、最新の注意を払って配慮（ケア）されているということである。この動物への配慮への実験者ののめり込みは、さまざまなインタビューや談話あるいはその他の記録から推測するに非常にデリケートなものであり、その観点からみると、逆に我々がペットに対して行っているいわゆる愛玩行為というものがいかに飼い主の気まぐれと人間中心主義に基づいたいい加減なものであるかをいやおうなく知らされる。例えば人間の外科手術でも実施するかのような丁寧な管理が行われる。以下はNさんとDさんの共同研究者であるFさんが、最初にネコの実験前の手術に立ち会ったときのDさんによる記述である。

　　「動物[6]は全身麻酔し、人工呼吸下で手術する。心電図、血液の酸素飽和度、呼気中の炭酸ガス濃度、体温、呼吸数などが常にモニターされている。今回手術を担当したFはおそろしく周到で、慎重に作業を進める。手術室は無菌手術を行うために極めて厳格に手順が決められており、気が遠くなるようなステップを踏んで手術を進める。Nは［やがて］自らこの手術を行うようになるのだが、これまでラットの実験ばかりやってきた彼（＝Nさん：引用者）にとって、いきなり見せられたこの手術を直ちに覚えることはできなかった。」[7]

　彼らが直面していた問題は次のようなものである。脳は、ある部位に機能的障害が起きたときに、別の箇所がそれを補うように機能を回復する。このような代償的な回復機能は、脳が神経回路のネットワークを形づくっており、別の箇所が傷害の起きた箇所の機能を肩代わりするようなメカニズムが働いている。つまり、神経系がそ

の後の状況の変化に応じて、別の情報処理システムをつくりあげるということである。これを可能にするのは、よく使われる回路の効率性を高め、使われないあるいは使えない回路の効率性を下げるという現象によるものである。これを脳の可塑性（plasticity）と呼ぶ。この現象がよくみられるのが、発達期の脳であり、興奮性伝達物質と言われているグルタミン酸と結合するNMDA受容体と呼ばれるグルタミン酸受容体の働きが重要とされている。NMDAとは、N-methyl-D-aspartete の略号であり、受容体の名前は、この受容体がNMDAと高い親和性（結合しやすい性質）示すことに由来する。NMDA受容体は、シナプス接合部にあり、グルタミン酸と結合すると、興奮性の膜電位応答とともに、ニューロン内にカルシウムイオンが流入し、それが契機となって細胞内の酵素系——プロテインキナーゼA（Protain kinase A, PKA）もその一つ——が活性化され、化学反応を引き起こす。したがって、この細胞内の酵素系の阻害剤の一つであるPKAと、ニューロン活動を一定の期間不活性化させるムシモールという薬剤を、微小ポンプによって直接、可塑性に関与するニューロンのまわりに注入し、ニューロンの活動および典型的な可塑性を示す神経回路の発達を見ようとするものである。そこで、彼らが焦点をあてたのが（ムシモール投与下で起こる現象だと言われている）逆眼優位シフトが、PKAで起こるかどうかを検証するものだった。

　はたして、これがなぜ彼らの関心を呼んだのかというと、先に触れた脳の可塑性に関する理論的説明としてカナダの心理学者ドナルド・ヘッブ（Donald O. Hebb, 1904-1985）が提唱したヘッブ法則という仮説の検証と、この仮説では説明できない現象を修正したかたちで説明するコバリアンス（covariance, 共分散）があるという背景知識を理解することが必要となる。ヘッブの法則は、ある一定の刺激が来た場合にのみシナプスの可塑性ができる（協同性）、特定のシナプスにのみ可塑性がみられ関係のないものに可塑性は生じない（入力特異性）および、弱い刺激でも他の刺激の助けをかりて可塑性を生じる（連合性）の三つの特性で脳の可塑性を説明するものである。ヘッブの法則に修正を加えたのがコバリアンスで、これはシナ

プスの強化は、あるニューロンがシナプスを介して次のニューロンを刺激できるかどうかにかかっており、そのことの強化刺激がつづくことと可塑性には関連性があるという説明である。もちろん彼らの関心は、仮説のままの理論的予測を実証することで法則やその修正仮説の正しさを証明することにあるわけではない。視覚の情報処理に関する脳の可塑性の現象における逆眼優位シフトに関するより具体的な分子的メカニズムを解明することにある。

　彼らの検証実験を可能にするためには、実験動物に逆眼優位シフトを起こすような操作が必要である。その理解には、眼優位シフトと逆眼優位シフトの違いと、そのメカニズムについて知っておく必要がある。臨界期にある動物の大脳皮質視覚野ニューロンの眼優位性は、単眼遮蔽（monocular deprivation: MD）のような人為的な操作によって変化する。これを眼優位シフトと呼ぶが、その変化の方向性は必ずしも一つではない。通常、視覚遮蔽された眼（遮蔽眼）——発達期の実験動物の瞼を手術で閉じたり眼球を摘出したりして刺激を遮断すること——に対する反応性が失われ、ほとんどのニューロンが健常眼に対してのみに反応するようになる。これに対して、大脳皮質視覚野を不活性化した状況下で単眼遮蔽を行うと、健常眼よりも遮蔽眼により強く反応するニューロンが増加する。大脳皮質の不活性化とは、皮質のニューロンが強い興奮性入力を受けてもスパイク応答を生じないような状況にすることであり、一つの方法として、抑制性伝達物質GABAの受容体アゴニスト（作働薬）ムシモールを視覚皮質に持続注入することで皮質のニューロンが抑制され、不活性化の状況が得られる。この大脳皮質視覚野の不活性化と単眼遮蔽の組み合わせは、一見不自然とも思えるような方向へのシフト、すなわち、遮蔽眼への選択性が高まるようなシフトを引き起こす。これを逆眼優位シフト（reverse ocular dominance shift）と呼び、これとの比較の意味で、前者のシフトを通常の眼優位シフト（normal ocular dominance shift）と呼ぶ。

　眼優位シフトも逆眼優位シフトも、実験動物に対して左右の眼からの刺激の遮断という操作によって、後に大脳皮質において起こる現象である。このため、眼優位シフトと逆眼優位シフトの実験を行

う際に眼球の刺激の遮断のほかに、人工的な斜視を手術により作りだして、大脳皮質に与える可塑性という二つのシフト現象の解明を行うというより洗練した手法が考えられている。これらの現象の解明は、人間においては単に視覚の情報処理の基礎研究への貢献の他に、斜視治療の手術における眼優位シフトがどのような時期に起こるのか、術前・術後のケアはどのようにすべきなのかについて重要な示唆を与える。したがって、ここでの実験動物への措置は、ある意味で正常ではない視覚情報の入力が脳の可塑性にどのような影響を与えるのか、また可塑性の分子メカニズムの解明にどのように寄与するのかに光を与える糸口になる。発達期の実験動物への人工斜視の手術であるが、どの時期に情報処理のシフトが起こるのかという観点から、手術を実施する時期の管理も実験前の重要な処理になる。また手術という侵襲からの回復や、手術後にシフトが起こっているかどうかをネコの行動観察などから——障害を抱えながらも元の感覚機能を取り戻しているか否か——判別するということも重要になる。人工的に障害を起こさせるという実験動物への介入は、その実験に携わったことのない門外漢にはある意味で劣情をもよおす行為かもしれないが、先にも述べたように実験者の実験動物への配慮（ケア）に満ちあふれている点では、真逆の情景が生起しているはずである。

　さてNさんがイニシアチブをとって行った実験の結果はどのようなものであっただろうか。実験結果からそれをもとに投稿論文が作成され、査読者とのやり取りがなされ、およそ2年後に公刊された論文を読むと、二つの実験的事実が得られ、それらを調停する結論が書かれている。二つの事実をそれぞれ、事実Aと事実Bに分けて要約してみよう。

（事実A）
　正常型眼優位性シフトは、PKAの阻害剤であるRp-8-Cl-cAMPSによって完全に阻害される。では逆方向性眼優位性シフトは、Rp-8-Cl-cAMPSによって阻害されるのか。逆方向性眼優位シフトは、仔ネコの視覚皮質に、GABA受容体の作動薬であるムシモールを持続

注入して皮質を不活性化した状態で、単眼遮蔽を行うことで得られるので、この仮説を証明するためには、この条件に加えてRp-8-Cl-cAMPSをムシモールと共に視覚皮質へ慢性的に流し続けるという実験を行う必要がある。Nさんの論文はこれを行ったものである。では、その結果はいかなるものであったのか。結果は逆方向性眼優位シフトは邪魔されなかった。つまりRp-8-Cl-cAMPSの存在下でPKAが活性化しない状況下にあっても起こってしまったのである。これは、逆方向性眼優位性シフトにPKAが関与していないことを強く示唆している。それとともに、臨界期に観察される二種類の眼優位性シフトの分子メカニズムは同じではなく、正常型眼優位性シフトはPKAを介した細胞内情報伝達系を介して、一方、逆方向性眼優位性シフトはそれ以外の経路でシフト現象を起こすことが示唆される。

（事実B）

　PKAの作用を阻害するRp-8-Cl-cAMPSの存在の有無にもかかわらず、逆方向性眼優位シフトは起こる。大脳皮質の層構造との関係の中で、シフトの程度を比較すると、大脳皮質の入力層（視床外側膝状体から直接入力を受ける層）であるIV層において最も強い眼優位が観察された。ネコの場合、右眼と左眼からの視覚情報は、大脳皮質視覚野のIV層で初めて一つのニューロンに収束し、それによりそれらのニューロンは両眼反応性を獲得する。しかし、それ以前の段階では、左右それぞれの眼からの情報は、眼優位性が異なるニューロン群によって別々に処理・伝達されている。IV層でシフトが大きいということは、視床外側膝状体から大脳皮質視覚野ニューロンへと投射する線維の形成するシナプス（thalamocortical synapses）の変化が眼優位性シフトの神経学的基礎になっている可能性を示唆する。一方、大脳皮質視覚野内では、IV層→II・III層→V層→VI層のような情報の流れがあり、その過程で、情報の収束が起こることから、遮蔽眼へ強い選択性を示すニューロンに加え、ある程度健常眼にも応答するニューロンらがIV層以降の段階で収束することによって、遮蔽眼への反応選択性が減弱するものと思われる。

このことから得たNさんらの結論はこうである。(1) 逆方向性眼優位シフトが生じる過程に、PKAの活性化は必要でない、(2) 単眼遮蔽によって生じる眼優位性可塑性の分子メカニズム、すなわち、細胞内情報伝達機構は一つではなく複数ある。少なくとも、大脳皮質視覚野が正常な状態で単眼遮蔽することで起こる正常型眼優位シフトはPKAの活性化を必要とし、これを必要としない逆方向性眼優位シフトとは分子メカニズムが異なると考えられる、と。

　Nさんが筆頭著者であるこの論文を理解することとは、いったいどういうことであろうか。Nさんという科学者の個人や彼の研究史を理解すればわかるだろうか。私の答えは、いいえである。では、論文に引用されているすべての文献を読破すればわかるか。これに対する答えも、いいえである。結局のところ視覚の神経生理の教科書やレビュー［Daw 2006］を読めばわかるか。私の答えはこれを肯定する。もちろん言うまでもなく関連文献や生理学に関する知識も必要になるであろう。このことは、神経生理学の論証のプロセスは、ポパー派の反証可能性よりもクーン派のパラダイムの補強あるいは再生産という心証を受ける。実際のところNさんの発見はコバリアンスという修正を受けたヘッブの法則を反証するではなく傍証、補強するものであったからだ。Nさんの論文を理解することは、論文に記載されたこれまでの科学的知見を集約するだけでなく論文の著者たちが、どのような新知見をこの論文に込めようとしたのか、またこの研究パラダイムにおいて焦点化されている「パズル」とは何かということを的確に知ることであった。Nさんの論文を私のような門外漢が調査と分析という短期間で理解するためには、オッカムの剃刀のごとく問題にもとづく学習（problem-based learning）のような焦点化された学習が必要である。しかし、それだけでは視覚の神経生理学の全体像はおぼろげにしか見えてこない。結局のところは、その研究の全体像を理解するためには、広範な文献渉猟と研究者どうしの絶え間のない対話に参加するしかない、ということになる。

VII. 人間と動物のハイブリッドにおける「配慮」状況

　この節では、神経生理学実験を行っている際に、人間と動物が一体となる状況が生起していることを指摘することで、実験を行う主体としての人間の身体と、実験される自然的客体（natural object）の純粋な二分法が成立していないことを指摘する。人間が動物の脳に電極を差し込んでデータを得るという行為の背景には、神経生理学の研究のなかで洗練されてきた麻酔下における「視覚認知の覚醒」という二律背反状況がある。門外漢には一見理解不能な動物の身体状況を、神経生理学者は、動物の身体が「完全な麻酔による睡眠」でもなく「意識と苦痛を感じる覚醒状態」のあいだの状態であると説明する。生理学というよりも一種の哲学的問題のように思われるこのジレンマを、神経生理学者は、実験の被検体である動物に装着されるさまざまなモニター機械と長年の経験により「克服」しているように思える。それは技術論的には職人のノウハウとよべるような実践知（プロネーシス）であり、実験者の動物への心的態度[8]は「配慮＝ケア（care）」と言えるものであった。

　神経生理学の学術論文において冒頭の研究のアウトラインとデータの提示の間に、必ず書かれるのが「実験の方法」についてである。視覚の神経生理学の研究論文の場合、「方法」のセクションは通常、麻酔や手術の方法、視覚刺激の提示法や受容野特性——ニューロンが反応する範囲とその性格——の決定法、実験後の解剖学的所見と神経回路の特定の方法、データ分析の方法——コンピュータを使った解析で依拠する数学理論やプログラムパッケージの名前など——が小節に分けられて論述される。以下の記述は、2009年8月『神経生理学雑誌（Journal of Neurophysiology）』に掲載された論文の実験（被験体はカニクイザル）における動物の取り扱い方について記載した「外科的準備と記録」の箇所からの引用である。

　　　「我々は、麻酔（クエン酸スフェンタニル、1時間・体重1キログラムあたり4〜12マイクログラム投与）ならびに筋弛緩（臭

化ベクロニウム、1時間・体重1キログラムあたり0.1マイクログラム投与）措置を施した8頭のカニクイザル（*Macaca fascicularis*）の［大脳の］第一次視覚野および／あるいは第二次視覚野から細胞外に［電位を］記録した。すべての手続きは「ユタ大学施設内動物ケアと利用委員会」のガイドラインに準拠している。動物は、酸素と笑気ガス（亜酸化窒素）を30/70の比で混合したもので人工呼吸させた。心電図を常時モニターし呼気（end-tidal）中の二酸化炭素濃度を30～33水銀柱ミリメートルに維持するようにした。直腸温は摂氏37度、血中の酸素投与を100％になるように管理した。瞳孔には適宜アトロピンを滴下し、角膜は気体通過性のハードコンタクトレンズで保護した。［眼球内の］中心窩の位置は、実験開始時にその座標を決定（＝プロット）しておき、その後は検眼鏡を用いて適宜確認した。補助レンズを使ってディスプレイ画面上の眼の焦点を定めるようにした。単一ユニット記録はエポキシ樹脂でコートしたタングステン微小電極（4～6メガオーム：「メーカ名」）を使った。スパイク波は、G5パワーマッキントッシュコンピュータにより、通常の方法で増幅し、フィルターをかけ、22キロヘルツでサンプリングした：ソフトウェアはピーター・レニー博士によって親切にも寄贈され、それをカスタマイズしたソフトウェア（EXPO）により動作した。スパイク波はモニター上に表示され、複数のトレース（航跡）平均化することによりスパイクを弁別するテンプレートを構成した。テンプレートに合った波形のタイミングは0.1ミリ秒単位で計測した。」［Shushruth et al. 2009: 2070］

このような簡潔な記事に従っても実際の動物実験は「決してできない」とＮさんは私に断言した。ここには「実際の実験」で行われていることの「ほとんど」が述べられていないからである。単純な事実として、通常の視覚の神経生理学の実験では、上述のような麻酔をし、動物を動けない状態にしてから、筋弛緩の措置――これにより自発呼吸ができなくなり動物に人工呼吸器をつける必要が生じる――を行い、頭部を固定する台にのせ、開頭手術を行い、さらに測

定装置で慎重に観察しながら脳の内部に非常に細い電極——周りの組織を傷つけないため——を慎重に刺すことを行っている。この作業は、実験のルーティンであるが、さまざまな予測できない偶発的事故や動物の容態の急変などに備えて極めて慎重に行われる。容態の変化には熟達者（エキスパート）が呼ばれて適切な対応を行うが、それらは事前に学ぶことができないので、実験者は熟達者にその場で助手をしながら学ぶ。これらの技法は、実践コミュニティとしての神経生理学の教室のなかで、指導者や同僚と協働の作業（と同時にOJT学習もまた）を行うことで、長い時間をかけて学んでゆく必要がある。

　このような動物に対する実験者の極めて微に入り細を穿つきめ細やかな作業は、それを観察する人類学者に対しては「実験動物への配慮」としか言いようのない心証を抱かせる。実験者が身に付けている身体技法は極めてなめらかで、動物と実験者の一体感を感じさせる。その典型例が「苦痛を感じさせずに視覚情報のデータをとる」という実験手法の表現に表れている。これは、実験中の動物は点滴と呼吸器から二種類の麻酔によって管理されているが、麻酔が効き過ぎると、動物は「意識」が混濁した状態になり正確な情報が得られなくなる、他方、麻酔が醒めたり弱くなったり——血液中の麻酔薬は生き物によって分解（代謝）されるため——すると「苦痛」を感じるようになるからである。では実験動物の「苦痛」を実験者はどのように知ることができるのだろうか。それは血圧や心拍数の増加や、脳内に刺した電極のモニターから「視覚刺激以外の神経応答」を得る——「拾う」——ことがあるからである。その際には、データ採集をしている実験を中断し、麻酔管理がうまくいっているか、あるいは、ピンセットなどで脚先などを強くつまみ、モニターされている生物学上の反応の度合いがチェックされる。私が実際に見聞した実験では、麻酔を管理する実験者は、実験台に固定されている動物の背中をまるでペットのように優しく撫でるという動作までしている。その際の実験者の気持ちにどのような所感が到来しているのか、私は知る由もないが、観察されうる限りそこでは動物と実験者の身体の一体感が感じられ、自分（あるいは自分の親族）の身体を思いやるかの

ような心証を私は持った。実験室において、実験動物と実験者はハイブリッドな身体を形成しており、実験者は自分の身体をケアするように、動物のケアを行っているのである。

　実験動物の麻酔管理と、実験データの効率のよい採集とは、門外漢にはまったく別物のように思える。我々には、麻酔は外科手術のために単に眠らせて患者に痛みを無くさせる補助的な医療技術のイメージしか持たないからである。しかし、麻酔管理ができないことは視覚情報の神経生理学の実験ができない、つまりデータが採集することができないことであることを指摘して、Nさんは次のように言う。

> 「神経生理のE先生はD先生といっしょに共同でやってきた方で、当然ネコとかの麻酔を完全にやってこられたのです。ところが、E大学にまったく同じ機械をもっていったにも関わらず、最初の2年間はデータが出せなかったんです。……だから同じ実験でやったとしても何かが微妙に違っていたりするんですよ。それくらいデリケートなこともあるということなんです。」

　このような実験動物に対するケアの技術は、（厳密な科学とは対照的な）航海術や医学治療における推定的技術の系譜に属するものである。また、それは前節で詳細に検討したように神経科学における実験データとさまざまな仮説の検証と同様に、まさに「小さな誤差しかない程度にまで正確な知識を得ることは骨の折れる仕事」（ヒポクラテス［小川訳 1963: 66］）に他ならない。ここでの実験者と実験動物の関係について、冒頭に触れた「駆け引き」という観点からみることが、本章にどのような新しい観点を与えてくれるか考察を最後に試みてみよう。

　動物実験の全面禁止を求める「動物の権利」擁護（アニマルライツ）派を除けば、人間にとって実験動物の存在は、おおよそ次のように位置づけられていると言えよう。すなわち、家畜の利用同様に、人間の福利のために「有用に利用」されるのであれば、その生き物から命を奪うことは可哀相ではあるが、それはやむを得ない。他方で、害虫や害獣駆除の対象に対する態度は「動物の権利」派とは極北の考

え方である。実験動物を容認する立場とは、人間の福利のために貢献するのであれば、その生殺与奪の権利は人間の側にあるということだ。つまり、仮に、実験動物がここで口をきいて「人類の幸せのためにどうか私の身体を使ってください」と言おうが「命が惜しいので実験に私を使うことはやめてください。殺さないでください」と言おうが、動物にはそのような権利がないことになる。

　だが近代的な法と権利の概念を用いて、動物には虐待や無意味な死を避けるべきであるという主張はかなり古くからある。ジェレミー・ベンサムは功利主義の観点から、動物には苦痛を感じる能力がある故に、人間のために動物から苦痛——究極の苦痛は死である——を受けない権利を主張する可能性をすでに1823年に指摘している。現在の研究倫理上の動物への配慮は、不必要に実験を行うことを抑制し、かつ「人間の福利」を上回る——両者の比較考量が可能だとして——「動物への無意味な虐待や殺傷」は回避すべきという原則に立っている。すなわち日本では「動物の愛護及び管理に関する法律」（昭和48年10月1日法律第105号）第41条1項には「できる限り動物を供する方法に代わり得るものを利用すること、できる限りその利用に供される動物の数を少なくすること等により動物を適切に利用することに配慮する」とあり、動物実験にかわる代替的方法を推奨している。また同条の2項と3項には「2 動物を科学上の利用に供する場合には、その利用に必要な限度において、できる限りその動物に苦痛を与えない方法によってしなければならない。3 動物が科学上の利用に供された後において回復の見込みのない状態に陥っている場合には、その科学上の利用に供した者は、直ちに、できる限り苦痛を与えない方法によってその動物を処分しなければならない」とあり、動物実験時における苦痛の軽減と、利用後の速やかな安楽殺を規定している。英米にも、それぞれ「科学的手続きに関する動物法（Animals (Scientific Procedures) Act, 1986）」と「動物福祉法（Animal Welfare Act (Laboratory Animal Welfare Act of 1966, P. L. 89-544)）」があり、類似のガイドラインの理念が規定されている。

　ただし、このような動物の福利に関する法律は、人間と動物が対等な立場をもってコミュニケーションするという観点から規定され

ているわけではなく、あくまでも「動物のパトロン」としての人間の行動と規範を指し示すものである。したがって、ここでも「人間と動物の駆け引き」が成立する余地はない。しかしながら、私たちが人間中心主義的な観点を相対化し、動物実験において本節の前半で示したように、実験者と実験動物との間における前者の後者に対する「配慮（ケア）」とその一体感を、同じコスモロジーに属する二つのエージェントの相互作用であると解釈すれば、両者の関係は、自然主義の「同一化のモード」とは異なった存在論的関係にあることが示唆される［Descola 2006: 2］。ただし、それは「駆け引き」というよりも、これまた人間中心主義的な観点から完全には脱却できてはいないのだが、人間のために「自らの命を捧げる動物」［Nadasdy 2007］、ここでは科学の、自然科学の、神経生理学の知見のために犠牲になってくれる関係性を示唆してくれる言葉をあてはめるほうがふさわしいように思える。日本では郊外に設置されることが多い（主に食肉や獣皮などの利用の供養のために）「獣魂碑」を建立し儀礼を行うことと類似［奥野 2010］して、実験動物に携わる研究者は「動物慰霊碑」での供養に参加するが、その際に参加者から聞かれるような関係性である。

　動物実験における研究者／動物の関係は、ケアする者／ケアされる者関係であったが、「自然の知恵」を恵んでくれるという関係においてはそれらの贈与関係の方向は逆転し、知恵を授かる者／知恵を授ける者のようにも思える。実験がうまくいくにはケアする者と知恵を授ける者が、お互いに腹蔵なく、気前よく、自らのもつものを指し出さねばならない。この関係は「腹蔵なく語る」ことあるいは技術の伝達のことで、ギリシャ語でパレーシアと呼ばれているものに類似する。古代ギリシャの自然哲学者のエピクロスは、真実が語られるときには「俗見にしたがう」のではなく、自分の信じることをあたかも「神託」のごとく告げなさいと次のような格言を残している。

　「俗見にしたがって、多くの人からやたらにふりかかる賞賛をかちうるよりも、むしろこのわたしは、自然の研究にたずさわって、たとえ誰ひとり理解してくれなくても、すべての人間にとっ

て役立つことどもを、腹蔵なく語り、神託のように告げることを選ぶ。」［フーコー 2004: 283］

　実験動物と人間とのあいだの内面性（＝こころ）にトーテミズムやアニミズムにみられるような共通点があるわけでない。しかしながら生物学上の身体性（biological physicality）における共通性を両者の間に認めないと、生物種の独自的相違点が生物種の共通的類似点を凌駕し、実験動物で起こるさまざまな神経生理学的な情報処理と同じことが人間でも起こっているという推論がなりたたなくなる。動物と人間の類的存在者間の関係性は、動物実験においては、個々の実験動物と（しばしばチームにより交代で取り組まれる）科学者グループの個別的関係性を通して明らかになる。完全空調され、遮光された実験室のなかでの実験動物と研究者の間の「自然の知恵」に関するやりとりは、門外漢の我々が想像もできないくらい、真理に忠実で「腹蔵なく語る」パレーシアの関係であることは、実際の調査に参加しなければ分からないことであった。

　――自然界は無生物から動物にいたるまでわずかずつ移り変わって行くので、この連続性ゆえに、両者の境界もはっきりしないし、両者の中間のものがそのどちらに属するのかわからなくなる。［アリストテレス『動物誌』（ベッカー版, 588b）島崎三郎訳］

参考文献
アリストテレス
　1998・1999　『動物誌』（上・下）（岩波文庫）島崎三郎訳、岩波書店。
フーコー、ミッシェル
　2004　『主体の解釈学』広瀬浩司・原和之訳、筑摩書房。
福田淳、佐藤宏道
　2002　『脳と視覚：何をどう見るか』共立出版。
ギボンズ、マイケル
　1997　『現代社会と知の創造：モード論とは何か』（丸善ライブラリー）小林信一監訳、丸善。
ヒポクラテス
　1963　『古い医術について』（岩波文庫）小川政恭訳、岩波書店。

平川秀幸
　2002　『科学論の現在』（実験室の人類学）勁草書房。

池田光穂
　1998　「フィールドライフ：熱帯生態学者たちの微少社会活動に関する調査の概要」『熊本大学文化人類学調査報告』第2号、pp. 97-135。
　2000　「エコ・ツーリストと熱帯生態学」『熱帯林における生物多様性の保全と利用』pp. 163-82、地域研究企画交流センター。
　2002　「外科医のユートピア」田辺繁治・松田素二編『日常的実践のエスノグラフィ―語り・コミュニティ・アイデンティティ』（第6章）pp. 168-90、世界思想社。

クーン、トーマス
　1971　『科学革命の構造』中山茂訳、みすず書房。

レイブ、ジーンとエチエンヌ・ウェンガー
　1993　『状況に埋め込まれた学習―正統的周辺参加』佐伯胖訳、産業図書。

奥野克巳
　2010　「アニミズム―『きり』よく捉えられない幻想領域」吉田匡興・石井美保・花渕馨也共編著『宗教の人類学』pp. 213-38、春風社。

大阪大学編
　1978　『大阪大学醫学伝習史（基礎講座・研究施設編）』大阪大学医学部。

佐藤宏道
　2004a　「一次視覚野の機能構築」『神経研究の進歩』48(2): 159-66、医学書院。
　2004b　「一次視覚野の情報処理」Clinical Neuroscience 22 (12): 1373-5、中外医学社。

BATESON, G.
　1958 (1936)　*Naven: A Survey of the Problems suggested by a Composite Picture of the Culture of a New Guinea Tribe drawn from Three Points of View*. Stanford University Press.

CALLON, M.
　1986　Sociology of an Actor-Network theory. *Mapping the Dynamics of Science and Technology*, pp. 19-34, MacMillan.

COLEMAN, Samuel
　1999　*Japanese Science: From the inside*. Routledge.

DAW, Nigel W.
　2006　*Visual Development*, 2nd ed. Springer.

DESCOLA, Philippe
　2006　Beyond Nature and Culture. Proceedings of the British Academy 139: 137-55.

KASAMATSU, Takuji
　1985　Preface. *From Neurophysiology to Neuroscience: A festschrift for Professor K. Iwama*. pp. i-vi, Priv. Pr.

KIDA, H., SHIMEGI, S. and SATO, H.

2005 Similarity of direction tuning among responses to stimulation of different whiskers in neurons of the rat barrel cortex. *J. Neurophysiol* 94: 2004-18.

KNORR-CETINA, Karin

1981 *The Manufacture of Knowledge: An essay on the constructivist and contextual nature of science.* Pergamon.

LATOUR, B. and WOOLGER, S.

1979[1986] *Laboratory Life.* Princeton University Press.

NADASDY, Paul

2007 The Gift in the Animal: the Ontology of Hunting and Human-animal Sociality. *American Ethnologist* 34(1): 25-43.

OZEKI, H., SADAKANE, O., AKASAKI, T., NAITO, T., SHIMEGI, S. and SATO, H.

2004 Relationship between excitation and inhibition underlying size tuning and contextual response modulation in the cat primary visual cortex. *J. Neurosci.* 24: 1428-38.

SHIMEGI, S., FISCHER, Q. S., YANG, Y., SATO, H. and DAW, N. W.

2003 Blockade of cyclic AMP-dependent protein kinase does not prevent the reverse ocular dominance shift in kitten visual cortex. *J Neurophysiol.* 90(6): 4027-32.

SHUSHRUSH, S., ICHIDA, Jennifer M., LEVITT, Jonathan B. and ANGELUCCIA, Alessandra

2009 Comparison of Spatial Summation Properties of Neurons in Macaque V1 and V2. *J Neurophysiol.* 102: 2069-83.

SOKAL, A. and BRICMONT, J.

1998 *Fashionable nonsense.* Picador.

TRAWEEK, Sharon

1988 *Beamtimes and lifetimes : the world of high energy physicists.* Harvard University Press.

(Endnotes)

1 ── 現代日本社会での自然保護をめぐる人間と動物の「駆け引き」については、現在準備中の拙稿「動物とのつき合い方、あるいは他者としての動物との「駆け引き」について」(仮題) 奥野克巳ほか編『人間と動物』(来るべき人類学シリーズ第5巻) (春風社) において、不在の現前としての動物と人間とのやりとり、すなわち人間が行う〈シャドーボクシング〉であると表現した。シャドーボクシングは、一見虚しい練習過程に思われるが、実戦に際しては不可欠な事前練習でもある。

2 ── 観点主義 (perspectivism) の主張以来、社会人類学の領域では革新的なものとして捉えられているようだが、自然科学や実験主義の批判の伝統では既に指摘されており、著名なものとしての人間の擬鼠 (ぎそ) 主義 (ratomorphism) を言ったアーサー・ケストラーがいる (『機械の中の幽霊』)。もちろん、ケストラーの観点主義は、鼠から見て人間の概念を相対

化するという観点主義者のそれではなく、鼠に貶められた人間という、飽くまでもヒューマニズムに立っているところが我々にとって不満になる。

3 ──── 本章に登場する一部の研究者の氏名は匿名のイニシャルで表現されているが、個別の研究テーマなどを学術情報データベースなどで照合させることで、それらを彼らの固有名と容易に連結可能することができる。しかしこの学術的なナラティブが他の匿名で存在する多くの研究者たちの経験と共有することの意義を勘案して、これまで人類学の学術上の慣行とあわせて、実名であげることの意義のある人物を除いては、それらを匿名化している。

4 ──── この大学全体の教授の数は884名、准教授は806名であった（2010年5月10日現在）。

5 ──── 人類学的には、下位集団や法人（corporate body）の研究の系譜との関連性を示唆する。

6 ──── この動物は仔ネコを使ったものである。言うまでもなく仔ネコは成獣よりも「デリケート」であり、またネコよりもサルのほうが「デリケート」である。Nさんは「ネコはサルよりもタフだ」と表現した。

7 ──── 池田光穂編『実験室における社会実践の民族誌学研究』p. 48、大阪大学コミュニケーションデザイン・センター、2008年より、固有名を匿名化して引用した。本文献は大阪大学総合図書館に所蔵［361.6/IKE, 登録番号 10301308697］されている。

8 ──── インタビューや実験の参加観察などから得られる実験者の内面状況を想定して、観察者が解釈したありさまを「心的態度（mental attitude）」と呼ぶことにする。

執筆順

奥野克巳（序、第 1 章担当）
桜美林大学リベラルアーツ学群教授
1962 年　滋賀県生まれ
『「精霊の仕業」と「人の仕業」：ボルネオ島カリス社会における災い解釈と対処法』（春風社、2004 年）
『医療人類学のレッスン：病いの文化を探る』（池田光穂との共編著、学陽書房、2007 年）
『セックスの人類学』（椎野若菜・竹ノ下祐二との共編著、春風社、2009 年）

吉田匡興（第 2 章担当）
桜美林大学リベラルアーツ学群非常勤講師
1970 年　富山県生まれ
『宗教の人類学』（花渕馨也・石井美保との共編著、春風社、2010 年）
『人＝間の人類学：内的な関心の発展と誤読』（共著、中野麻衣子・深田淳太郎共編、はる書房、2010 年）

西本　太（第 3 章担当）
総合地球環境学研究所研究員
1972 年　山口県生まれ
『人＝間の人類学：内的な関心の発展と誤読』（共著、中野麻衣子・深田淳太郎共編、はる書房、2010 年）
『水と文化』（共著、秋道智彌・小松和彦・中村康夫編、勉誠出版、2010 年）
『地域の生態史』（清水郁郎との共著、クリスチャン・ダニエルス編、弘文堂、2008 年）

シンジルト（第 4 章担当）
熊本大学文学部准教授
1967 年　内モンゴル生まれ
『民族の語りの文法：中国青海省モンゴル族の日常・紛争・教育』（風響社、2003 年）
『中国の環境政策　生態移民：緑の大地、内モンゴルの砂漠化を防げるか？』（小長谷有紀・中尾正義との共編著、昭和堂、2005 年）
『中国における社会主義的近代化：宗教・消費・エスニシティ』（共著、小長谷有紀・川口幸大・長沼さやか共編、勉誠出版、2010 年）

花渕馨也（第 5 章担当）
北海道医療大学大学教育開発センター准教授
1967 年　北海道生まれ
『精霊の子供：コモロ諸島における憑依の民族誌』（春風社、2005 年）
『宗教の人類学』（吉田匡興・石井美保との共編著、春風社、2010 年）
『文化人類学のレッスン　増補版』（奥野克巳との共編著、学陽書房、2011 年）

田川　玄（第 6 章担当）
広島市立大学国際学部准教授
1965 年　愛知県生まれ
『社会化される生態資源』（共著、福井勝義編、京都大学学術出版会、2005 年）
『講座　世界の先住民族　ファースト・ピープルズの現在　サハラ以南アフリカ』（共著、福井勝義・竹沢尚一郎・宮脇幸生共編、明石書店、2008 年）
『セックスの人類学』（共著、奥野克巳・椎野若菜・竹ノ下祐二共編、春風社、2009 年）

池田光穂（第 7 章担当）
大阪大学コミュニケーションデザイン・センター教授
1956 年　大阪府生まれ
『実践の医療人類学：中央アメリカ・ヘルスケアシステムにおける医療の地政学的展開』（世界思想社、2001 年）
『看護人類学入門』（文化書房博文社、2010 年）
『認知症ケアの新しい創造』（阿保順子との共編著、雲母書房、2010 年）

人と動物、
駆け引きの民族誌

奥野克巳　編著

2011年9月30日初版第1刷発行

発行所　株式会社 はる書房
〒101-0051　東京都千代田区神田神保町1-44駿河台ビル
Tel. 03-3293-8549　Fax. 03-3293-8558
振替 00110-6-33327
http://www.harushobo.jp/

落丁・乱丁本はお取替えいたします。
印刷・製本　中央精版印刷　組版・デザイン　エディマン
©Katsumi Okuno, Printed in Japan, 2011
ISBN978-4-89984-123-4 C0039